浙江省普通高校"十三五"新形态教材

电子商务专业系列精品教材

网店运营与推广

主　编　魏　明

副主编　傅巧仙　郑贻瑜

电子工业出版社.

Publishing House of Electronics Industry

北京·BEIJING

内 容 简 介

本教材入选浙江省普通高校"十三五"新形态教材项目（首批），建设此项目就是为了服务"深入推进高校教育信息化工作，促进'互联网+教育'"背景下"十三五"教材建设的要求，用信息技术创新教材形态、丰富教学资源，充分发挥新形态教材在课堂教学改革和创新方面的作用，以期不断提高课程教学质量。

教材内容安排基于工作流程、创业就业理念设计教学，以实战工作任务为主线，以电商创新创业工作室校企合作项目为载体，主要包括网店策划、网店创建、网店运营、网店推广、网店管理与评估五大项目，每个项目配套重点难点、项目导图、同步阅读、同步实训、项目小结、同步测试等内容，引导学生将理论与实践相结合，学以致用。

本教材可作为高等职业院校、高等专科学校、成人高校电子商务类专业的教学用书，也可作为相关人员的自学参考用书。

图书在版编目（CIP）数据

网店运营与推广 / 魏明主编.—北京：电子工业出版社，2019.8

ISBN 978-7-121-37157-8

Ⅰ.①网… Ⅱ.①魏… Ⅲ.①网店－经营管理－高等学校－教材 Ⅳ.①F713.365.2

中国版本图书馆 CIP 数据核字（2019）第 160880 号

责任编辑：张云怡　　　　　特约编辑：田学清
印　　刷：北京七彩京通数码快印有限公司
装　　订：北京七彩京通数码快印有限公司
出版发行：电子工业出版社
　　　　　北京市海淀区万寿路 173 信箱　　　　　　　　邮编：100036
开　　本：787×1092　　1/16　　印张：15.75　　字数：403.2 千字
版　　次：2019 年 8 月第 1 版
印　　次：2021 年 2 月第 3 次印刷
定　　价：49.00 元

凡所购买电子工业出版社图书有缺损问题，请向购买书店调换。若书店售缺，请与本社发行部联系，联系及邮购电话：（010）88254888，88258888。

质量投诉请发邮件至 zlts@phei.com.cn，盗版侵权举报请发邮件至 dbqq@phei.com.cn。

本书咨询联系方式：（010）88254573，zyy@phei.com.cn。

随着电子商务行业的发展，电子商务企业的岗位用人需求细分化，网店运营与推广人才需求日益旺盛。"互联网+教育"的背景下，高校电子商务专业也依据企业的变化，不断调整课程的设置和授课形式，努力实现信息技术与教育教学的深度融合。本教材就是为了顺应这一变化，由从事一线教学的教学团队根据多年授课经验编写，教材与教学、线上与线下紧密结合的新形态电子商务教材。

本书的编写旨在深入推进高校教育信息化工作，促进"互联网+教育"背景下"十三五"教材建设，丰富教学资源，用信息技术创新教材形态，充分发挥新形态教材在课堂教学改革和创新方面的作用，不断提高课程教学质量。

本书具有以下特点：

1. 以"工作过程系统化"为指导，按照网店运营与推广的工作过程组织内容进行编写，把握住了当代职业教育的精髓，是一本集"科学性、专业性、实战性、实用性、职业性"于一体的教材。

2. 教材内容安排基于工作流程、创业就业理念设计教学环节，以实战工作任务为主线，以电商创新创业工作室校企合作项目为载体，主要包括网店策划、网店创建、网店运营、网店推广、网店管理与评估五大项目，每个项目配套重难点、项目导图、同步阅读、同步实训、项目小结、同步测试等内容，引导学生理论与实战相结合，学以致用。

3. 教材中融合了互联网新技术，结合教学方法改革，创新教材形态，通过移动互联网技术，以二维码嵌入大量插图、微课、动画、视频等数字资源，不仅增加了教材的可读性和趣味性，还将教材、课堂、教学资源三者融合，实现线上线下结合的教材出版新模式。

本书由浙江纺织服装职业技术学院魏明副教授担任主编，傅巧仙、郑贻瑜担任副主编。其中，项目1、项目5由魏明编写，项目2、项目3由傅巧仙编写，项目4由郑贻瑜编写;视频等数字资源由团队成员共同参与制作。全书由魏明组织、统稿。

在本书的编写过程中，参考了国内外相关文献，在此一并对其作者表示感谢。

由于时间仓促，作者水平有限，书中难免存在不足，敬请广大读者批评指正。

魏 明
2019 年 2 月

目　录

项目 3　网店运营

项目 4　网店推广

项目5　网店管理与评估

项目 1

网店策划

重点难点

网店策划中的重要工作是进行网络市场调研和目标市场分析，从而设计网店的整体规划。本项目的重点与难点：网络消费者具有不同于传统消费者的需求特征；网络营销市场的要素特征；通过对网络营销市场进行分析，运用分析工具对网店进行整体规划。

项目导图

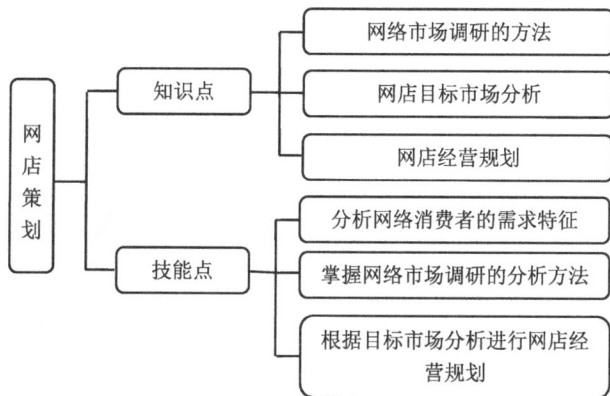

引例

2014 年 10 月 15 日，广州市汇美时尚集团股份有限公司旗下的棉麻生活品牌茵曼（INMAN）举办了"全球首个云端发布会"，为新上市的"双十一"专供系列"慢活良品"预热，发布会海报如图 1-1 所示。茵曼以"素雅而简洁、个性而不张扬"为品牌定位，现已成为知名的原创"棉麻艺术家"互联网品牌。

茵曼开了服装线上发布的先河，以用户体验为着力点，将发布会与销售融为一体。本次发布会以"向日出 say hi"为主题，以邀请城市女性看日出为契机，利用"天猫商城"和"微信"两大平台，在 PC 端和手机端带给消费者一次前所未见的"日出"发布会，传达"放慢生活脚步"的理念。在天猫商城，通过互动视频的体验，用户可在观看过程中进行互动并领取优惠券，边看边选购，感受 360°服装细节展示，最终页面导向天猫商城，让用户感受抢购的乐趣。在微信端，定制重力感应及多点触控互动，用户可以 360°全景观看云端发布会场景，并抓拍模特抽取优惠券，提升用户体验。据悉，本次云端发布会的拍摄一共动用了上百台机器，有 100 多位工作人员参与，全高清的 360°实景拍摄结合 CG 三维电脑合成技术，500 分钟的素材精华被剪辑为 4 分钟的震撼短片，并在不同的平台实现各具特色的互动体验。

图 1-1　茵曼云端发布会海报

　　茵曼打破传统思路，首次向网民呈现了一场别开生面的创意发布会，带给网民耳目一新的体验。纵观整个茵曼"全球首个云端发布会"的营销，从线下事件至线上扩散再到互动参与，几个节点环环相扣，通过线下和线上的有机结合，以互联网的创新思维将大量的网民卷入品牌营销当中，不仅完成了新品发布，助力品牌冲刺销售额，而且更重要的是，深化了茵曼的品牌形象和传递"慢生活"的品牌主张。从该案例可以看出，网络营销环境、消费者、营销手段在不断创新，企业要通过互联网与消费者互动，首先需要的是对网络营销市场进行分析，从而有针对性地设计营销战略。

1.1　网络市场调研

　　在网店开设之前，首先要做好充分的市场调研工作，对所选项目的市场环境进行详细分析，为后期网店运营与推广提供基础依据。网络市场调研是网络市场调查与研究的简称，它是指在互联网上运用科学的方法，针对特定营销环境有系统地收集、整理、记录和分析特定市场的信息，以期了解该网络市场的现状和预测其发展趋势的商业行为。网络市场调研有两种方式：一种是利用互联网直接对被调查对象进行问卷调查等方式收集一手资料，称为"网络直接调研"；另一种方式是利用互联网的媒体功能，从互联网收集二手资料，称为"网络间接调研"。充分地进行网络市场调研、分析和预测是决策科学化的有力保障。

1.1.1　网络市场调研的内容与步骤

1. 网络市场调研的内容

1）市场环境调查

　　市场环境调查主要包括经济环境、政治环境、社会文化环境、科学环境和自然地理环境等。具体的调查内容可以是市场的购买力水平，经济结构，国家的方针、政策和法律法规，风俗习惯，科学发展动态，气候等各种影响市场营销的因素。

2）市场需求调查

　　市场需求调查主要包括消费者需求量调查、消费者收入调查、消费结构调查、消费者行为调查，包括消费者为什么购买、购买什么、购买数量、购买频率、购买时间、购买方式、购买习惯、购买偏好和购买后的评价等。

3）市场供给调查

　　市场供给调查主要包括产品生产能力调查、产品实体调查等。具体指市场可以提供的某一种产品的数量、质量、功能、型号、品牌，以及生产供应企业的情况等。

4）市场营销因素调查

市场营销因素调查主要包括产品、价格、渠道和促销的调查。产品调查主要包括市场上新产品的开发情况、设计情况、消费者使用情况、消费者的评价、产品生命周期阶段、产品的组合情况等。价格调查主要包括消费者对价格的接受情况及对价格策略的反应等。渠道调查主要包括渠道的结构、中间商的情况、消费者对中间商的满意情况等。促销调查主要包括各种促销活动的效果，如广告实施的效果、人员推销的效果、营业推广的效果和对外宣传的市场反应等。

5）市场竞争情况调查

市场竞争情况调查主要包括对竞争企业的调查和分析，了解同类企业的产品、价格、竞争手段和策略等，做到"知己知彼"。

想一想

网络市场调研与传统市场调研的内容是一样的，这样理解对吗？

2．网络市场调研的 4 个阶段

总体来看，网络市场调研的过程是根据某种需要，收集、筛选、提炼、分析数据并进行展示的过程。其流程大致可分为 4 个阶段：明确问题与确定调研目标，制订收集数据的调研计划，收集、处理和分析调研数据，数据解释和撰写调研报告（见图 1-2）。

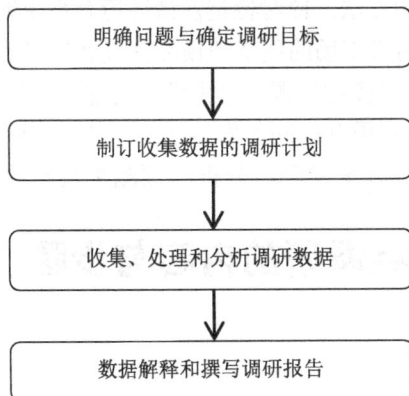

明确问题与确定调研目标

↓

制订收集数据的调研计划

↓

收集、处理和分析调研数据

↓

数据解释和撰写调研报告

图 1-2　网络市场调研的 4 个阶段

1）明确问题与确定调研目标

明确问题与确定调研目标对使用网络搜索的调研来说尤为重要。互联网上信息繁杂，当你开始搜索时，你可能无法立即精确地找到自己所需要的重要数据，不过你肯定会发现一些其他有价值、抑或价值不大但很有趣的信息。这似乎验证了在互联网上进行信息搜索的定律：在互联网上你总能找到自己不需要的东西，并为之付出了时间和上网费的代价。

2）制订收集数据的调研计划

网络市场调研的第二个阶段是制订最为有效的信息搜索计划。具体来说，就是要确定资料来源、调查方法、调查手段、抽样方案和联系方法。

（1）资料来源：确定收集的是二手资料还是一手资料（原始资料）。

（2）调查方法：网络市场调研可以使用专题讨论法、问卷调查法和实验法。

- 专题讨论法是借用新闻组、邮件列表讨论组和网上论坛（也可称 BBS、电子公告板）的形式进行。
- 问卷调查法可以使用 E-mail（主动出击）分送和在网站上刊登（被动）等形式。
- 实验法则是选择多个可比的主体组，分别赋予不同的实验方案，控制外部变量，并检查所观察到的差异是否具有统计上的显著性。这种方法与传统的市场调研所采用的原理是一致的，只是手段和内容有所差别。

（3）调查手段：网络市场调研可以通过在线问卷、交互式电脑辅助电话访谈系统、网络调研软件系统等方式进行。

- 在线问卷的特点是制作简单、分发迅速、回收方便，需要注意的是问卷的设计水平。
- 交互式电脑辅助电话访谈系统是利用一种软件程序在电脑辅助电话访谈系统上设计问卷并在网上传输。这种方式是将互联网服务器直接与数据库连接，并将收集到的被调查者的答案直接进行储存。
- 网络调研软件系统是专门为网络调研设计的问卷链接及传输软件。它包括整体问卷设计、网络服务器、数据库和数据传输程序。

（4）抽样方案：要确定抽样单位、样本规模和抽样程序。

（5）联系方法：采取网上交流的形式，如 E-mail 传输问卷等。

3）收集、处理和分析调研数据

网络通信技术的突飞猛进使资料收集方法迅速发展。互联网没有时空的限制，因此网络市场调研可以在全国甚至全球范围内同时进行。另外，收集信息的方法也很简单，直接在网上递交或下载即可。这与传统市场调研收集资料的方式有很大的区别。

在回答问卷中被调查者经常会有意无意地漏掉一些信息，这可通过在页面中嵌入脚本进行实时监控。如果被调查者遗漏了问卷中的一些内容，被调查者会被拒绝递交调查表或者被要求补填。最终，被调查者会收到问卷已完成的通知。在线问卷调查的缺点是无法保证问卷上所填信息的真实性。

收集信息后要做的是分析信息，这一步非常关键。"答案不在信息中，而在调查人员的头脑中。"调查人员如何从数据中提炼出与调研目标相关的信息，这将直接影响到最终的结果。要使用一些数据分析技术，如交叉列表分析技术、概括技术、综合指标分析技术和动态分析技术等。目前国际上较为通用的分析软件有 SPSS、SAS 等。

网上信息的一大特征是即时呈现，而且很多竞争者还可能看到同样的信息，因此分析信息的能力相当重要。

4）数据解释和撰写调研报告

调研报告的撰写是整个调研过程的最后一个阶段。在这个阶段中首先要根据调查所得的数据，按科学的方法对数据进行深入细致的整理、分析，透过数据揭示问题，然后撰写出格式正确、内容完整、思路清晰、具有一定可行性的市场调研报告。调研报告不是数据和资料的简单堆砌，调研人员不能把大量的数字和复杂的统计技术扔到管理人员面前，否则就失去了调研的价值。正确的做法是把与市场营销关键决策有关的主要调查结果报告出来，并用调查报告所应具备的正规结构来撰写。

扫一扫

网络市场调研报告

1.1.2 网络直接调研的设计与实施

1. 网络直接调研的分类

依据不同的划分标准，网络直接调研有不同的分类。

1）依据采用调查方法的不同，网络直接调研可以分为网上问卷调查法、网上实验法和网上观察法，常用的是网上问卷调查法。

- 网上问卷调查法是指将问卷在网上发布，被调查者通过互联网完成问卷调查。网上问卷调查一般有两种方式。第一种方式是将问卷放置在网络站点上，等待被调查者访问时填写问卷。这种方式的优点是填写者一般是自愿的，缺点是无法核对被调查者的真实情况。为了达到一定的问卷数量，站点还必须进行适当宣传，以吸引大量访问者。第二种方式是通过 E-mail 将问卷发送给被调查者，被调查者完成后将结果通过 E-mail 返回。这种方式的优点是可以对被调查者进行选择，缺点是容易引起被调查者的反感，并有侵犯个人隐私之嫌。因此，采取第二种方式时首先应征得被调查者的同意，或者预计被调查者会反感，可向被调查者提供一定的补偿，如有奖调查或赠送小礼品，以降低被调查者的反感度。
- 网上实验法可以通过在网络中投放的广告内容与形式进行实验。设计几种不同的广告内容和形式在网上发布，或利用 E-mail 传递广告。广告的效果可以通过服务器端的访问统计软件随时监测，也可以利用查看客户的反馈信息量的大小来判断，还可以借助专门的广告评估机构来评定。
- 网上观察法主要是利用相关软件记录网络浏览者的上网活动。相关软件能够记录网络浏览者浏览的内容、浏览的时间等信息。

2）依据调查者组织调查样本的行为，网络直接调研可以分为主动调查法和被动调查法。主动调查法，即调查者主动组织调查样本，完成统计调查的方法。被动调查法，即调查者被动地等待调查样本"造访"，完成统计调查的方法。被动调查法是统计调查的一种新方法。

3）依据网上调查采用的技术，网络直接调研可以分为站点法、E-mail 法、随机 IP 法和视频会议法等。

- 站点法，是指将调查问卷的 HTML 文件附加在一个或几个网站站点的 Web 上，由浏览这些站点的网上用户在此 Web 上回答调查问题的方法。站点法属于被动调查法，这是目前出现的网上调查的基本方法。
- E-mail 法，是指通过发送 E-mail 的形式将调查问卷发给一些特定的网上用户，由用户填写后以 E-mail 的形式再反馈给调查者的调查方法。E-mail 法属于主动调查法，与传统邮件法相似，其优点是邮件传送的时效性大大提高。E-mail 法也属于广为采用的调查方法。
- 随机 IP 法，是以产生一批随机 IP 地址作为抽样样本的调查方法。随机 IP 法属于主动调查法，其理论基础是随机抽样。利用该方法可以进行纯随机抽样，也可以依据一定的标志排队进行分层抽样和分段抽样。
- 视频会议法，是指基于 Web 的计算机辅助访问。它是将分散在不同地域的被调查者通过互联网视频会议功能虚拟地组织起来，在主持人的引导下讨论调查问题的调查方法。

想一想

在网络直接调研方法中，哪一种方法更适合产品口味偏好性调研？请说出理由。

2．网络直接调研的方式

1）利用企业自身的网站

网站本身就是宣传媒体，如果企业网站已经拥有固定的访问者，就完全可以利用自身来开展网上调查。这种方式要求企业的网站必须有调查分析功能，对企业的技术要求比较高，但可以充分发挥网站的综合效益。

2）利用第三方网站

如果企业没有建设自己的网站，可以利用第三方网站进行调查。这种方式比较简单，企业不需要建设网站和进行技术准备，但必须额外支付一定的费用。

3）混合型

如果企业网站虽已建设好但还没有固定的访问者，此时可以在自己的网站调查，并与其他一些著名的网站建立广告链接，以吸引访问者参与调查。这种方式是目前常用的方式。在现实生活中可以看到，传统的优势品牌并不一定是网上的优势品牌，因此传统的优势品牌也需要在网上重新发布广告以吸引消费者访问网站。

4）E-mail 型

直接向潜在客户发送调查问卷，这种方式比较简单直接，而且费用非常低廉。但要求企业必须积累有效的客户 E-mail 地址，而且客户的反馈率一般不会太高。采取该方式时要注意是否会引起被调查者的反感。

5）讨论组型

在相应的讨论组中发布问卷信息或者发布调查题目，该方式与 E-mail 型一样，成本费用比较低廉而且是主动的。但在指向 Web 网站上的问卷在新闻组或论坛上发布信息时，要注意网上行为规范，调查的内容应与讨论组主题相关，否则可能会导致被调查者产生反感甚至抗议。

案例：思科公司的在线网络调研

思科公司是全球领先的互联网解决方案供应商。今天，网络作为一个平台成了商业、教育、政府和家庭通信不可或缺的一部分，思科的互联网技术正是这些网络的基础。

思科公司是美国最成功的公司之一，1984 年由斯坦福大学的一对教授夫妇创办，1986年该公司生产了第一台路由器，使不同类型的网络可以可靠地互相连接，从此掀起了一场通信革命。思科公司每年大约投入 40 亿美元进行技术研发。

2015 年 9 月，在习近平主席访美期间，浪潮集团与思科公司在第八届中美互联网论坛上签署了战略合作框架协议。根据协议，双方将共同首期投资 1 亿美元在中国成立合资公司，共同研发网络技术与产品，打造世界一流的信息技术和方案，为信息基础设施、云中心、智慧城市及大数据等领域提供先进的技术、产品、方案和服务。思科公司 2016 年度在世界 500 强中的排名为第 183 名，比上一年提高了近 70 名。

通过图 1-3 思科中国首页可以看到思科公司对网络调研的重视程度，在首页最引人注目的图片播放位置邀请网站的访问者参与问卷调查。

图 1-3　思科中国首页

在问卷中，思科公司主要向访问者询问了以下问题。

- 您多长时间访问一次 Cisco.com（思科公司官网）？
- 您是如何得知 Cisco.com 的（如互联网搜索引擎、思科合作伙伴、在线广告，报纸、社交网站等）？
- 您今天访问 Cisco.com 的主要目的是什么（如了解思科的产品或服务、购买思科的产品或服务、查找思科合作伙伴、寻求客户支持、了解培训或活动、管理个人资料）？
- 您如何描述在 Cisco.com 上查找具体信息的体验？
- 评价思科公司网站的设计和外观、内容的数量、内容的质量、信息的覆盖面、信息的条理性、导航的便利性、良好的访问者支持、内容的时效性等。
- 您通常通过哪种途径访问 Cisco.com？您是否出于休闲或工作目的使用一些社交网站，访问它们的频率是怎样的？您经常访问的其他高科技网站包括哪些，及喜欢这些网站的原因是什么？

3．网络直接调研的实施

1）明确调研目标

互联网作为企业与消费者之间的沟通渠道，企业可以充分利用该渠道直接与消费者进行沟通，了解企业的产品和服务是否满足消费者的需求，同时了解消费者对企业的期望和改进建议。在确定网络直接调研目标时，需要考虑的是被调查者是否上网，网民中是否存在着被调查群体，规模有多大。只有网民中的有效调查对象足够多时，网络调研才有可能得出有效结论。在明确目标的过程中，需要考虑以下内容。

- 谁有可能想在网上使用这些产品或服务？
- 真正会购买的客户有哪些特征？
- 在这个行业中，哪些人已经上网？他们在干什么？
- 这些人对同行业竞争者的印象如何？
- 在公司日常的运作中，要受到哪些法律法规的约束？

2）选择调查方式

网络直接调研采取较多的方法是被动调查方法，即将调查问卷放到网站等待被调查者自行访问和接受调查。因此，吸引访问者参与调查是关键。为提高受众参与的积极性可提供免费礼品等，除此之外，必须向被调查者承诺并且做到有关个人隐私的任何信息不会被泄露和传播。

3）设计调查问卷

网络直接调研的方法主要是问卷调查法，因此设计网络调查问卷通常是网络直接调研的关键。由于互联网具备交互机制的特点，网络调查可以采用调查问卷分层设计的方式。这种方式适合过滤性的调查活动，因为有些特定问题只适用于一部分调查对象，所以可以借助层次的过滤寻找适合的调查对象。另外，设计不合理的调查问卷网民可能拒绝参与，更谈不上调查效果了。因此，在设计问卷时除了遵循一般问卷设计中的要求，还应该注意以下几点。

- 在网络调查问卷中附加多媒体背景资料。
- 注意特征标志的重要作用。
- 进行选择性调查。
- 注意问卷的合理性。在问卷中设置合理数量的问题并控制填写问卷的时间，这有助于提高问卷调查的完整性和有效性。
- 注意保护调查对象的个人隐私。

4）分析调查结果

这个步骤是市场调查能否发挥作用的关键，与传统调查的结果分析类似，但要尽量排除不合格的问卷，这就需要对大量回收的问卷进行综合分析和论证。

5）撰写调查报告

撰写调查报告是网上调查的最后一步，也是调查成果的体现。撰写调查报告主要是在分析调查结果的基础上对调查的数据和结论进行系统的说明，并对有关结论进行探讨性的说明。

想一想

网络直接调研的步骤与传统直接调研的步骤是一样的，这样理解对吗？

1.1.3 网络间接调研的设计与实施

1. 网络间接调研的信息来源

网络间接调研的信息来源包括企业内部信息源和外部信息源两个方面。与市场有关的企业内部信息源，主要是企业自己搜集、整理的市场信息，企业产品在市场销售过程中形成的各种记录、档案材料和历史资料（如客户名称表、购货销货记录、推销员报告、客户和中间商的往来、信件等）。企业外部信息源包括的范围极广，主要是国内外有关的公共机构提供的信息。

1）本国政府机构网站

政府有关部门、国际贸易研究机构及设在各国的办事机构，通常会比较全面地搜集国内或国际或所在国的市场信息资料，可以提供较为详细、系统的国际市场信息资料。

2）外国政府网站

世界各国政府都有相应的部门搜集国际市场资料，很多发达国家专设贸易资料服务机构，向发展中国家的出口企业提供部分或全部的市场营销信息资料。此外，每个国家的统计机关，都会定期发布各种系统的统计数字，一些国家的海关甚至可以提供比公布的数字更为详尽的市场贸易和营销方面的资料。

3）图书馆

公共图书馆和大学图书馆可以提供的是市场背景资料的文件和研究报告。最有价值的信息，往往来自附属于对外贸易部门的图书馆。这种图书馆能提供各种贸易统计的数字，有关市场的产品情况、价格情况，以及国际市场分销渠道和中间商的基本的市场信息资料。

4）国际组织

以下国际组织与国际市场信息有关。

- 联合国（United Nations，UN），出版有关国际的贸易、工业和其他经济方面的统计资料，以及与市场发展问题有关的资料。
- 国际贸易中心（International Trade Center，ITC），提供特种产品的研究、各国市场介绍资料，还设有答复咨询的服务机构，专门提供由电子计算机处理的国际市场贸易方面的全面、完整、系统的资料。
- 国际货币基金组织（International Monetary Fund，IMF），出版有关各国和国际市场的外汇管理、贸易关系、贸易壁垒、各国对外贸易和财政经济发展情况等资料。
- 世界银行（World Bank，WB），拥有公开数据库，是公开提供可信、全面的世界各国经济的数据库，用户可以在数据库中查找、下载和使用世界银行数据。
- 世界贸易组织（World Trade Organization，WTO），每年发布年度统计出版物，如《国际贸易统计数据》《贸易概况》《世界关税概况》等，为用户提供全球贸易的最新趋势、经济体的商品贸易和商业服务贸易的一系列关键指标，以及经济、区域贸易协定的最新发展、增值贸易和数字贸易等执行情况的数据等。

此外，一些其他国际性和地方性组织提供的信息资料，对了解国际经济集团或特定地区的经济贸易、市场发展情况也是非常有用的。

5）银行

许多国际性大银行一般会发行期刊，通常情况下企业提出索取就可以免费得到。这些期刊中一般有全国性的经济调查、产品评论及前述提及的有关资料，这些资料能帮助企业把握市场和细分市场。

6）商情调研机构

这些机构除为委托人完成研究和咨询工作外，还定期发表市场报告和专题研究论文。

7）相关企业

参与市场经营的各类企业是市场信息的重要来源之一。市场信息人员只要联系这些企业的外联部门索取产品目录、产品资料、价目表、经销商、代理商、年度报告等，就可以得到大量的资料，了解竞争环境。

通过互联网访问相关企业的网站，企业可以很容易地获取市场中许多的信息资料。因此，在网络信息时代，信息的获取不再是难事，困难的是，如何在信息海洋中找到企业需要的有用的信息。

2．网络间接调研的渠道

网络间接调研的渠道主要有搜索引擎、论坛、新闻组、E-mail，其中搜索引擎是最主要的信息来源渠道。

1）利用搜索引擎收集资料

网络间接调研方法，一般是通过搜索引擎搜索或检索有关站点的网址，然后访问含有查找信息的网页。在提供信息服务和查询的网站中，一般都有信息检索和查询的功能。

网上的信息有中文的，也有外文的。因此，在选择搜索引擎时，最好区分一下是查中文信息还是外文信息。如果查中文信息，使用较多的中文搜索引擎是百度等；如果查外文信息，使用较多的搜索引擎是 Yahoo、Lycos 等。

2）利用论坛收集资料

论坛是网上的公开"场地"。任何人（或局部范围内的所有人）都可以在上面进行留言，也可以查看其他人的留言，如同在一个公共场所进行讨论一样，人们可以随意参加也可以随意离开。利用论坛收集资料主要是到主题相关的论坛上去了解情况。

3）利用新闻组收集资料

新闻组是一个基于网络的计算机组合，这些计算机可以交换以一个或多个可识别标签标识的文章（或称为消息），一般称作 Usenet 或 Newsgroup。新闻组使用方便，内容广泛，并且可以精确地对使用者进行分类（按兴趣爱好及类别），其中包含的各种不同类别的主题已经涵盖了人类社会所能涉及的所有内容，如科学技术、人文社会、地理历史、休闲娱乐等。使用新闻组的人主要是为了从中获得免费的信息或相互交换免费的信息。

4）利用 E-mail 收集资料

E-mail 是互联网使用最多的一种通信方式，它不但费用低廉，而且使用方便快捷，受到用户欢迎，许多用户上网主要是为了收、发 E-mail。目前许多 ICP 和传统媒体，以及一些企业都利用 E-mail 发布信息。一些传统的媒体企业，为保持与用户的沟通，也会定期向用户发送 E-mail，发布其最新动态和有关产品服务的信息。因此，通过 E-mail 收集信息是最快捷有效的渠道，收集资料时只需要到有关网站进行注册，以后等着接收 E-mail 就可以了。

3．网络间接调研的信息内容

网络间接调研主要是利用互联网收集与企业营销相关的市场、竞争者、消费者及宏观环境等方面的信息。它是企业使用较多的调研方法，因为它所获得的信息能满足企业管理决策的需要，而网络直接调研一般只适用于针对特定问题进行专项调查。网络间接调研具体实施如下。

1）收集竞争者信息

（1）收集互联网上竞争者信息的途径如下。

- 访问竞争者的网站。
- 收集竞争者网上发布的信息。
- 从网上其他媒体获取竞争者信息。
- 从有关新闻组和论坛中获取竞争者信息。

（2）收集互联网上竞争者信息的步骤。

- 识别竞争者。可以通过导航网站寻找网上竞争者。需要注意的是，通过搜索引擎有时只能搜索到部分竞争者。

- 选择收集信息的途径。行业的领导者可以选择一些公众性的网上媒体收集信息，或参与论坛、新闻组讨论，以发现潜在竞争者和最新竞争动态，然后有针对性地访问潜在竞争者的网站了解其发展状况，以做好"应战"准备。行业的挑战者、追随者可以选择访问行业领导者的网站，或扮作其消费者来收集信息，同时可以参考一些公众性的网上媒体信息。行业的补充者限于资金等因素，可以通过访问竞争者的网站了解竞争动态。
- 建立有效的信息分析处理体系。信息收集与处理最好由专人完成，分类进行管理，并用数据库将信息组织起来，以备将来查询使用。

2）收集市场行情信息

企业收集市场行情资料，主要是收集产品价格变动、供求变化方面的信息。目前在互联网上有许多信息网。

- 实时行情信息网，如股票和期货市场的网站。
- 专业产品商情信息网，如太平洋电脑网。
- 综合类信息网，如慧聪网。

在收集信息时，首先通过搜索引擎找出所需要的商情信息网站点地址，然后访问该站点，或进行注册。有的站点是收费的，可以根据需要信息的重要性和可靠性选择是否访问收费信息网。在商情信息网站点获取需要的信息时，一般要用站点提供的搜索工具进行查找，查找方法与搜索引擎基本类似。一般说来，不同商情信息网的侧重点是不一样的，最好能多访问几家相关但不完全相同的站点，以找出最新、最全面的市场行情信息。

3）收集消费者信息

通过互联网了解消费者的偏好，主要采用网络直接调研法来实现。了解消费者偏好，也就是收集消费者的个性特征，它为企业细分市场和寻求市场机会提供了基础。

4）收集市场环境信息

企业仅仅了解一些与其紧密关联的信息是不够的，特别是在做重大决策时，还必须了解其他方面的信息，涉及政治、法律、文化、地理环境等，这有助于企业从全局角度综合考虑市场变化因素，寻求市场商机。互联网是信息的海洋，通过互联网基本可以了解到上述信息。

1.2 网店目标市场分析

在网络消费市场中，网络消费者是其最主要的组成部分，也是推动网络营销发展的主要动力。网络消费者的特征将影响网络营销的发展趋势，因此要做好网络营销工作，就必须对网络消费者的群体特征、需求特征、行为特征进行深入分析，以便在此基础上进行市场细分、目标市场选择和市场定位。

1.2.1 网络消费者的需求分析

1. 网络消费者的概况

根据中国互联网络信息中心（CNNIC）发布的最新《中国互联网络发展状况统计报告》显示，截至 2018 年 12 月，中国网民的规模达到了 8.29 亿，全年新增网民的数量为 5653 万人，互联网的普及率为 59.60%，较 2017 年提升了 3.8 个百分点；中国手机网民的规模达到了 8.17 亿人，全年新增手机网民的数量为 6433 万人。中国网民规模和互联网普及率如图 1-4 所示。

扫一扫

中国互联网络发展状况
统计报告

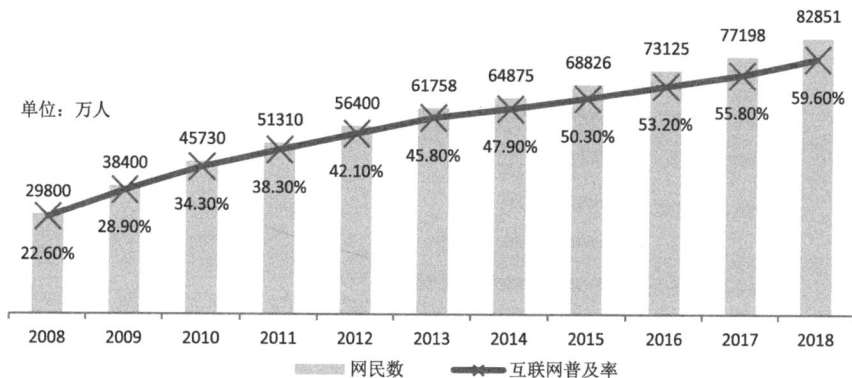

来源：CNNIC 中国互联网发展状况统计调查

图 1-4　中国网民规模和互联网普及率

以 2018 年为例，在这些网络用户中，男性、女性用户的比例分别为 52.70% 和 47.30%，这与我国人口性别比例较为接近，同时，城市用户仍占绝大多数，占比达 73.30%。从年龄结构上看，20～39 岁的用户占了绝对优势，占比达 56.80%，而值得注意的是，19 岁以下的年轻用户所占比例和 40 岁以上中高龄群体所占比例均有所提升，显现出互联网向各年龄段渗透的趋势。中国网民年龄结构如图 1-5 所示。

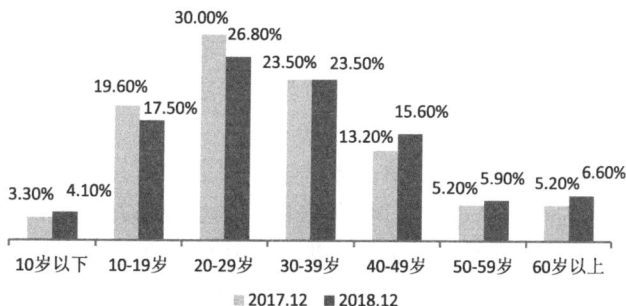

来源：CNNIC 中国互联网发展状况统计调查

图 1-5　中国网民年龄结构

以 2018 年为例，据调查分析，中等教育程度的网民规模最大，初中、高中（中专、技校）学历的网民所占比例为 63.20%。网民以学生群体规模最大，所占比例为 25.40%；其次为个体户和自由职业者，所占比例为 20.00%；企业、公司的管理人员和一般职员所占比例合计为 12.90%，这 3 类人群的占比近年来保持相对稳定。另据调查显示，在电视媒体中，年轻受众有明显的下降趋势，而 45 岁以上的受众占绝大多数，这些人一般购买力相对较弱，消费需求不是很旺盛，很少有冲动性消费。与此相反，网络营销中渐渐积聚了众多的核心受众。这些网络营销的核心受众定位为 25～45 岁、大专以上学历、个人收入为 3000 元以上的人群，这些人群正是绝大多数营销的目标受众，因为他们是各类消费品的主要消费群体。中国网民职业结构如图 1-6 所示。

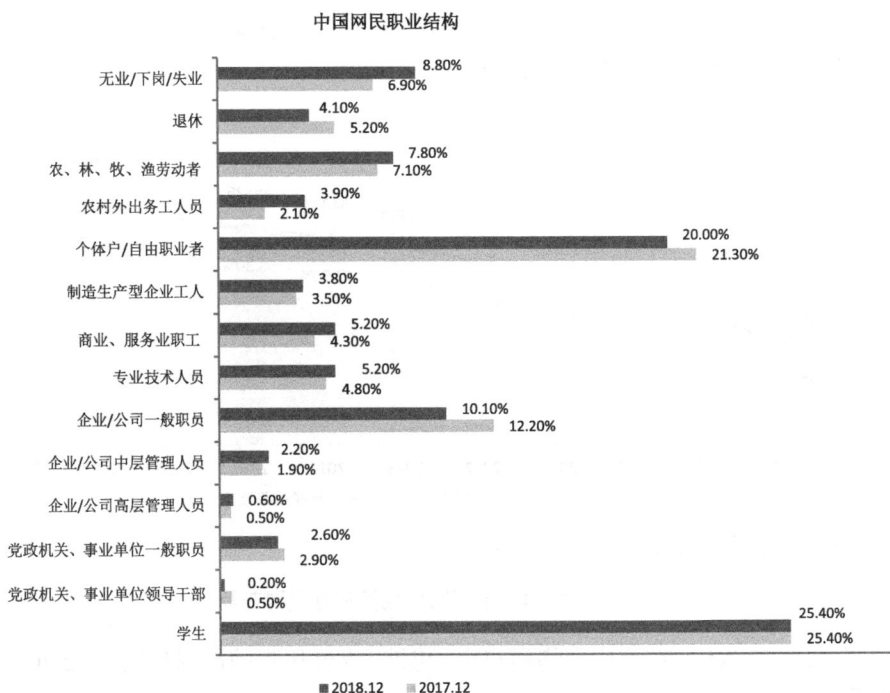

中国网民职业结构

来源：CNNIC 中国互联网发展状况统计调查

图 1-6　中国网民职业结构

2．网络消费者的类别

网络消费者是指在互联网上通过网络交易市场进行购物和消费活动的消费者人群。根据消费习惯和自身特征可将网络消费者分为 6 类：单纯型、冲浪型、接触型、议价型、商务型和娱乐型。

1）单纯型消费者

该类型的网络消费者需要的是快捷高效地进行网上购物。他们上网的时间不多，每月大约花 7 个小时上网，但在网上的交易量却很大，大约占网上交易量的 50%。为了满足这类消费者的网络购物需求，提供便捷的、设有购买建议和多重选择的界面非常重要，同时必须保证订货系统、付款系统的安全。因此，商家的网络营销活动的核心是必须为这一类型的消费者提供真正的便利，如提供一个易于搜索的产品数据库，为他们节约更多的时间，以保持消费者忠诚度。

扫一扫

案例：如何在"岛上的居民都赤脚"时卖鞋？

2）冲浪型消费者

该类型的网络消费者在人数上仅占常规网民的 8%，但他们在网上花费的流量占了整个网络流量的 32%。虽然他们访问的网页是其他网民的 4 倍，但是其网络消费交易量不大。因为冲浪型网络消费者更注重视觉冲击力，常常会更加关注更新快、创意新的网站。因此，商家网络营销推广的重点是不断提高网络营销模式的视觉创新，用来刺激此类消费者的消费增长。

3）接触型消费者

该类型的网络消费者是刚接触网络的新手，在人数上所占比例为 36%，他们喜欢网上聊天，关注新产品的发布，但是网上交易并不活跃。因为这些消费者的上网经验不是很丰富，一般对于网页中的简介、常见问题的解答、名词解释、站点结构之类的链接会更加感兴趣，他们更愿意相信自己所熟悉的品牌。因此，商家应根据这类消费者的消费习惯，更加重视自身品牌在网络上的营销推广。

4）议价型消费者

该类型的网络消费者占总体网络消费者人数的 8%，eBay、淘宝网等主流购物网站 50%以上的消费者属于这一类型，价格便宜的产品更能引起这种类型的网络消费者的兴趣。虽然他们在人数上所占比例不大，但是网络消费行为活跃，喜欢讨价还价，并有强烈的交易愿望。因此，商家需要常常针对此类消费者进行相应的特价、打折、赠送礼品等促销活动，打出"大减价""清仓处理""限时抢购"之类的字眼，这样就能够很容易地吸引到这类消费者。

5）商务型消费者

该类型的网络消费者以学历高、素质高的城市中青年为主，他们有自己的主见，非常清楚哪类产品适合自己、哪类产品不适合自己，一般不为产品广告所左右。他们常常访问的是新闻和商务网站，但是不轻易进行网络交易。因此，商家应该考虑产品的独特性和高品位来满足这类网络消费者的需求。

6）娱乐型消费者

该类型的网络消费者倾向于运动和娱乐网站，以好奇心强的年轻人为主。通常情况下他们缺乏耐心，尤其在进行网络活动时，比较在意上网速度，如果网速较慢，他们会经常性地转换网站。这种类型的网络消费者购买意愿强、交易量较低，是非常重要的潜在客源。对于该类型的网络消费者，商家需要提高自己网站的娱乐新闻点和视觉兴趣点，用不断更新和紧扣时尚生活的各方面信息来提高他们对自己网站的关注，从而尽量争取销售产品的机会。

总之，随着网络营销的深入和发展，对于网络消费者消费习惯和自身特征的分析也会不断深入，这也将反作用于网络营销本身，推动其不断发展。

3．网络消费者的需求特征

随着互联网商务和网络市场的快速发展、信息通信技术的不断更新、市场竞争的日益激烈，消费者不再是广告信息的被动接受者，而是产品信息的积极寻求者，从而使消费者逐步形成了新的消费理念和消费习惯。网络消费者的需求具有以下明显的特征。

1）注重自我，个性消费回归

在近代，工业化和标准化生产方式的发展，使消费者的个性被淹没于大量低成本、单一化的产品洪流之中。进入 21 世纪，互联网的发展使产品市场变得越来越丰富，产品设计也更加多样化，同时消费者进行产品选择的范围也更加广泛，加之目前网络用户多以年轻群体为主，他们拥有独特的思想和喜好，有独立的见解和想法，因此网络消费者的具体要求也越来越独特，个性化也越来越明显，个性化消费已成为消费的主流。因此，从事网络营销的企业应想办法满足消费者独特的需求，尊重其意见和建议，而不是用大众化的标准来寻找大批的消费者。

案例：手机百度"刷脸吃饭"

2014年足球世界杯举行前夕，许多品牌都铆足了劲儿准备在世界杯期间好好发力，百度为此推出了"世界杯刷脸吃饭"活动（见图1-7），并大获成功。消费者只需要用手机百度自拍一张照片，系统便会自动识别打分，并根据分数赠送相应的优惠券，优惠券可以在"百度外卖"（已被"饿了么"收购）下单时使用。该活动操作简单且趣味十足，极大地满足了网络消费者注重自我的个性化感受。此项活动需调用图像识别技术和人脸识别技术，因此对技术要求较高，而这正是利用了百度在互联网和搜索技能的优势，实现了将自己最擅长的东西应用到了营销领域。

图1-7　手机百度"刷脸吃饭"

点评："自拍"是大多数"手机族"的爱好，百度这招儿用得极妙，既满足了消费者自拍的欲望，让消费者的自我展现得到极大释放，又让他们在"衣食住行"的"食"上获得优惠，将消费者的个性化体验与营销活动进行了巧妙结合。

2）消费需求具有更大的差异性

消费者的个性化消费使网络消费需求呈现差异性。对于不同的网络消费者，因其所处的时代、环境不同，会产生不同的需求，而且在同一个需求层次上的需求也会有所不同。同时，每个消费者对产品的理解也会不同，希望从产品中得到的价值体现也存在一定的差异性。所以，商家要想取得成功，必须在整个生产过程中，从产品的构思、设计、制造到产品的营销策划、品牌、附加值效应，认真思考这种差异性，并针对不同消费者的特点，采取针对性的手段和措施。

3）消费的主动性进一步增强

网络消费者以年轻人为主，他们通常喜好新鲜事物、有强烈的求知欲、爱好广泛，无论是对新闻、股票还是对网上娱乐都具有浓厚的兴趣，对未知的领域充满好奇心。这些特征使消费者在购买过程中的主动性更强于在传统市场中的主观性，特别是在大额或高档消费中，消费者往往会主动通过各种可能的渠道获取与产品相关的信息并进行分析和比较。

4）消费的参与性、体验性特征更加显著

传统的商业流通渠道由生产者、商业机构和消费者组成。其中，商业机构起着重要的作用，生产者不能直接了解市场，消费者也不能直接向生产者表达自己的消费需求。而在网络环境下，消费者能直接参与到生产和流通中来，与生产者直接进行沟通，增强购物体验，这样可以降低市场的不确定性。

5）对购买便利性与趣味性的追求并存

网上购物的便利性可以使消费者节省大量的时间、精力和开支。此外，在网上购物，除了能够完成实际的购物需求，消费者还能够搜集和比较信息，并得到各种在传统商店无法获得的乐趣，找到在门店里看不到的品牌或种类等。如今，人们对消费过程出现了两种追求的趋势：一部分工作压力较大、紧张程度较高的消费者以便利性购买为目标，他们追求的是时间和劳动成本的尽量节省；另一部分消费者由于劳动生产率的提高、自由支配时间增多，他们希望通过消费来寻找生活的乐趣。这两种相反的消费行为将会在较长的时间内并存。

案例：可口可乐"歌词瓶"

2013 年的夏天，印有"喵星人""小清新""吃货"的可口可乐"昵称瓶"红遍了中国的大街小巷，在收获口碑与销量的同时，也为可口可乐的市场团队赢得了业内多项大奖和普遍好评。2014 年可口可乐继续发力——推出"歌词瓶"，如图 1-8 所示。从周杰伦到五月天，"歌词瓶"上的歌词大多出自人们耳熟能详的歌曲。可口可乐将每一瓶"歌词瓶"化身为表达情意的载体，让消费者可以向家人、朋友、同事、同学"唱出"心声，传递情谊。这些歌词经过了精心的挑选，考虑到了不同年龄、不同性别、不同性格的人群的喜好和对流行歌曲的认知区别。虽然应用场景不同，但共同点是具有正能量、积极乐观。此外，消费者扫描瓶上的二维码，便可观看一小段音乐动画，并可在社交平台上分享，让消费者通过瓶上的歌词来表达自己的心情。经过推广"昵称瓶"，可口可乐对"歌词瓶"的推广更显轻车熟路：先是在类似于潘石屹、任志强等 KOL（关键意见领袖）的微博中进行定制化产品投放，利用其名人效应让更多消费者熟知；而后在自身的微博上配合产品发布与歌词相关的内容。于是，很快我们便看到不少朋友在自己的社交平台上晒起了有意思的"歌词瓶"。据可口可乐公司提供的数据显示，仅当年 6 月份，"歌词瓶"所带来的可口可乐整体销量的增长高达 10%。

图 1-8　可口可乐"歌词瓶"

点评：可口可乐作为极具生命力的一种快消品，每年都会让消费者感受到品牌身上的强大生命力。"歌词瓶"的出现让爱好音乐的消费者重温了那些充满回忆的歌曲。创新的瓶身设计让人眼前一亮，迎合了消费者对购买趣味性的追求。

6）消费者对商品的选择更加理性化

由于网络用户以城市中的年轻人为主，他们不会轻易受舆论左右，对各种商品的宣传有较强的分析判断能力，同时，网络营销系统具有巨大的信息处理能力，为消费者挑选商品提供了前所未有的选择空间。因此，网络消费者的购买行为更加理性化，他们会利用网上的信息对商品进行反复比较和理性分析，以决定是否购买。这就要求从事网络营销的商家应加强信息的组织和管理，加强商家自身文化的建设，诚信经营。

7）网络消费需求的超前性和可诱导性更为突出

电子商务构造了一个全球化的虚拟大市场，在这个市场中，最先进、最时尚的商品会以最快的速度与消费者见面。以具有超前意识的年轻人为主体的网络消费者比较喜欢超前和新奇的商品，他们也比较容易被新的消费动向和商品介绍所吸引，从而带动其周围消费层引发新一轮的消费热潮。商家应当充分发挥自身的优势，采用多种促销方法，启发、满足网络消费者的新需求，引起他们的购买兴趣，引导网络消费者将潜在的需求转变为现实的需求。

扫一扫

微课：关系营销

想一想

与传统营销方式相比，网络消费需求有更强的超前性和可引导性，这是否意味着网络消费者对品牌的忠诚度有所下降？作为商家应如何应对？

1.2.2 网络消费者的视觉行为分析

在我国电子商务快速发展的新形势下，网络购物已经成为重要的消费模式。由于网络购物规模的不断扩大，特别是网络购物大军已经成为商家的重要支撑，因而绝大多数商家都高度重视网络营销，同时也针对网络消费者的视觉行为进行研究分析，从网络视觉营销角度开展各种各样的营销活动。

1. 网络消费者视觉行为分析的理论基础

网络消费者视觉行为分析的基础理论是视觉营销（Visual Merchandise Display，VMD）。理论根据全美零售业协会在《VMD 杂志》中的阐述，该理论是指达成营销目标，将展示技术、视觉呈现技术与对商品营销的彻底认识相结合，同时与采购部门共同努力将商品提供给市场，并加以展示贩卖的方法。

根据所依附的媒介，视觉营销可分为传统视觉营销和网络视觉营销。传统视觉营销是在现实生活中消费者在实体店中所见到的商品的视觉摆设；网络视觉营销则是在虚拟的互联网购物平台所见到的商品的视觉摆设，它是现实生活中视觉营销的拓展。随着电子商务的快速发展，很多商家都开展了网络营销活动，网络视觉营销也逐渐受到重视。鉴于网络视觉营销对消费者的购买行为具有很强的冲击力，因此商家在开展网络营销的过程中，必须将网络视觉营销作为重要的组成部分,特别是应对消费者的购买行为进行全面、深入、系统的分析,进而采取更加务实的网络视觉营销策略,最大限度地提升网络营销的整体水平,使营销活动取得实效。这就需要商家必须重视网络视觉营销环境下的消费者购买行为,有的放矢地开展网络视觉营销活动,只有这样才能使网络视觉营销取得新的、更大的成效。

2. 影响网络消费者视觉行为的因素

从网络营销角度来看,分析网络消费者视觉行为主要从网站对网络消费者的冲击程度入手,不同的网站设计给消费者带来的视觉冲击程度是不同的。因此,在分析网络消费者视觉行为的影响时,应以网站对消费者的视觉冲击程度为视角,了解网络消费者视觉行为的关注点。一般来说,网站对消费者的视觉冲击程度可分为无冲击型、冲击型、强烈冲击型。

1）无冲击型

无冲击型的网络购物平台给消费者的整体感觉是结构一般、功能齐备,虽然它们具备网站设计的一切要素,但无法吸引人的眼球。这类网站在结构上千篇一律,在颜色搭配上毫无生气,再加上缺乏创新型的设计元素,因此往往很难引起消费者的注意。这样的网站制作成本低廉,消费者数量很少。

2）冲击型

冲击型的网络购物平台给消费者的整体感觉是新颖别致,并且能引起消费者的购买欲望。这种冲击型的网络购物平台对消费者产生冲击的因素一般包含以下几个方面。

①整体布局的设计新颖。网站足以吸引人的眼球,消费者愿意在自己感兴趣的商品上花费时间并进一步了解商品的信息。网站整体的新颖包括布局结构的新颖、设计元素的多样化、色彩搭配的和谐等。②图片的精细化处理和信息的广度与深度。消费者在购买商品时对商品所产生的第一印象是非常重要的,而图片往往是消费者最先接触的视觉信息。图片的精细化处理并不意味着将图片夸张化,而是深化像素的精度。信息的广度与深度能体现商家对商品的了解程度及对消费者的最大诚信与专业负责的服务态度。③其他模块的添加,如音乐播放器、Flash 模块等,都能在一定程度上让消费者体会到商家的用心程度。④商品自身因素的冲击,包括质量和价格等。

3）强烈冲击型

强烈冲击型的网络购物平台带给人强烈的购物欲望,是冲击型的加强版,而这类网站的制作成本比较高,因此只有少数商家或本身具有技术优势的商家会采用此类网站。

综上所述,考虑各个因素的可实现性,大部分的网站都能做到冲击型。

3. 基于网络消费者视觉行为分析的网络营销策略

商家在开展网络视觉营销的过程中,必须采取有效的营销策略,通过卓有成效的改革和创新,提升网络视觉营销的实效性,进而使网络营销取得良好的成效。

1）创新网络视觉营销理念

理念是行动的先导,商家在开展网络视觉营销的过程中,应根据不同的消费者购买行为采取不同的营销策略,只有这样才能使网络视觉营销真正取得实效。这需要商家在进行网络视觉营销的过程中,要对自身的商品和服务进行深入的分析,同时也要对不同类型的消费者进行深入的了解,将自身的商品与消费者的购买行为进行有机结合,最大限度地提升网络视觉营销水平。例如,商家在开展网络视觉营销的过程中,展示的商品必须与实物相符,并应对其功能、特点及自身的优势进行展示,这样能够使不同类型的消费者根据自身的喜好进行选择，进而提升消费者对商品的黏度。

2）改进网络视觉营销模式

从总体上来看，网络视觉营销是网络营销的重要组成部分，是根据消费者心理进行的网络商品展示，要想多吸引一些消费者，必须改进网络视觉营销模式。在这方面，企业应进行改革和创新，应使自身的网络视觉营销与众不同。例如，在网络视觉营销的过程中，可以将文字、图片、视频等进行有效的搭配，提升视觉效应；再如在开展网络视觉营销的过程中，应针对不同类型的消费者，采取不同的策略，对于务实型消费者应采取务实的态度，对于冲动型消费者则应将商品的功能展示到位等。只有创新网络视觉营销模式，才能使网络视觉营销取得良好的成效。

3）强化网络视觉营销冲击

网络视觉营销若想取得预期效果，同时满足不同消费者的购买需求，最为重要的是要大力强化网络视觉营销的整体冲击力，这就需要商家对网络视觉营销进行深入的研究，根据自身的商品进行设计。例如，目前一些汽车品牌在开展网络视觉营销的过程中，在视觉方面具有很强的冲击力，这样对于那些想要购置同类汽车的消费者来说就具有很强的吸引力。总之，要想通过网络视觉营销影响消费者的购买行为，就必须提升网络视觉营销的冲击力，使消费者不忍"拒绝"。

4）抓好网络视觉营销服务

在网络视觉营销环境下，要想取得更大的成效，还必须高度重视营销服务体系建设。目前很多商家在开展网络视觉营销的过程中，不注重服务，缺乏与消费者的互动，消费者提出的一些问题不能进行回复，必然无法吸引消费者。在这种情况下，企业需要进一步创新营销服务，建立"互动"机制，通过建立互动平台、QQ 平台、微信平台、互动社区等，使消费者能够体会到商家对自身的重视，这会使消费者更加依赖商家。售后服务同样不可忽视，当消费者购买商品之后，由于 7 天之内可以退货，因而必须加强与消费者的沟通，对于消费者的一些问题应及时解决，这样会增加消费者对商家的依赖，进而建立良好的关系。

案例：大众电影院"惊魂"

2014 年，大众汽车在香港租赁了一些电影院影片开播前的广告位，播放了一段第一视觉的汽车前进画面，再用 LBS（基于位置服务）技术推送短信给现场观众，如图 1-9 所示。当观众听到短信提示音后，都纷纷拿起手机查看，而这时大屏幕中的汽车也发生了事故。在最后的画面中，大家看到提示：玩手机是当前发生交通事故的主要原因，珍惜生命，勿玩手机。这种宣传方式让大家不再以旁观者的身份来观看影片，而是作为第一人物来深刻体会，效果非常震撼。

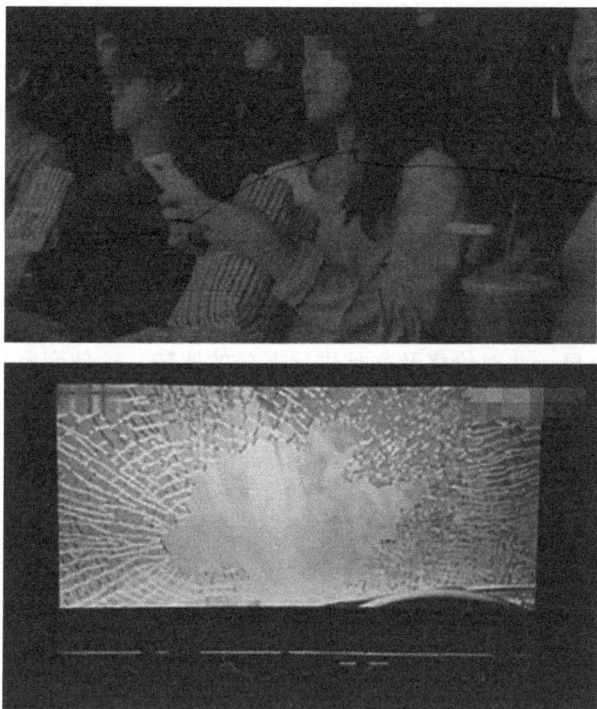

图 1-9 大众影院"惊魂"

点评： 大众汽车运用移动技术将与消费者生活息息相关的场景融入营销中，拉近了与消费者的距离并形成了有效互动。这则广告不仅宣传"开车别看手机"这一公益主题，而且通过强烈的视觉冲击吸引了消费者的注意力，让消费者记住了大众品牌，赢得了消费者的心。

1.2.3 网络消费者的价格心理分析

1. 网络产品价格特点

网络市场是面向全球化的市场，网络产品的定价必须考虑目标市场范围的变化为定价带来的影响，必须采用全球化和本地化相结合的原则进行。事实上，网络产品价格策略是一种双赢的发展策略，既能更好地满足消费者的需求，又能使商家受益。与传统产品的价格相比，网络产品的价格具有一些新的特点：价格水平趋于一致、非垄断化、趋低化、弹性化和智能化。传统产品大多按成本定价，即以"生产成本+利润"来确定产品的价格。在这种价格策略中，生产厂家对价格起着主导作用；而网络产品更适合采用按满足需求定价，即从消费者的需求出发，结合产品功能和生产成本，来确定一个市场可以接受的价格。一般来说，网络产品定价在以下几个方面呈现出自身的特点。

1）低价位化

如前所述，一方面，网络营销能使商家省略许多中间环节和消费者直接接触，进而使商家的营销成本大大降低，从而使产品价格有一定的下降空间；另一方面，消费者可以直接通过网络掌握产品的各种价格信息，并对其进行充分的比较和选择，迫使开展网络营销的商家以尽可能低的价格出售产品，提高消费者的让渡价值。因此，网络产品的定价通常比传统产品的定价低。

2）全球化

网络营销市场面向的是开放的、全球化的市场，消费者可以在世界各地直接通过网站进行购买，而不用考虑网站是属于哪一个国家或地区的。这种目标市场从过去受地理位置限制的局部市场，拓展到范围广泛的全球性市场，使各地的消费者可以直接通过网站进行交易，因此商家不能以统一的市场策略来面对差异性极大的全球性市场，而必须采用全球化和本地化相结合的原则进行营销。

3）价格水平趋于一致化

网络市场是一个开放的、透明的市场，在这个市场中，消费者可以及时获得同类产品或相关产品的价格信息，并对价格及产品进行充分的比较，迫使商家努力减少因地域等因素的不同而产生的价格差异，进而使价格趋于一致化。

4）弹性化

价格弹性是指价格的上下波动能引起需求量变动的幅度。在一个竞争激烈、消费者对价格信息全面了解的市场上，价格弹性比较大，即谁的产品便宜（价格低），消费者就会向谁购买。方便快捷的互联网能够使消费者及时获取各种产品的多个甚至全部商家的价格信息，真正做到"货比多家"，这就决定了网上销售的价格弹性很大。因此，商家在确定网上销售的价格时，应当科学量化每个环节的价格构成，制定出较为合理的价格策略。

5）消费者主导化

在传统市场中，产品的价格是以生产成本为基准，加上一定的利润而成为市场价格的。在网络市场中，消费者能及时获取产品及其价格的各种信息，通过综合这些信息以决定是否接受商家的报价并达成交易。因此，在确定产品定价时，商家必须考虑消费者的心理特点和价格预期，以消费者为中心，根据生产成本和消费者的心理综合定价，最终赢得消费者的认可，使其产生购买欲望，实现双赢。另外，随着消费者不断趋于理性化，商家在进行网络营销定价时，应综合考虑消费者的价值观、消费者的偏好等各种因素，使消费者在价格上更具主导力量。

2. 网络消费者的价格心理影响因素

价格虽然不是决定消费者购买的唯一因素，但仍然是影响消费心理的重要因素之一。网络购物之所以具有生命力，原因之一就是网络商品价格普遍低廉。尽管商家都倾向于以各种差异化来减弱消费者对价格的敏感度、避免恶性竞争，但价格始终会对消费者的心理产生重要的影响。从消费者心理层面分析网络环境下影响产品定价的因素主要有以下几个方面。

1）产品效用认知

效用是消费者从消费某种物品中所得到的满足程度。每一个消费者都希望购买到的产品实现效用最大化，对于消费者来讲，产品效用的大小就意味着产品是否实惠，产品越实惠，消费者就越愿意支付较高的价格。商家要在效用上征服消费者，提高消费者的感知利益，那么即使产品的价格较高也很容易被消费者接受，这样就可以取得价格上的优势。

2）产品成本认知

消费者对产品成本的认知主要包括货币成本和非货币成本。货币成本是指消费者购买和使用产品所付出的金钱成本；非货币成本是指时间成本、精力成本等。在网络环境下，信息不对称的情况在不断地减弱，这是因为消费者搜索信息的成本在不断地降低，产品的价格透明度也在不断地提高。在这种环境下，消费者对价格的认知能力也在不断地加强。消费者在购买和使用产品的过程中，如果认为要花费很多的货币成本和非货币成本，就会降低对所购买产品的期望价格。因此，对于商家来讲，为了使消费者更容易接受产品的价格，就要加大宣传力度来提高消费者获得产品信息的可能性，在任何有可能的情况下吸引消费者的注意。

3）产品价值认知

消费者对产品价值的认知代表了消费者对感知到的利益和其在获取产品时所付出的成本之间权衡后对产品或服务效用的总体评价。消费者对产品价值的认知影响了其购买意愿，对价格敏感性越低，消费者就越愿意为购买此产品支付较高的成本。亚马逊网站曾利用消费者的购买记录，帮助消费者找到想要的产品，通过技术支持使消费者更加快捷、轻松地进行购物，为消费者创造了一种独特的购物经历。

4）品牌认知

在网络零售市场中，存在对比困难效应。在网络购物中，消费者与产品在时空上是完全分离的，消费者很难比较不同产品之间的优劣，基于避免损失的消费心理，消费者会选择声誉较好或是自己熟悉的品牌来避免风险。因此，消费者在购买不熟悉的产品时总是购买高品质品牌的产品，而不会购买价格便宜的同质产品，互联网上销售的品牌产品比实物出售更容易获得市场份额，且价格更高，这是因为互联网上销售的产品是人们无法在第一时间接触的，此时品牌名称就显得更为重要。例如，阿里巴巴的调研人员发现，在C2C购物平台上，尽管一些数码相机的价格高出很多，但是消费者在选择产品时大多数会选择较为知名的品牌。

5）对商家的信任度

现在网上有不少价格比较、价格搜寻的软件专门为消费者在网上寻找最低价的商品，但出人意料的是，并不是每个找到最低价的人都会以最低价成交。尤其是在购买小额商品时，如果价格相差不多，消费者宁可选择较信任的网站成交。因为不同于在传统市场上钱货两清的交易方式，网上交易的风险较大，不少人不愿意冒这种风险。消费者如果在传统市场上对某个品牌比较信任的话，在同样品牌的网站就不太在乎合理的价格差异。传统市场的知名品牌在网上的定价可能比纯粹的网上零售商的同类产品的价格高8%～9%。

6）购物的便利程度及购物经验

较易浏览的网页、好用的搜索工具、客观的购物建议、详细的商品信息尤其是样本（如一本书的简介或章节、CD的试听等），消费者在购买这类商品时，往往会被商品介绍所吸引并顺便购买。也有消费者会在这样的网站浏览信息再到价格低的网站购买，但这样耗时较多，所以并不普遍。方便的结算手续和快捷的交货，这些都会使商家在定价时有优势。研究还发现，有些背景颜色能使消费者产生愉悦感进而影响他们的购物行为。同样，消费者在浏览过程中看到的商品的先后顺序也会影响他们的购买行为。

3. 网络消费者价格心理典型策略

网络环境下消费者的地位发生了巨大变化，因此产品的定价要以消费者为中心，充分考虑网络消费者的价格心理因素，从而采取有效的营销策略。

扫一扫

微课：心理定价策略运用

1）动态定价策略

集合竞价模式是一种由消费者集体议价的交易方式。在互联网出现以前，这种方式在国外主要是多个零售商结合起来，向批发商（或生产商）以数量换价格的方式。互联网出现以后，普通消费者也能使用这种方式购买商品了。在目前的国内网络竞价市场中，这还是一种全新的交易方式。随着互联网市场的拓展，将有越来越多的产品在定价时采用以拍卖为代表的动态定价策略。目前，动态定价策略针对的购买群体主要是普通消费者。因此，采用动态定价策略并不是商家目前首要选择的定价策略，因为它可能会破坏商家原有的营销渠道和价格策略。在采用动态定价策略时，比较合适的是商家的一些库存积压产品，也可以是商家的一些新产品，通过动态定价可以起到促销作用，如许多公司将产品以低廉的价格在网上拍卖，以吸引消费者的关注。

2）免费价格策略

免费价格策略是市场营销中常用的营销策略，它主要用于促销和推广产品。这种策略一般是短期和临时性的。但在网络营销中，免费价格不仅是一种促销策略，而且还是一种非常有效的产品和服务定价策略。具体来说，免费价格策略就是将商家的产品或服务以零价格形式提供给消费者使用，满足消费者的需求。免费价格策略有这样几类形式：第一类是产品或服务完全免费，即产品或服务从购买、使用和售后服务所有环节都实行免费服务；第二类是对产品或服务实行限制免费，即产品或服务可以被有限地使用，超过一定期限或者次数后，取消这种免费服务；第三类是对产品或服务实行部分免费，如一些著名研究公司的网站公布部分研究成果，如果要获取全部成果必须付款成为该公司的消费者；第四类是对产品或服务实行捆绑式免费，即购买某产品或服务时赠送其他产品或服务。

免费价格策略在互联网上流行，是有其深刻的背景的。一方面，互联网的发展有利于免费价格策略实施；另一方面，互联网的发展速度和增长潜力令人惊叹，免费价格策略是最有效的市场占领手段。目前，商家在网络营销中采用免费价格策略，一个目的是让消费者在免费使用形成习惯后，再开始收费，如金山公司允许消费者在互联网下载限次使用的WPS2000软件，其目的是让消费者使用习惯后，再花钱购买正式软件，这种免费价格策略主要是一种促销策略，与传统营销策略类似。商家在网络营销中采用免费价格策略的另一个目的是发掘后续商业价值，这是从战略发展的需要来制定定价策略的，其主要目的是先占领市场，然后再在市场上获取收益。例如，Yahoo 公司通过免费建设门户站点，经过四年亏损经营后，通过广告收入等间接收益扭亏为盈，但在前四年的亏损经营中，它却得到飞速发展，这主要得力于股票市场对它的认可和支持，因为股票市场看好其未来的增长潜力，而 Yahoo 的免费价格策略恰好是占领了未来市场，具有很大的市场竞争优势和巨大的市场潜力。

案例：可口可乐的"能打电话的瓶盖"

小瓶盖大创意，可口可乐频频在瓶盖上做文章，并且收效良好。继"昵称瓶""歌词瓶"后，可口可乐又推出了"能打电话的瓶盖"，如图 1-10 所示。为解决迪拜当地外来务工人员打不起电话的问题，可口可乐开发了一款可以用可口可乐瓶盖当通话费的电话亭装置，并将这些电话亭安装在工人们生活的地区，每一个可口可乐瓶盖可以充当 3 分钟的国际通话费。这些外来务工人员平均每天只有 6 美元的收入，可给家里打电话每分钟却要花费 0.91

美元。为了节省每一分钱，这些外来务工人员都不舍得给家里打电话，这种可口可乐的瓶盖却为他们实现了对家的问候。

图 1-10　可口可乐的"能打电话的瓶盖"

点评：可口可乐推出的"能打电话的瓶盖"，让南亚劳工免费通话，此项营销活动正迎合了消费者价格心理，以低价甚至是免费定价策略，给消费者带来温馨、幸福和牵挂的感受，既赢得了消费者又塑造了品牌形象。

3）低价定价策略

借助互联网进行销售，比传统销售渠道的费用低廉，因此网上的销售价格一般来说比较低。由于网上的信息是公开和易于搜索比较的，因此网上的价格信息对消费者的购买发挥着重要作用。根据研究发现，消费者选择网上购物的原因包含两个方面，一方面是网上购物比较方便，另一方面是从网上可以获取更多的产品信息，从而以最优惠的价格购买商品。

低价定价策略就是由于定价时大多采用成本加一定利润甚至是零利润的方式，因此这种定价策略在公开价格时就比同类产品要低。它一般是制造业商家在网上进行直销时采用的定价方式，如 Dell 公司电脑定价比同性能的其他公司产品低 10%～15%，采用低价策略的基础是前面分析中指出的，通过互联网商家可以节省大量的成本费用。

4）定制生产定价策略

定制生产就是把分析个性化服务特点作为网络营销服务策略的重要组成部分，按照消费者需求进行定制生产是网络时代满足消费者个性化需求的基本形式。定制生产定价策略是商家在能实行定制生产的基础上，利用网络技术和辅助设计软件，帮助消费者选择配置或自行设计以满足其需求的个性化产品，同时承担自己愿意付出的价格成本。Dell 公司的用户可以通过其网页了解本型号产品的基本配置和基本功能，根据实际需要和在能承担的价格内，配置出自己最满意的产品，能够一次性买到自己中意的产品。在进行配置电脑的同时，消费者也相应地选择了自己认为价格合适的产品，因此对产品价格有比较透明的认识，增加了商家在消费者面前的信用。目前这种允许消费者定制定价订货的尝试还只是初步阶段，消费者只能在有限的范围内进行挑选，还不能完全要求商家满足自己所有的个性化需求。

5）使用定价策略

传统交易关系中，产品买卖是完全产权式的，消费者购买产品后即拥有对产品的完全产权。随着经济的发展，人民生活水平的提高，人们对产品的需求越来越多，而且产品的使用周期也越来越短，许多产品购买后使用几次就不再使用，非常浪费，这制约了许多消费者对这些产品的需求。为改变这种情况，针对某些产品，商家可以在网上采用类似租赁的按使用次数定价的方式。

所谓使用定价，就是消费者通过互联网注册后可以直接使用某公司的产品，消费者只需要根据使用次数进行付费，而不需要将产品完全购买。这一方面减少了商家为完全出售产品而进行的不必要的大量的生产和包装浪费，同时还可以吸引过去那些有顾虑的消费者使用产品，扩大市场份额。消费者每次只是根据使用次数付款，减少了购买产品、安装产品、处置产品的麻烦，节省了不必要的开销。

采用按使用次数定价，一般要考虑产品是否适合通过互联网传输，是否可以实现远程调用。目前，比较适合的产品有软件、音乐、电影等产品。对于软件，如我国的用友软件公司推出网络财务软件，用户在网上注册后在网上直接处理账务，而无须购买软件和担心软件的升级、维护等非常麻烦的事情；对于音乐产品，也可以通过网上下载或使用专用软件点播；对于电影产品，则可以通过现在的视频点播系统来实现远程点播，无须购买影带。另外，采用按次数定价对互联网的带宽提出了很高的要求，因为许多信息都要通过互联网进行传输，如互联网的带宽不够将影响数据传输。

6）实时定价策略

就价格而言，理论上有 2 种价格模式：浮动价格模式和固定价格模式。浮动价格模式包括竞价拍卖、竞价拍买和集体议价等竞价模式；固定价格模式包括供方定价直销、需方定价求购等定价模式。网络使固定定价不再成为必然，浮动定价（或者说实时定价）开始成为网络营销中的新选择。根据季节变动、市场供求状况、竞争状况及其他因素，在计算收益的基础上，商家可以设立自动调价系统，自动进行价格调整，建立与消费者直接在网上协商价格的集体议价系统，使价格具有灵活性和多样性。实时定价策略的典型方式就是在线拍卖。

上面几种价格策略是商家在利用网络营销拓展市场时可以考虑的几种比较有效的策略，并不是所有的产品和服务都可以采用上述定价策略，商家应根据产品的特性和网络市场发展的状况来决定定价策略。不管采用何种策略，商家的定价策略应与其他策略相互配合，以保证商家总体营销策略的实施。

✅ 1.2.4 网络消费者的忠诚度分析

近几年来，随着网络购物环境的不断完善和上网人数的逐年增多，我国的网络购物依然处于较快发展中，在当前竞争如此激烈的市场中，保持消费者的忠诚度一直是各公司的重要市场营销策略之一。随着市场竞争的日益加剧，消费者的忠诚度已成为影响商家长期利润高低的决定性因素。消费者的忠诚度主要来自消费者对于电子商务商家产品和服务的满意程度，商家在制定电子商务策略时，应该从消费者的角度出发，深入研究网络消费者的忠诚度，将网络营销管理的重点转向提高消费者的忠诚度这个方面来，以使商家在激烈的竞争中获得关键性的竞争优势。

1．网络消费者的忠诚度的内涵

1）网络消费者的忠诚度的含义

网络消费者的忠诚度就是把传统的消费者的忠诚度概念引入在线消费者或网络用户的

行为当中，因此网络忠诚度与传统消费者的忠诚度在本质上是相似的。在电子商务环境中的消费者的忠诚度也被称为"网络忠诚"，最早提出"网络忠诚"这个概念的是美国Bain&Company 公司的两位电子商务主管，他们在研究比较了一些优秀的网络公司和上千名在线消费者的消费行为后指出，在虚拟世界中同样存在消费者忠诚，可称之为"E-loyalty"，网络消费者的忠诚度是电子商务商家在网上取得成功的"秘密武器"。

网络消费者的忠诚度主要是针对当前的电子网络信息化服务而言，是指消费者通过网络媒介在线选择电子零售商家或其他网站品牌服务，并在多次的重复购买中对某一种特定产品或服务产生持续的兴趣与信赖。这种忠诚度具体表现为消费者对某一个电子商务商家比较偏爱，比较赞许该电子商务商家，会在其网站上重复浏览，对该网站的安全性和信誉高度信任，需要时会重复并愿意克服障碍购买其产品和服务，也会向其他人推荐该商家及其产品或服务，在日常生活中会在网上论坛、博客等地方有意无意地为商家做一些正面宣传，为商家建立良好的口碑。

同传统的商业模式相比，网络经济时代的消费者关系具有更多的灵活性与多样性。消费者可以在任何的网络空间不定时地产生并形成消费者忠诚关系，这种形成虽然极其不易也极难维护，但是一旦形成将是商家的重要宣传支撑力量。因此，商家为了更好地维护与管理网络中的忠诚消费者，大多会借助网络信息技术，为消费者建立专业的数据管理库，方便随时随地与消费者进行沟通，进而通过更好的服务维护网络消费者的忠诚度。

2）网络消费者忠诚度的作用

在网络经济时代，电子商务和网络零售业飞速发展，越来越多的消费者通过网络获得在线服务。网络消费者的忠诚度首先能够快速提高产品的市场成交量，有效增加商家的营业收入，为商家的发展带来稳定可观的销售利润；其次，通过网络消费者的忠诚度的建立，能够有效优化商家的业务流程，精简商家的组织结构体系，有效提高商家的效率；再次，通过网络交易，能够有效节约商家的经营与广告促销等方面的成本；最后，商家与网络消费者之间可以产生良好的互动，加上网络销售的价格公开透明，可以有效排除因信息、价格差异所导致的消费者关系恶化，便于商家与网络消费者更好地沟通与交流。

2. 网络消费者的忠诚度的影响因素分析

虽然网络忠诚度在本质上与传统的消费者的忠诚度相似，但是由于网络环境的特殊性，使网络消费者的忠诚度的衡量与一般意义上的消费者忠诚度的衡量有所不同。在衡量网络消费者的忠诚度时，不仅要考虑电子商务本身的特点，把网站的设计、网站的服务质量纳入影响网络消费者忠诚度的因素当中，还应该把消费者信任、消费者满意等因素考虑进去，以进行全面的研究。从大体上来说，网络消费者的忠诚度的影响因素可以从障碍因素和驱动因素两个方面进行分析。

1）影响网络消费者忠诚度的障碍因素

（1）虚拟交易安全难以保障。与传统销售相比较，网络销售虚拟性极强，消费者在交易的实际过程中，因为不能实际看到并感知实物，难免会出现较多的担心。例如，交易的实施是否安全可靠，产品是否与描述一致，售后的服务如何实现。一般来说，电子商务的安全问题可归为4类风险：信息传输风险、信用风险、管理风险、法律风险。一旦消费者在某个网站进行了一次失败的交易，那么他们很可能就再也不会在该网站进行第二次交易了，这时就谈不上消费者对商家的忠诚了。

（2）低廉的搜索成本易改变购物选择。当消费者面对网上琳琅满目的产品或服务时，他们只需要轻点鼠标，便可以从一个商家跳到另一个商家，这种低廉的搜索成本极易使消费者根据自己的偏好频繁地改变决策去搜寻最优的产品。网店的这种特性在很大程度上削弱了消费者对某一个网站的忠诚度。

（3）不易在购物中获得满足感。网上的商业活动具有明显的距离性、风险性和不确定性。消费者无法与销售人员进行面对面的交流。商家在某种程度上只是提供价格低廉、品种丰富的产品或服务的"机器"。消费者不能真实、及时地感受到产品，更无法享受讨价还价后的满足感与喜悦感。加上网络产品的额外邮费、质量无法保证、配送时间偏长等问题，都会导致消费者的不满。

（4）口碑的负面效应更为明显。俗话说"好事不出门，坏事传千里"。如果电子商务的商家服务不够周到，产品的信誉没有保障，一旦消费者在网络上投诉或诉苦，很快就会被传播开。众所周知，网络传递信息的速度极快，且传播范围广，商家的生意会因此受到很大影响。

2）影响网络消费者忠诚度的驱动因素

（1）转移成本。信息公开透明化作为网络经济的重要特征，大大拓宽了消费者资源的收集渠道，越来越多的产品与需求信息被消费者所掌握，极大地增加了消费者选择购买的空间。消费者转移成本主要是指消费者在由一种品牌转移到另一种品牌消费的过程中所产生的成本与费用。通常商家会为消费者构建转移壁垒，使消费者在更换品牌和卖方时，发现转移品牌会增加更多的不确定性和支出成本，以此影响消费者判断，加强消费者的忠诚度。

（2）消费者让渡价值因素。消费者让渡价值的实现对增加消费者的重复购买、建立消费者忠诚度的影响极大。实现消费者与商家之间的让渡价值交换，主要体现在消费者价值与消费者成本的差额上，这对消费者的再次购买具有重要影响。

（3）情感投资。情感投资主要指商家通过建立资料库来对消费者的性别、年龄、购物习惯、个人偏好及重要日期等信息进行记录统计，以此来增加对消费者进行关系维持的具体措施。

（4）购买风险。消费者的忠诚度与其感知的购买风险有关。消费者感知的购买风险是指消费者感觉到购买某种产品或服务会带来一定的风险。由于互联网无法接触到产品实体，目前的技术很难过滤掉虚假信息，再加上网络监管法规的不完善，消费者在网上购物可能会面临较大的购买风险，特别是有关产品质量方面的风险。因此，消费者很有可能会选择以前购买过的产品品牌，这样可以降低网上购物所带来的风险，同时也就增加了消费者对某个品牌的忠诚度。

3．网络消费者的忠诚度的培育策略

1）建立可靠的信誉

信任是使消费者产生忠诚度的前提条件。信誉作为消费者对商家在心理上的信任，在交易过程中经常起决定作用。在网上，"信誉"二字显得尤为重要。因为网络的虚拟性使消费者与商家在相互"看不见、摸不着"的情况下进行交易，消费者承担着很大的风险。因此，消费者会倾向于与其所信任的商家保持长期关系。换句话说，电子商务商家和其产品必须要得到消费者的信赖和支持，才能保证拥有固定的消费者群体，并通过这些固定的消费者群体宣传商家声誉，为商家进一步扩大消费者群体。

（1）加强对消费者的责任。维护消费者的利益也就是维护商家自身的利益，消费者对商家的信任对于商家来说是一种无形资产，尤其在网络营销中尤为重要。消费者对商家的信任来自很多方面，如高质量的产品和服务、价格合理等。而在电子商务环境中，保护消费者的网上交易安全及个人隐私是消费者对商家信任的至关重要的因素。网络营销是一种运用高科技手段利用网络进行销售的方式，它不是直接的钱物交换，若商家没有非常好的信誉，消费者是不会轻易使用这种交易方式的。一个网络营销商家，必须以良好的信誉为后盾，加强对消费者的责任，这样才能吸引更多的忠诚消费者。

（2）注重提高产品和服务的质量。这是商家信誉的一个重要方面，消费者得到的产品和服务将直接影响消费者的满意度，从而影响消费者对商家产品和服务的忠诚度。商家不但要注重商家形象的宣传，更要注重产品和服务质量的提高。从消费者的角度出发尽力满足消费者的心理需求和消费需求，为消费者提供最大的便利。出售的产品必须与网上描述的相符，如有不一致，必须先同消费者说明并征求其同意才可以寄送。否则，消费者会有一种受欺骗的感觉，忠诚度也会随之下降。如果消费者对购买的产品或服务不满意的话，恐怕以后就会很难再与商家进行交易了。

（3）提高服务水平，让消费者有愉快的购物体验。为了确保消费者拥有满意的消费体验，商家可以提供充分的供消费者参考的信息与工具，以方便其购买。网站长期不更新、响应速度慢、缺少充分和精确的产品信息甚至经常出现错别字，这些都会导致消费者的不信任。此外，为了更好地培育消费者的忠诚度，很多网站在线交易确认后都会通过电话或传真同消费者进行沟通与联系，或者以正式的 E-mail 或短信的形式告知消费者订单处理的情况，以此降低消费者在等待配送过程中可能产生的不信任危机。

2）为消费者购物创造更大的便利

（1）为消费者节约时间。大多数消费者选择通过电子商务进行购物，一个非常重要的原因是想节省时间，简化购物流程。因此，在开展电子商务或网络交易的过程中一定要提高交易效率，为消费者节省时间。电子商务商家除了注意将网页设计简单明了，还应该将重要信息、注意事项、促销活动、交易程序等放在最显眼的地方，让消费者一目了然。同时，应尽量简化交易程序，尽量让消费者用得方便、快捷、放心、舒适。此外，商家要定期维护和更新网页内容，做好消费者需求调查，向消费者提供所需的内容。

（2）建立和利用消费者数据库。在网络信息时代，网络技术得到了突飞猛进的发展，这为网络交易和电子商务提供了极大的技术支持，并起到了推动作用。这些技术可以为商家开展电子商务提供服务，为消费者提供更具针对性、个性化的服务。其中，建立系统、全面的消费者资料数据库是最有效的途径之一。根据网站系统记录，统计之前已经购买过产品的消费者或已经打算购买产品的准消费者的相关资料，建立一个消费者数据库；在此基础上，进一步利用统计分析、数据挖掘等相关技术，准确把握商家主要消费者群体的消费需求、购买动机、消费心理与行为特征等；然后根据其规律采取针对性营销策略，调整商家的产品或服务，从而在更大程度上满足消费者的需求，将他们培育成商家的忠诚消费者。

（3）提供个性化的产品与服务。在网络信息环境下，面对当前消费者需求呈现多样化、个性化的发展趋势，商家可以通过利用网络技术与消费者进行直接的沟通与交流，共同探讨产品设计和生产。商家根据消费者的需求设计、生产使消费者高度满意的产品和服务，提高他们对商家产品与服务的满意度和忠诚度。

想一想

2014 年 6 月,一款由"90 后"团队打造的漫画拼脸类应用"脸萌"爆红大江南北,无数人的朋友圈都被各式各样的卡通头像占领,这款应用在微信的助力之下,用户很快突破了 2000 万。"脸萌"的核心功能是用户通过五官的拼接,可以快速创造属于自己的漫画形象,然后分享到微信、微博等社交平台。这款应用为消费者提供了个性化的产品服务。请你从产品生命周期和消费者忠诚度的角度思考一下这款应用的未来发展前景如何?

3)建立消费者关系系统

消费者关系管理是商家运用多种信息技术搜集、分析、获取知识并持续改善服务的过程。商家通过掌握完整的消费者信息,准确把握并快速响应消费者的个性化需求,为消费者提供便捷的购买渠道、良好的售后服务和经常性的消费者关怀,以达到留住老消费者、吸引新消费者的目的,这是商家赢得消费者忠诚的法宝。电子商务比传统商业更容易获取消费者的购买史和购物偏好等资料,通过细心了解消费者的需求,商家可以为消费者提供优质的全方位、个性化服务,优质的服务会促使消费者再次购买更多的产品或服务,并向其他消费者推荐,使商家获取更多利润并进一步提高服务质量,这又会使这些忠诚消费者继续消费,从而进入良性循环。

4)利用多渠道与消费者进行沟通

通过各种渠道提供产品或服务可以让消费者更加方便地获得自己所需要的产品或服务,从而大大提高消费者的满意度。而且多渠道沟通有助于商家与消费者建立非常密切的信任关系,增加消费者的情感转换成本。一般来说,网络营销商家同消费者沟通与交流的渠道主要包含以下几种方式。

(1)为消费者创建网络社区。这种方式具体包括电子公告板、聊天室、讨论组等,商家可以作为主持人定期了解消费者对自己业务的谈论和看法,并积极接受建议,增加个性化的需求,更多地了解每个网络成员的基本资料和最新动态,以增加他们在社区中的归属感,由此提升消费者对网站的忠诚度。

(2)为消费者提供免费的电子刊物。商家可以为消费者提供一份内容丰富、编排合理的免费电子刊物,让消费者能全面地了解到商家产品的信息,同时刊物中的内容可以直接链接到网站以查询更有深度的信息。作为回报,消费者在收到免费刊物的同时只需要填写一份简短的调查表以利于商家获取消费者对商家及产品的印象信息,如对产品是否满足需求、还有没有更好的产品建议、对服务是否满意并对此给予适当的使用评价等,以此使商家更好地了解消费者的最新需求与动态发展,为商家和产品的发展提供积极的参考指导。

(3)利用电话或 E-mail 加强与消费者之间的联系。利用电话或 E-mail,能够为消费者提供有效的售后服务,有效强化消费者的忠诚度,增加消费者重复购买的行为,提高商家的经营收入。

总之,消费者忠诚是商家取得竞争优势的源泉,商家在开展网络营销和网络交易过程中如何深入形成和扩大商家的消费者群体,提升消费者的忠诚度是实现网络营销成功的关键。深入研究在网络交易环境下影响消费者忠诚度的重要因素,并采取相应的培育措施,将有助于商家在实施网络营销战略时，把握网络营销的战略实施重点，以提高商家的核心竞争力。例如，江小白作为白酒行业的后起之秀，其品牌定位独特，且注重消费者关系管理，采用多种营销手段提升网络消费者的忠诚度，正如公司运营负责人舒波所言："我始终相信，用最基础的方法，才能做到最精细的事情。"

扫一扫

案例：江小白与消费者的忠诚维护（见图 1-11）。

案例：江小白与消费者
忠诚的维护

图 1-11　江小白广告

1.2.5　网络消费者的消费模式分析

电子商务的出现，使大量消费者从传统的购物方式转向网络购物，他们为什么做这样的选择？我们有必要进行研究，以便能恰当地选择网络营销策略。众所周知，网络购物作为一种零售业态，具备传统购物方式无法比拟的优势。从近十年来网络购物人数的增长和网络购物成交金额的快速增长来看，消费者的网络购物消费模式同样需要认真研究。因此，对于网络消费者消费模式的研究首先应了解消费者的购买动机和购买行为模式，从而深入分析消费者购买行为的影响因素和购买决策过程。

1. 网络消费者的购买动机

所谓动机，是指推动人进行活动的内部原动力，即激励人行为的原因。人们的消费需求都是由购买动机引起的。网络消费者的购买动机，是指在网络购买活动中，能使网络消费者产生购买行为的某些内在的动力。商家只有了解消费者的购买动机，才能预测消费者的购买行为，以便采取相应的促销措施。由于网络促销是一种不见面的销售，消费者的购买行为不能被直接观察到，因此对网络消费者购买动机的研究，就显得尤为重要。对于从事电子商务营销的商家来说，只有准确地研究网络消费者的购买动机，才能有依据地制订切实可行的营销方案。网络消费者的购买动机基本上可以分为两大类：需求动机和心理动机。

1）网络消费者的需求动机

网络消费者的需求动机是指由需求而引起的购买动机。传统需求把人的需求划分为 5 个层次，最著名的理论是美国著名心理学家马斯洛（Abraham H. Maslow）的需求层次理论，如图 1-12 所示。他将人的需求由低级到高级分为 5 个层次：生理的基本需求，安全、保障的需求、社会归属需求、尊重需求、自我发展和自发实现需求。马斯洛认为人是有需求和欲望的，且随时有待于满足。已满足的需求不会形成动机，只有未满足的需求才会形成行为的动机。只有当低一级的需求得到相应满足后,高一级的需求才会起主导作用。对多数人来说,实际生活中的需求不是单一层次的,而是多层次的。

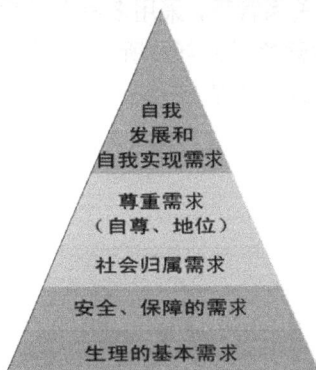

图 1-12 马斯洛需求层次理论

在传统市场营销中,营销人员可以依据消费者的需求分析制定相应的营销策略。需求理论对网络需求层次的分析具有重要的指导作用,同样可以解释许多行为。然而网络虚拟社会与现实社会毕竟有很大的差别。随着信息技术和网络市场的发展,网络消费者的需求动机体现了新的内容。

(1)兴趣。即人们出于好奇和能获得成功的满足感而对网络活动产生兴趣。在现实世界中,人们有很多兴趣,但由于各方面因素的限制,人们的许多兴趣没有发展的机会。网络世界恰恰弥补了现实世界的不足,为网民展示了一个无奇不有、无所不包的虚拟世界。当人们在网络上找到自己需求的信息后,无疑会有一种满足感。可以说,随着成功欲望的加强,网民对网络的依赖度也在不断上升,新知识的吸引、创造性思维带来的愉快感,使网民无须外力推动,完全出于兴趣而在网络的海洋中"遨游"。

(2)聚集。网络给相似经历的人提供了一个聚集的机会。网络世界为具有相似兴趣的人们提供了一个不受时间、空间限制的网上社交圈,人们可以在网上聚集、聊天、交流。在网络中人们都是平等的,每个成员可以独立地发表言论,这种轻松的氛围可以使在现实生活中紧张的神经得以放松。

(3)交流。网络消费者可以聚集在一起互相交流买卖的信息和经验。在网上,信息处于一种沟通的过程中,参加者都能免费为他人提供信息。当虚拟社会扩大以后,大量的制造商和销售商加入进来,单纯的信息沟通就变成信息的有价交换,而这种交换对供需双方都有利,此时,网上信息的交流由沟通演变为交易。

商家在开展网络营销构思时,除了考虑传统市场中消费者的需求,还必须考虑网络消费者的兴趣、爱好、需求。要能调动网络消费者的积极性,利用和谐的气氛和丰富的资源吸引消费者,通过完善的通信方法和网络消费者交换信息,以实现营销成功。

2)网络消费者的心理动机

心理动机是由于人们的认识、感情、意志等心理过程而引起的购买动机。网络消费者购买行为的心理动机主要体现在理智动机、感情动机和惠顾动机 3 个方面。

(1)理智动机。理智动机具有客观性、周密性和控制性的特点。这种购买动机是消费者在反复比较商品后才产生的。他们在丰富的信息环境,可以熟练地利用软件代理搜索并邀请多个卖主报价,从中得到有关品牌,包括成本、价格、特征、质量方面的完备信息,他们不依赖生产商或零售商，他们购物时注重商品的先进性、科学性和质量，情绪比较理智，较少受外界环境的影响。这种购买动机主要用于耐用消费品或价值较高的高档商品的购买。

（2）感情动机。感情动机是由人们的情绪和感情所引起的购买动机。这种动机可分为两种类型：一是由于人们喜欢、满意、快乐、好奇而引起的购买动机，它具有冲动性、不稳定的特点；另一种是由于人们的道德感、美感、群体感而引起的购买动机，它具有稳定性、深刻性的特点。

（3）惠顾动机。惠顾动机是建立在理智经验和感情之上，对特定的网站、国际广告、商品生产产生特殊的信任与偏好而重复、习惯性地前往访问并购买的一种动机。由惠顾动机产生的购买行为，一般是网络消费者在做出购买决策时心目中已经确定了购买目标，并在购买时克服和排除其他同类产品的吸引和干扰，按原计划确定的购买目标实施的购买行动。具有惠顾动机的网络消费者，往往是某一站点忠实的浏览者，并会对周围的消费者产生较大的宣传作用和影响。引发惠顾动机产生的因素主要包括搜索引擎是否便利、图标广告是否醒目、站点内容是否新颖、网站是否有权威性、产品商标是否有一定知名度等。

2．网络消费者的购买行为模式

要进行网络市场的行为研究，首先要分析网络消费者购买行为包含的内容。同传统的购买行为一样，网络消费者的购买行为主要包含以下几个方面。

扫一扫

微课：网络消费者的购买行为分析

- 购买目的（why）：为什么购买，要达成什么目的。
- 购买对象（what）：买什么商品，即购买利益和功能的载体。
- 购买参与者（who）：有哪些人参与购买，影响购买决定的人有哪些。
- 购买时间（when）：何时购买。
- 购买地点（where）：在哪里购买。
- 购买方式（how）：怎样购买。

市场营销因素和市场环境因素将引导网络消费者产生购买的意识，网络消费者根据自己的需求处理这些信息，经过一系列的购买决策过程做出购买决定，这就是网络消费者的行为模式，如图 1-13 所示。从营销者的角度出发，商家的营销活动可以看作是对网络消费者行为的刺激，如产品、价格、销售地点和场所、各种促销方式等，这些活动被称为"市场营销刺激"，是商家有意安排的、对网络消费者的外部环境刺激。除此之外，网络消费者还时时受到其他方面的外部刺激，如经济的、技术的、政治的、文化的刺激等。所有这些刺激，经过网络消费者一系列的心理活动，产生了人们看到的网络消费者的反应：购买还是拒绝接受，或是表现出需要更多的信息。如网络消费者一旦决定购买，其反应便通过购买决策过程表现在具体的购买选择上，包括产品选择、品牌选择、购物商店选择、时间选择和数量选择等。由此可知，商家首要关注的问题主要包括消费者购买行为的影响因素（如消费者的特征），以及消费者的购买决策过程。

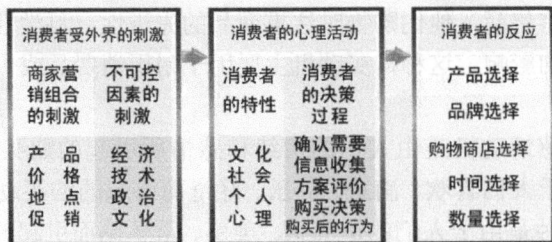

图 1-13　网络消费者行为模式

3. 影响网络消费者购买的主要因素

　　传统的因素研究主要是以消费者的店铺购买行为为基础而展开的,是宏观的、综合的、系统的消费者行为研究,影响因素涵盖了社会、文化、个人、心理等各个方面,即消费者作为整个社会的一个群体,其消费行为受所处社会和文化环境的影响和制约,同时也受来自个人特性和心理因素的影响。同样,参与网络购物的消费者也是不断发展着的社会的一个群体,其消费行为同样受所处社会、文化环境、个人自身特性、心理因素的影响和制约。而且网络购物方式是对传统购物方式的发展和补充,从这个意义上来说,传统的和网络的影响消费者购物行为的因素,有着共同的范围,是相近的。但从网络购物的特点和其目前发展的制约因素来看,网络的影响消费者购物行为的因素有着不同于传统的影响消费者购物行为的内容,或者是不同于传统条件下的重点。二者的差别主要表现在以下几个方面。

　　1)网络文化

　　互联网的出现和发展,对社会文化产生了前所未有的影响,形成了不同于以往的文化形式的网络文化。网络文化尽管只存在于虚拟的网络空间,但还是在某种程度上影响了网络消费者的实际网络消费行为。使用互联网的熟练程度会影响消费者的网上消费行为。

　　2)产品的特性

　　首先,由于网上市场不同于传统市场,网络消费者有着区别于传统市场的消费需求特征,因此并不是所有的产品都适合在网上销售和开展网上营销活动。根据网络消费者的特征,网上销售的产品一般应考虑产品的新颖性,即产品是新产品或是时尚类产品,比较能吸引人的注意。追求商品的时尚和新颖是许多消费者特别是青年消费者重要的购买动机。

　　其次,考虑产品的购买参与程度。一些产品要求消费者参与程度比较高,消费者一般需要现场购物体验,而且需要很多人提供参考意见,对于这些产品不太适合网上销售。对于消费者需要购买体验的产品,可以采用网络营销推广功能辅助进行传统营销活动,或者将网络营销与传统营销进行整合。例如,可以通过网上来宣传和展示产品,消费者在充分了解产品的性能后,可以到相关商场再进行选购。

　　3)产品的价格

　　从消费者的角度来说,价格不是决定消费者购买的唯一因素,但却是消费者购买商品时肯定要考虑的因素,而且是一个非常重要的因素。对于一般商品来讲,同样的商品,价格越高,销售量越小,价格越低,销售量越大。价格与销售量之间经常表现为反比关系。

　　对于互联网来说,它是通过网络来进行交易的市场平台,它不需要支付传统营销中昂贵的房租、水电费、店铺装修费和一些额外的广告费,因此网络营销的费用和产品成本相对传统营销而言,更加低廉。目前普通的网络消费者都有一个心理暗示:那就是相同的产品在网上买,应该比在传统实体店里购买便宜。这正是互联网商业应用的巨大增长潜力所在，网上购物之所以具有强大的生命力，重要的原因之一是网上销售的商品具有显而易见的价格优势。

4）购物的便捷性

网络消费者之所以会选择网上购物，一般主要考虑两个方面的原因：其一，消费者可以不受时间的限制，根据自己的空闲时间随时上网购物，而且由于可以足不出户，在交通成本和时间上有了可节约的空间；其二，网上购物在选择货品方面范围更广，空间更大，消费者可以在很短的时间内进行多种货品比较，从而更加方便地找到自己心仪的产品。因此，便捷性是消费者选择网上购物的一个重要原因。

5）网站的视觉效果

网店中的产品图片和广告图片对网络消费者很重要，因为和实体店不同，网店的产品是看不到实物的，消费者只能根据图片进行选购，因此具有强烈视觉冲击力且制作精良的网络广告对商家是一种非常有效的宣传。商家需要定期推出新的产品信息和新的产品图片，而且网店的主页内容也要不断更新，以免消费者产生审美疲劳，同时成功的商家也非常注重和消费者的即时交流和沟通。另外，网站的便捷性、真实性和安全性也是至关重要的方面。

6）安全可靠性

网络购物另外一个必须考虑的方面是网上购物的安全性和可靠性问题。由于在网上消费，消费者一般需要先付款后送货，这时传统购物"一手交钱一手交货"的现场购买方式发生了变化，网上购物中的时空发生了分离。当消费者在网络购买中没有安全保障时，该商家可能将永远失去这位消费者。因此，产品的安全可靠是整个网络交易过程的核心，商家必须加强安全措施和控制措施，保护消费者购物过程中的信息传输安全和个人隐私，树立消费者对网站的信心。

4．网络消费者的购买决策过程

电子商务的热潮使网上购物作为一种崭新的个人消费模式，日益受到人们的关注。网络购物是指用户为完成购物或与之有关的任务而在网络虚拟的购物环境中浏览、搜索相关商品信息，从而为购买决策提供所需要的必要信息，并实现决策的购买过程。在传统消费模式下，消费者的信息来源大多为媒体广告和朋友交流，要想对商品的质量、价格等因素进行比较，则需要花费大量的成本去多个店铺和商场才能实现。与传统消费相比，网络消费是通过网络平台实现整个购物过程，购买需求产生后，消费者通过网络检索的方式对目标商品进行筛选，并通过网站对产品的相关介绍、网络店铺的信誉等级、之前的消费者对该商品的评价等各方面对商品做出初步评估，再通过具体的沟通方式与商家进行深入沟通交流，对整个商品及服务信息做到详细的了解；综合各方面的信息，当商品的综合信息满足消费者的需求时，消费者就会做出购买决策并将所需要的商品加入购物车，填好个人收货信息后提交订单；消费者下单后，通过网上银行、支付宝或其他支付方式付款；商家收到付款通知后与消费者确认收货信息，并联系快递公司为消费者发货；最后，消费者收到货物后确认付款，并根据实际情况对此次网络消费的各个方面，如商品品质、服务质量、快递服务等做出评价。

消费者的购买决策过程是消费者需求、购买动机、购买活动和商品使用感受的综合与统一。根据上述分析可知，网络消费的购物过程与传统消费一样可分为如下几个阶段：确认需求→收集信息→比较选择→购买决策→购后评价。网络消费时消费者是借助互联网这一工具发生的，购买过程中的 5 个阶段均与传统消费有区别，简要比较结果如表 1-1 所示。

表 1-1　传统消费与网络消费购买决策过程的各个阶段比较

阶段	传 统 消 费	网 络 消 费	比 较
确认需求	同时受内、外部因素的影响	局限于听觉和视觉	传统消费优于网络消费
收集信息	消费者通过广告、促销、朋友推荐等获取信息，信息收集范围和质量具有局限性、被动性	消费者能够根据自身对信息的需求，有针对性地以最快的速度收集最多的资料，主动性大	网络消费优于传统消费
比较选择	消费者通过试用产品和朋友推荐等来获取产品信息	消费者根据商家的描述及购买者的评价来获取产品信息。可能有商家美化产品介绍和造假消费者评价，获取信息的可靠性较低	传统消费优于网络消费
购买决策	消费者购买决策容易受商家营造的购物氛围、促销环境和其他消费者的购买行为影响而产生冲动消费	消费者倾向于理智型购买	网络消费优于传统消费
购后评价	在一般情况下，消费者不做购后评价或仅将使用的情况反馈给朋友，在出现较大质量问题时，投诉给商家或相关机构	消费者可以通过网络平台真实反馈，在使用商品时，可以随时把不满意实时地反馈给商家，且可以提供真实的照片	网络消费优于传统消费

网络消费者购买过程的 5 个阶段具体分析如下。

1）确认需求

网络消费的起点是诱发需求，而需求是由于不满足而产生的，当消费者认为现有的商品不能满足其需求时，才会产生购买新产品的欲望。捕捉消费者的需求并满足其需求是网络营销的前提。这一步是明确促使消费者决定购买的原因，即消费者如何确认购买需要。这种需要可以出于理智动机如产品优惠打折，感情动机如挑选孝敬父母的礼品，惠顾动机如对某个品牌的信赖等。对网络营销来说，可以通过网络广告、网络促销、网页视觉和听觉设计等途径，促使消费者购买。

2）收集信息

网络消费者确认了需求后，会收集有助于其购买决策的相关信息。由于互联网的便捷性，消费者可以在很短的时间内搜寻到大量的有关信息并进行比较。因此，提供丰富的产品信息是网络营销得以继续的条件。由于网络购物不能直接接触实物，所以商家要对自己的产品进行充分的文字描述和图片描述，以吸引更多的消费者，但不能对产品进行虚假的宣传，否则可能会永久地失去消费者。这一步主要是了解影响消费者购买决策的因素有哪些，即为了做出正确满意的购买决策需要哪些方面的信息支持。信息搜寻可以在内部或外部进行，也可以两者兼有。内部信息搜寻是在大脑中回忆信息的过程；外部信息搜寻则是从外部渠道获得信息的搜寻过程，网络数据库、在线商品目录、网络广告、BBS（网络论坛）、新闻组、即时通信工具及来自同事、朋友、家人的信息都会影响消费者的购买决策。

3）比较选择

消费者对收集到的各种信息进行比较、分析、研究、评估、筛选，根据产品的功能、可靠性、性能、模式、价格和售后服务等，得到若干备选方案。消费者在比较选择时可以运用评分法对方案进行优选，如某消费者在选购电脑时，当有 A、B、C、D 这 4 个品牌可供选择时，他可根据自身对商品的性能要求及要求强弱程度为各项性能赋权重值，然后对各备选品牌进行评分，最后用加权平均法算出各品牌的综合得分，从而选出最优方案。比较评分表如图 1-14 所示。

某消费者对电脑的评分规则

性能＼得分值＼品牌	A 品牌	B 品牌	C 品牌	D 品牌	评价权重
价格	10	8	6	4	30%
存储能力	8	10	8	10	25%
运行速度	4	8	10	9	15%
图像处理能力	7	6	8	10	20%
兼容性	6	4	7	8	10%
总得分	7.60	7.70	7.60	7.85	100%

注：采取 10 分制，价格越低，得分越高，其他则相反。

图 1-14　比较选择时所用的评分工具示例

4）购买决策

网络消费者在完成对备选方案的比较选择之后，便进入购买决策阶段。网络购买决策与传统购买决策相比，理智动机比重较大，而感情动机的比重较小，受外界的影响也比较小，而决策行为速度也相对较快。网络消费者在决定购买某种商品时，一般应具备以下 3 个条件：第一，对商家有信任感；第二，对支付有安全感；第三，对产品有好感。因此，网络营销的商家应重点抓好以上工作，促使消费者购买行为的实现。

5）购后评价

网络消费者购买商品后，通过使用往往会对自己的购买选择进行评价。这一步至关重要，因为网络消费者的购后评价不仅会影响到其自身今后的购买决策和行为，即是否会成为回头客、是否会成为忠诚消费者，还会通过口碑效应（Word-of-Mouth）影响其身边的潜在消费者。通常网络消费者购后评价有两种态度，一是满意，二是不满意。这两种态度会产生后续的一系列行为，如图 1-15 所示。因此，商家应当牢记"满意的消费者是产品最好的广告"，应当用上乘的质量和服务来吸引并留住网络消费者。为了提高商家的竞争能力，最大限度地占领市场，商家必须虚心听取网络消费者的反馈意见和建议。方便、快捷的 E-mail 等在线沟通工具，为商家收集网络消费者购后评价提供了得天独厚的优势。商家在网络上收集到这些评价之后，通过计算机的分析、归纳，可以迅速找出工作中的缺陷和不足，及时了解网络消费者的意见和建议，制定相应的对策，改进产品的性能和售后服务。

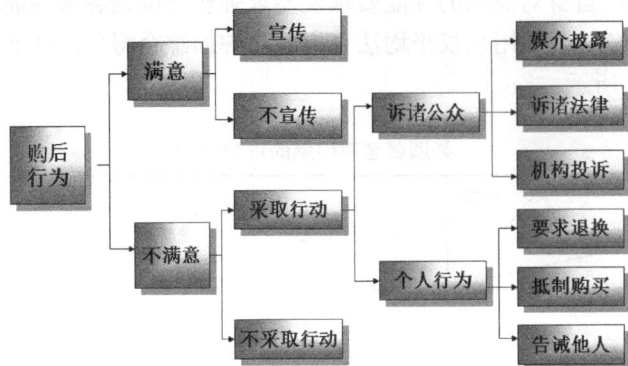

图 1-15　网络消费者的购后评价行为

1.3　网店经营规划

1.3.1　网店 SWOT 分析

研究网络营销环境的目的在于充分认识环境因素对网络营销活动与效果的影响，从而更好地把握网络营销的本质，为制定有效的网络营销策略提供指导。宏观环境和微观环境共存并相互促进，作为企业来说，在实施任何策略和发展市场时，必须关注与其自身密切相关的营销环境。对营销环境进行分析的主要工具是 SWOT 分析法。

1）SWOT 分析法

SWOT 分析法是用来确定企业自身的竞争优势、竞争劣势、机会和威胁，从而将企业的战略与企业的内部资源、外部环境有机地结合起来的一种科学的分析方法。SWOT 是英文 Strengths（优势）、Weaknesses（劣势）、Opportunities（机会）和 Threats（威胁）的缩写。SWOT 分析法被广泛地应用于不同的领域、行业、项目的机会决策，该方法可以作为企业宏观环境评估的分析方法加以运用。通过 SWOT 分析法，可以明确市场机会和企业自身条件的关系，找出在这些机会和威胁面前的竞争优势和劣势。

扫一扫

微课：SWOT 分析法的有效应用

2）SWOT 分析法的运用

在运用 SWOT 分析法进行分析时，可以遵照如下步骤进行。

（1）第一步，列出尽可能详细的与项目相关的要点。

SWOT 分析法，首先将企业某个业务项目的优势、劣势、机会、威胁单项逐一列举，然后进行优势和劣势、机会和威胁的比较分析。优势和劣势的分析，主要是着眼于企业自身的实力及其与竞争者的比较。机会和威胁的分析，是将注意力放在外部环境的变化及对企业的可能影响上。可以用简单的 SWOT 分析表，将企业的优势、劣势、机会、威胁进行梳理，并与主要竞争者进行简要比较，如表 1-2 所示。

表 1-2 SWOT 分析表

项　　目	本　企　业	主要竞争者
优势		
劣势		
机会		
威胁		

表 1-2 的内容非常浅显易懂，但填写分析项目时应遵循如下原则。

- 优势：要客观分析本企业在哪些方面做得好，而竞争者在哪些方面做得更好，然后实事求是地填写，再分析本企业哪方面的优势相对其他企业更突出一些。
- 劣势：分析本企业哪些方面做得不如竞争者。重点是如下问题：自己的客户经常投诉的方面；本企业目前不如竞争者好的服务或产品；本企业不能提供的销售服务；本企业销售队伍存在的问题等。
- 机会：找出本企业没有被发掘的优势，这些就是本企业的机会的一部分。评估未来可能出现的潜在机会。寻找本企业现在能做而其他竞争者还没有做的领域。
- 威胁：主要分析本企业内外有没有可能冲击企业业务的因素，包括可能的对手、服务项目等。本企业内部是否在财务、发展、人员等方面存在问题；从外部讲，竞争者是否越来越强大，及本企业的一些优势是否会变成劣势的可能性。

（2）第二步，对 SWOT 分析结果进行评价并做出决策。

从整体上看，SWOT 可以分为两部分：第一部分为 SW，主要用来分析内部条件；第二部分为 OT，主要用来分析外部条件。利用这种方法可以从中找出对自己有利的、值得发扬的因素，以及对自己不利的、要避开的因素，发现存在的问题，找出解决的办法，并明确以后的发展方向。根据这个分析，可以将问题按轻重缓急分类，明确哪些是急需解决的问题，哪些是可以稍微拖后一点儿的事情，哪些属于战略目标上的障碍，哪些属于战术上的问题，并将这些研究对象列举出来。依照矩阵形式将这些研究对象进行排列，然后用系统分析的思想，把各种因素相互匹配起来加以分析，从中得出一系列相应的结论，而结论通常带有一定的决策性，有利于领导者和管理者做出较正确的决策和规划。图 1-16 所示为 SWOT 分析结果的矩阵式战略决策思路。

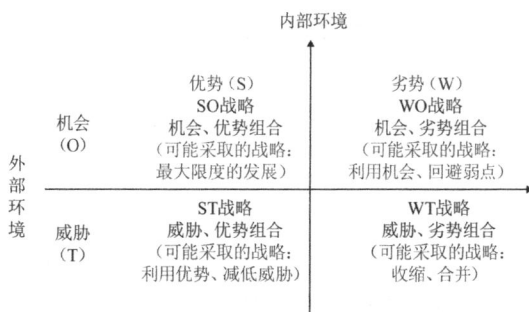

图 1-16 SWOT 分析结果的矩阵式战略决策思路

在战略决策思路的指导下，我们可以采用更为直观的 SWOT 分析表进行结果与决策的制定。例如，我们对一家网店"小林袜管家"进行 SWOT 分析，可以采用表 1-2 所示的 SWOT 分析表，根据 SWOT 分析结果做出相应的营销决策，如表 1-3 所示，或者采用表 1-4 所示的分析法对我国网络建设进行 SWOT 分析和决策建议。

扫一扫

案例："小林袜管家"网络创业计划书

表 1-3 "小林袜管家"SWOT 分析表

机会与威胁 战略 优势与劣势	机会（O） （1）中国人口众多，袜子作为民生的必需品市场份额连年递增，市场发展空间巨大 （2）中国经济将保持较快增长，带动消费 （3）随着全球经济一体化，更有利于加强中国袜子企业与国际交流，在全球范围内树立中国企业的品牌形象	威胁（T） （1）竞争者的威胁及新品牌的出现，使竞争压力加大 （2）各种廉价、无品牌质量保证的低价袜子的出现 （3）消费层次逐年提高，消费者个性消费趋势更加鲜明，消费者时尚品牌鉴赏能力的快速提高，企业产品跟不上流行趋势
优势（S） （1）"小林袜管家"的大众化品牌定位，使其拥有不可限量的市场空间 （2）全面推行特许加盟制，JUZU 的专卖网点数量持续上涨 （3）专业的品牌推广，社会化的生产 （4）开设了微信公众号、采用微海报等宣传 （5）企业的技术实力雄厚，产品新颖，实用性、时尚性都很强	**优势机会战略（SO）** （1）充分利用现有市场，着力品牌推广 （2）借助集团力量遴选渠道，发挥规模经营优势 （3）抓住网上营销先机，利用整合营销传播提升品牌形象 （4）从外贸向内销转型，凭借之前的经验扩展国内市场	**优势威胁战略（ST）** （1）利用企业规模优势，巩固并拓展袜业市场的领域 （2）充分完善品牌定位，构筑产品系列，提升品牌发展空间 （3）充分运用时尚因素来配合时代的发展
劣势（W） （1）产品档次不高，对外依赖性强 （2）产品款式不够新颖，功能不全 （3）缺乏专业设计人才、设计能力弱 （4）营销力度不够，营销渠道单一	**劣势机会战略（WO）** （1）利用各种手段，提升产品档次和功能 （2）找到适合自身发展的创新道路，提高研发能力 （3）利用集团优势，加大创新投入	**劣势威胁战略（WT）** 明确以品牌为主的策略，有目的、有意识地开展整合营销方式进行传播，尽可能提升品牌价值，统一、明确核心价值来向消费者传达其品牌形象

表 1-4 我国网络建设 SWOT 分析表

SWOT 矩阵	S（优势） （1）网络基础设施逐步改善，网民数量众多 （2）电子政务、电子商务环境日趋完善 （3）信息资源内容丰富 （4）相对完备的信息产业体系	W（劣势） （1）信息化发展不均衡 （2）核心技术缺乏 （3）人才短缺 （4）信息化建设标准不统一
O（机遇） （1）政策支持 （2）市场机遇 （3）国际机遇	**SO 战略** （1）利用相关政策，加强我国的网络基础设施建设 （2）抓住市场机遇，充分发挥电子政务和电子商务的作用 （3）积极利用国际机遇，发挥我国信息产业优势	**WO 战略** （1）促进信息化均衡发展 （2）借鉴国际标准规范信息化建设标准，参与国际标准建设

SWOT 矩阵	S（优势）	W（劣势）
T（威胁） （1）技术封锁 （2）信息安全	ST 战略 （1）积极制定我国的信息产业规划，破解国际的技术封锁 （2）贯彻信息法律法规，保障我国的电子政务和电子商务环境	WT 战略 （1）积极培养创新人才，整合资源，自主创新 （2）构建和谐的网络空间环境

资料来源：张军亮，基于 SWOT 分析我国网络强国建设及对策研究，现代情报（J），2016（7）

（3）第三步，对 SWOT 项目定期重新评估，随时进行必要的修改。

在进行 SWOT 分析的同时，有必要跟踪并仔细观察企业所处的市场环境的发展，因为经常会产生一些变化使之前的 SWOT 分析结论与决策变得不恰当。有时巨大的商机会出现在突然变化的商业环境中。例如，某一个非常强的竞争者、客户或供应商突然倒闭、迁址或与其他客户合并而导致的环境的变化而为企业所带来的收益机会。因此，对 SWOT 项目应该定期重新评估，随时进行必要的修改，确保要分析和可比成分的准确性和新颖性。对享用的数据和资料进行充分的分析是 SWOT 取得实效的关键所在。另外，在进行重大决策时，仅仅运用 SWOT 分析也是不够的，还要考虑到其他方法的综合运用，尤其是要对变化的市场和竞争环境有比较清醒的认识。

想一想

试着采用 SWOT 分析框架，选择一个网络企业，对其微观环境和宏观环境进行分析，并提出相应的决策建议。

1.3.2　网络竞争者分析

企业竞争者的状况将直接影响企业的营销活动。例如，竞争者的营销策略及营销活动的变化就会直接影响企业营销，最为明显的是竞争者的产品价格、广告宣传、促销手段的变化，以及产品的开发、销售服务的加强都将直接对企业造成威胁。为此，企业在制定营销策略前必须先认真了解竞争者，特别是同行业竞争者的生产经营状况，做到知己知彼，有效地开展营销活动。具体可以识别主要竞争者、了解竞争者的目标、确认竞争者的优劣势、判断竞争者的反应模式等几个方面对网络竞争者进行分析。

1. 识别主要竞争者

识别谁是竞争者好像很容易，似乎只有经营范围类似、规模相当的企业才是竞争者，而这恰恰是犯了"竞争者近视病"，有可能忽视许多大小不一、现实或潜在的竞争者。关于竞争者的识别具体可从以下 3 个方面进行分析。

1）从行业角度识别竞争者

从行业的角度看，生产同一种类型或功能相近、在使用价值上可以相互替代的产品的同行企业，互为竞争者，如汽车制造商、自行车制造商、飞机制造商等各行业内的竞争者。

2）从市场角度识别竞争者

从市场或消费者的角度看，凡是满足相同消费者需要或服务于同一类消费者群体的公司也互为竞争者。例如，公共汽车、自行车、出租车都是为满足消费者交通方便的需要，提供这些产品和服务的企业同样互为竞争者。

3）从类型角度识别竞争者

从竞争者的类型来看，企业的竞争有来自现有直接竞争者和新的潜在竞争者两方面的竞争。企业应该密切关注主要的直接竞争者，尤其是那些与自己同速增长或比自己增长快的竞争者，必须时刻关注竞争优势的来源。一些竞争者可能不是在每个细分市场都会出现，而是出现在某个特定的市场中。因此，不同竞争者需要进行不同深度水平的分析，对那些已经或有能力对公司的核心业务产生重要影响的竞争者尤其要密切关注。

现有直接竞争者可能会因打破现有市场结构而损失惨重，因此主要的竞争威胁不一定来自它们，而可能来自新的潜在的竞争者。新的竞争者包括以下几种：进入壁垒低的企业、有明显经验效应或协同性收益的企业、前向一体化或后向一体化企业、非相关产品收购者、进入将为其带来财务上的协同效应的企业、具有潜在技术竞争优势的企业等。

2．了解竞争者的目标

确定了谁是企业的竞争者之后，还必须了解它们在市场上追求的目标是什么。我们经常以为每位竞争者都在追求利润最大化、市场占有率和销售增长，而实际上，大多数竞争者和我们自己一样，是在追求一组目标，各目标有轻重缓急，通常竞争者也会为各项目标规定合理且可行的期望值。例如，美国企业以最大限度增加短期利润为目标；日本企业则主要按最大限度扩大市场占有率的模式开展经营。一家大型零售企业在自己超市旁边开设了快餐店，主要目的是吸引更多客流或使前来购物的消费者饱餐一顿后继续逛超市；而一家快餐连锁公司则通过每一家新开的快餐店追求增加销售、提高市场占有率的利益，因为这是它的主业。

3．确认竞争者的优劣势

一般来说，在多数行业中相互竞争的企业均可分为采用不同战略的群体。企业可通过了解各位竞争者的产品质量、特色、服务、定价和促销策略等，判断由哪些企业组成了哪些战略群，以及这些战略群之间的差异如何。

每位竞争者能否有效地实施其战略并达到目标，取决于他们的资源与能力、优势与劣势。企业可通过收集每位竞争者之前的重要业务数据，如销售额、市场占有率、投资收益率、生产能力利用情况等分析其优势和不足；也可通过向中间商、消费者调查来了解竞争者的实力；还可跟踪调查竞争者的各项财务指标的变化情况，特别是利润率和周转速度的变化。企业主要可以从以下 5 个方面对竞争者进行优劣势分析。

- 市场上的主要竞争者及其市场占有率情况。
- 竞争者在经营、产品技术等方面的特点。
- 竞争者的产品、新产品水平及其发展情况。
- 竞争者的分销渠道、产品价格策略、广告策略、销售推广策略等各方面的情况。
- 竞争者的服务水平。

4．判断竞争者的反应模式

企业的战略和策略行动，必将引起竞争者的某种反应，企业只有事先较准确地估计到竞争者的反应，采取适当措施，方可保证自身战略目标的顺利实现。竞争者的反应模式首先受行业竞争结构的影响，如在寡头垄断和垄断竞争的行业，竞争者的反应不可能一样；其次，受竞争者的目标、优势和劣势影响，如前所述。此外，各竞争者都有自己的经营哲学、企业文化和传统信念，这种心理状态形成的惯性也是企业应重点关注的。就这一意义而言，常见的竞争者反应类型可归纳为以下几种。

- 从容不迫型，即竞争者没有反应或反应不强烈。企业应搞清楚竞争者反应不强烈是因为不具备资源实力，还是因为竞争者对自己企业的经营前景和消费者的忠实性充满信心，或仅因为反应迟钝。
- 选择型，即竞争者可能仅对某些方面的攻击行为做出反应，而对其他方面的攻击不予理会。例如，有些公司对产品更新、质量创优反应强烈，而对削价竞争则不予理会；另外一些公司对削价竞争反应强烈，绝不甘拜下风，但对广告费用的增加则没有反应，认为不会构成威胁。
- 强烈型，也有个别竞争者对任何有碍于自身发展的行为都会做出迅速而强烈的反应，且对抗到底。这类公司一般都具有相当强的实力，其激烈的反应也是为向竞争者表明它坚定的态度，以使其他企业轻易不敢发动攻击。
- 随机型。这类竞争者的反应难以琢磨，而且无论根据其资源实力、历史或其他方面的情况，都很难预料其如何反应。

在一些行业内，竞争较为和缓，对手之间的关系较和谐，甚至竞争行为也较规范；而在其他一些行业，竞争则相当激烈，对手之间你争我夺、无休止地冲突。有学者认为这主要取决于行业的"竞争平衡"。显然，当行业处于"竞争平衡"状态时，竞争者之间的关系自然较为和缓。

✅ 1.3.3 网络营销平台分析

1. 网络营销平台的含义

网络营销平台是企业电子商务平台的重要组成部分。网络营销平台是指在电子商务交易过程中，侧重于同客户进行沟通互动的综合信息协作平台，其中包括了电子商务平台的大部分功能，如新闻动态、信息发布、网上调查、提醒机制、会员注册、会员管理、产品展示、客户关怀、信息反馈等多项功能。

2. 网络营销平台的功能与作用

作为电子商务平台的重要组成部分，网络营销平台担负着与客户进行沟通互动、向客户动态发布与传送信息的重要作用，其主要功能包括以下几个方面。

1）新闻动态

在网络营销过程中，企业或个人利用网络营销平台向客户发布公司的新闻信息、重大事件及公司的最新发展情况，此时网络营销平台主要起到公共媒介的宣传作用。

2）信息发布

信息发布功能主要是指在网络营销过程中，企业或个人利用信息发布功能及时动态地发布各种产品与服务的需求与供应信息，从而构建一个虚拟的网上市场。

3）网上调查

网上调查是指在网络营销过程中，企业利用电子商务平台，针对网民的消费心理特征与行为特征，进行网上产品与服务需求特性调查的创新市场营销调研方式，这种方式成本低、效率高、时效性好。

4）提醒机制

网络营销提醒机制是指针对网络营销平台的目标客户的访问情况，进行及时动态的提醒，如邮件提醒、短信提醒、语音提醒等。

5）会员注册

会员注册是网络营销中发展客户、获得客户资料的重要手段，通过会员注册功能，为有效进行会员管理提供了保障。

6）会员管理

会员管理是指在网络营销过程中针对不同类型的客户分类进行管理，通常分类的方式包括分级制、星级制等。在网络营销过程中，根据客户的购买数量与访问数量来进行会员的管理与升级活动。

7）产品展示

产品展示是网络营销平台提供的针对产品与服务的动态展示功能，主要包括展示模板的设计、展示模型的设计、展示的美工处理、产品展示的更新与维护等。

8）客户关怀

网络营销平台为企业与客户进行动态交流提供了空间，其目的是解决在客户购买过程中出现的问题，提高客户满意度与忠诚度。

9）信息反馈

信息反馈是网络营销平台的另一个与客户互动的方式，客户可以通过 E-mail、短信发送、网页互动、QQ 聊天、BBS 等多种方式向企业反馈信息，从而营造一个动态的网络营销平台。

3．网络营销平台的分类

网络营销平台是一个综合性的管理平台，其功能强大、结构复杂，主要可以根据以下几个方面进行分类。

扫一扫

知识链接：各具特色的四类主流 B2C 电子商务平台

1）根据网络营销平台的功能进行分类

网络营销平台可以根据其功能的结构进行分类，主要包括以下几种类型：信息发布平台、客户管理平台、交易协作平台、系统管理平台、安全保障平台等。

2）根据网络营销平台的客户对象进行分类

网络营销平台根据客户对象的不同进行分类，主要包括以下几种类型：B2B（企业对企业的采购平台）、B2C（企业对消费者的直销平台）、B2G（企业对组织的销售平台）、C2C（消费者对消费者的转让平台）等。

3）根据网络营销平台的所有者进行分类

根据电子商务企业开展电子商务所使用的网络营销平台的归属权来分类，网络营销平台可分为企业自建网络营销平台、租用中介方的网络营销平台、购买第三方的网络营销平台中间件进行二次开发。

4. 国内主要网络营销平台介绍

1）知名网络营销平台简介（见表 1-5）

表 1-5　知名网络营销平台简介

类型	平台名称	平台简介
B2B 平台	阿里巴巴 1688.com	阿里巴巴（1688.com）由阿里巴巴集团创立于 2010 年 3 月，旨在做全球知名的采购批发市场。未来阿里巴巴中国站将定位于网上采购批发大市场，帮助工厂、品牌商、一级批发商引进大量的买家，包括十万级的淘宝网店掌柜、百万级的线下城市实体店主、千万级的现有批发市场买家，提供一系列交易工具，打造全球批发大市场 阿里巴巴集团旗下包括淘宝网、天猫、聚划算、全球速卖通、阿里巴巴国际交易市场、1688、阿里妈妈、阿里云、蚂蚁金服、菜鸟网络等
	环球资源 global sources	环球资源创立于 1971 年，是一个多渠道的 B2B 媒体，致力于对外贸易。其核心业务是通过一系列的媒体促进进出口贸易。盈利的 40%来自杂志光盘中的广告，60%来自网上交易业务。环球资源网包括产品行业网站、地区出口网站、技术管理及其他网站。环球资源于 2000 年在美国纳斯达克证券交易所挂牌上市
	慧聪网 HC360.com	慧聪网成立于 1992 年，以行业专业性和整合行业上下游产业链著称；以商情杂志起家，后整合展会和网络，是线上、线下做得都比较成功的中国领先 B2B 电子商务平台；以内贸和外贸、买卖通、行业刊物为主要商业模式
B2C 平台	天猫 TMALL.COM	天猫（Tmall），亦称淘宝商城、天猫商城，原名淘宝商城，是中国地标性的线上综合购物平台，拥有超过 1.2 万个国际品牌，18 万个知名大牌，8.9 万家旗舰店。2012 年 1 月 11 日上午，淘宝商城正式更名为"天猫"，它是淘宝网全新打造的 B2C 平台，整合了数千家品牌商、生产商，为商家和消费者提供了一站式解决方案。2014 年 2 月 19 日，天猫国际正式上线，为国内消费者直供海外原装进口商品
	JD京东 JD.COM	京东成立于 1998 年，是自营式电商企业，该平台包括数万种品牌、4020 万种商品，囊括家电、手机、电脑、母婴、服装等 13 个品类。2014 年 5 月京东在美国纳斯达克证券交易所挂牌上市，它是中国第一个成功赴美上市的大型综合型电商平台。京东集团旗下设有京东商城、京东金融、拍拍网、京东智能、O2O 及海外事业部
	唯品会 vip.com 一家专门做特卖的网站	唯品会是广州唯品会信息科技有限公司旗下的网站，于 2008 年成立，是一家专门做特卖的网站，主营业务为互联网在线销售品牌折扣商品，涵盖名品服饰鞋包、美妆、母婴、居家等各大品类。唯品会在中国开创了"名牌折扣+限时抢购+正品保障"的创新电商模式，并持续深化为"精选品牌+深度折扣+限时抢购"的正品特卖模式，这一模式被誉为"线上奥特莱斯"。2012 年 3 月 23 日，唯品会在美国纽约证券交易所上市
C2C 平台	淘宝网 Taobao.com	淘宝网成立于 2003 年 5 月 10 日，由阿里巴巴集团投资创办。淘宝网是亚太地区较大的网络零售服务商，是深受消费者欢迎的网购零售平台，拥有近 5 亿名注册用户，每天的在线商品数已经超过了 8 亿件。随着规模的扩大和用户数量的增加，淘宝网也从单一的 C2C 网络集市变成了包括 C2C、团购、分销、拍卖等多种电子商务模式在内的综合型电商平台。目前，它已经成为世界范围的电子商务交易平台之一，未来的战略方向是社区化、内容化和本地生活化

类型	平台名称	平台简介
C2C 平台	易趣	1999 年 8 月，易趣在上海创立。2000 年，易趣首创 24 小时无间断热线服务，同年与新浪结盟，开展网上手机销售。2002 年易趣与 eBay 结盟，更名为 eBay 易趣，并迅速发展成为国内最大的在线交易社区。2006 年易趣成为 Tom 集团的全资子公司，推出了为中国市场定制的在线交易平台，为国内买家和卖家提供了更多的在线与移动商机，促进了 eBay 在中国市场的发展
	有啊	有啊是百度旗下的 C2C 业务版块，于 2008 年创建，以生活消费为核心，致力于帮助用户满足对于商品和服务信息的获取、筛选、交流、决策直至交易的创新、开放、生活的电子商务平台。2011 年 4 月新平台上线，缩减了自身的服务种类，立志于打造一个有特色的生活信息服务平台
跨境平台	AliExpress	速卖通是阿里巴巴集团旗下面向全球市场打造的在线交易平台，于 2010 年 4 月上线，覆盖 220 多个国家和地区的海外买家，具体包含服装服饰、3C、家居、饰品等共 30 个一级行业类目，它成为全球最大的跨境交易平台之一。速卖通主要侧重巴西、俄罗斯等新兴市场，产品价格优势较明显，被广大卖家称为国际版"淘宝网"
	亚马逊 amazon.cn	亚马逊是美国知名的一家网络电子商务公司，成立于 1995 年，一开始该公司只经营网络的书籍销售业务，现在则扩及图书音像、数码家电、母婴百货、钟表首饰、服饰箱包、鞋靴、运动户外等 32 类、数百万种独特的全新、翻新及二手商品，已成为全球商品品种最多的网上零售商。亚马逊也是全球最早建立的跨境电商 B2C 平台，其对全球外贸的影响力非常大
	ebay	eBay 创立于 1995 年 9 月，是一个可让全球民众上网买卖物品的线上拍卖及购物网站，是国际零售跨境电商平台。eBay 是一个基于互联网的社区，买家和卖家可以浏览、买卖商品，交易平台完全自动化，按照类别提供拍卖服务。eBay 总部设在美国加利福尼亚州，目前在英国、德国、韩国、澳大利亚、中国和日本等地都设有分公司
	wish Global. Mobile. Mainstream. Product Discovery.	Wish 于 2011 年 12 月在美国旧金山硅谷成立，基于 App 的跨境电商平台，全国总用户量为 3300 万个，是北美最大的移动购物平台，95%的订单量来自手机端，89%的商户来自中国。其主要特点是物美价廉，很多产品，如珠宝、手机、服装等都从中国发货。虽然价格低廉，但是配合 Wish 独特的推荐方式，产品的质量也得到了保证。该平台利用智能化的推送技术，直接为每一位买家推送喜欢的产品，采用精准营销的方式，吸引了大量客户
	DHgate.com 敦煌网	敦煌网创立于 2004 年，是国内首个为中小企业提供 B2B 网上交易的网站，致力于帮助我国中小企业通过跨境电子商务平台走向全球市场。敦煌网采用 E-mail 营销的营销模式低成本、高效率地拓展海外市场，自建的 DHgate 平台，为海外用户提供了高质量的商品信息，用户可以自由订阅英文 EDM（电子邮件营销）商品信息，第一时间了解市场最新供应情况

2）网络营销平台格局

根据中国电子商务市场数据监测报告，2015 年，中国 B2C 网络零售市场（包括开放平台式与自营销售式，不含品牌电商），天猫排名第 1，占 57.4%的份额；京东名列第 2，占据 23.4%的份额；唯品会位于第 3，占 3.2%的份额；位于第 4～10 名的电商依次为苏宁易购（3.0%）、国美在线（1.6%）、1 号店（1.4%）、当当网（1.3%）、亚马逊中国（1.2%）、聚美优品（0.8%）、易迅网（0.3%）。可以说，经过几年的行业整合，目前的网络营销平台已经形成了稳定的格局。第1梯队：阿里巴巴、京东，阿里巴巴和京东共占据B2C电商近81%、整体电商近89%的市场份额。第2梯队：唯品会、苏宁易购、国美在线，分别以服装和家电类起家正向综合品类拓展，目前这一梯队也已占B2C电商近8%、整体电商约5%的市场份额。第3梯队：1号店、当当网、亚马逊中国、聚美优品及诸多小型电商共同占电商市场不到12%的份额。截至2016年第3季度中国网络销售平台整体市场占有率如图1-17所示。在互联网平台的马太效应之下，寡头垄断的格局将很难被打破，后进者需要找到准入壁垒较高、较难复制的蓝海市场进行深耕。

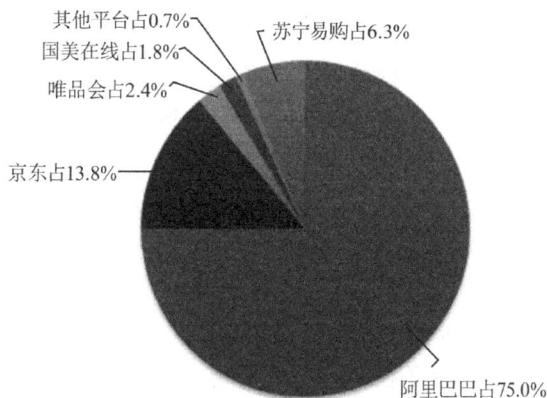

图1-17　截至2016年第3季度中国网络营销平台整体市场占有率

同步阅读

埃森哲：2018中国消费者洞察报告

埃森哲发布《2018埃森哲中国消费者洞察新消费 新力量》报告。报告显示，数字技术正推动消费市场加速升级，它已成为中国消费经济的杠杆。它放大了中国消费者的购买能力，裂变出全新的消费市场结构和消费者行为。其带来的多元收入、互联金融与手机支付等数字化创造的新冲动购买力，对2017年新增居民消费的贡献已超过3089亿。

如今的中国消费群体更加理性成熟，在哪里买、买什么、为何而买及购买后的反思等成为消费时更优先的考量。结合对代际消费者行为习惯的研究，在2018年埃森哲中国消费者洞察研究中发现新消费浪潮下全新的五大趋势。

趋势一：两线买

是网购，还是逛店？要便宜，还是要便利？对于零售商来说，这两个二元对立的问题几乎成了生死存亡的终极挑战。如今，二者正逐渐形成一种平衡，从对立走向结合。在网购持续发展的同时，实体店也在逐步完善。线上购物主打方便快捷，实体店消费则强调餐饮、购物、休闲、娱乐一体化的无缝综合体验，而消费者对"逛"式体验的追求、对休闲与社交的需求都进一步推动着线下消费迅速回春。阿里巴巴集团旗下"盒马鲜生"新零售业态的成功，就得益于有效地回应了消费者的全渠道购物需求。

随着购物信息更加透明，比价行为正变得越来越大众化，呈现出"数字烙印"。50%的消费者表示在店内购物时会经常使用手机比价，45%的消费者表示会经常使用折扣网站寻找更低价格的商品。这里需要指出的是，消费者"货比三家"不再是追求更低的价格，而是会比较商品的各方面信息，做一个"精明的消费者"。

与此同时，对消费者而言，个人的时间成本也是不可忽视的，他们在热衷比价的同时也意识到了时间的重要性，超过一半的消费者认为花钱省时间是值得的，其中71%的消费者希望能够在信息查找和价格比较上节约更多的时间。

趋势二：购物社交化

当几乎所有中国消费者都拥有微信时，与其说生活在别处，不如说生活在别人的朋友圈里。大多数中国消费者相信朋友的口碑胜于一切，微信上的种种推荐、分享，刺激着围观朋友的好奇心和购买欲望。

近年来，消费社交化趋势愈加明显，购物已然成为社交生活的副产品。在年轻和高收入群体中，这一现象更为显著；而在这一趋势中，愈加细分的社交圈层，社交分享的力量最具影响力。在"圈子经济"中，可以说越分享，越冲动，越爱购。埃森哲2018中国消费者洞察研究显示，近九成消费者有自己的兴趣圈子，以美食、旅游、运动健身等最为普遍。兴趣圈子对消费者购买行为产生了极为可观的影响力，多数消费者表示更愿意相信和购买兴趣圈子中推荐的产品，哪怕价格偏高也能接受。

此外，87%的消费者愿意和别人分享购物体验或者发表评论，其中55%的消费者会在社交应用中分享自己的购物。这部分消费者更容易受到社交分享的影响和刺激，从而增加冲动购买，使消费呈现出"购买—分享—再购买"的循环式连锁反应。

趋势三：体验至上

中国消费者期盼全渠道的无缝购物体验。在59%的受访者心中，购物购买的不仅是商品，更是一种体验。这无形中需要企业全面提升零售的每一个环节，优化每一个可能的消费接触点，为消费者提供"智能购物体验"——如场景化体验和参与性购买体验尤其值得关注。

研究显示，57%的消费者购买或表示有兴趣购买虚拟现实或增强现实的产品；其中，45%的消费者希望可以通过虚拟现实和增强现实设备体验希望购买的商品。对此，企业一方面需要提前投资有助于加强这类"智能购物"体验的技术手段，另一方面还要在营销上同步升级。"参与"也是消费者寻找适合自己产品的一条特殊途径，是购物的又一种全新体验。从消费者的反馈来看，参与性购物能带来十分积极的效应，最突出的就是帮助消费者找到最适合自己的产品和品牌。

白酒界"网红"江小白就是"参与性购买体验"的典型例子。早在2016年第2季度，江小白推出了"表达瓶产品"，消费者可以通过上传文字和图片，自动生成专属于自己的酒瓶。如果表达内容被选中，还能付诸批量生产并在全国上市。这一举动获得了消费者的积极支持，产品上线不足半年，同比销售量增长了86%，搜索指数和电商C2C的销售增幅超过100%。

趋势四：健身消费

运动健身已成为目前较时尚的生活方式，在这种生活方式中孕育着庞大的消费市场——运动并消费着，运动健身正成为消费新趋势。每周运动 5 小时以上的运动达人和经常活跃在运动社交圈的"圈子运动族"是运动消费的主力军，他们在购买运动产品和运动健身方面的预算很高；如果既是运动达人又是"圈子运动族"，购买力则更胜一筹。

此外，"运动+新技术"渐渐成为运动消费者期待的组合。44%的消费者表示希望 AR/VR（增强现实/虚拟现实）技术应用于运动健身领域，41%的消费者希望人工智能和万物互联在运动健身辅助方面得到广泛应用，还有 29%的消费者希望户外运动产品也能像共享单车一样共享。

趋势五：拥抱价值经济

购物图一时爽快，但买来的东西会经常使用吗？可能大多数人会摇摇头。的确，收入的增加和消费的便利为冲动消费提供了土壤，闲置物品开始增多。调查显示，近一半的消费者表示：有很多商品在买来一段时间后变得很少使用，超过六成的消费者使用过二手交易平台。

新时代不仅带来了冲动消费，也带来了反省意识，以及对于平衡物质消费和精神消费的追求。越来越多的消费者希望物品可以更有价值、更合理地使用，如通过共享使商品使用价值最大化。"共享经济"已渗透到各行各业，这片共享蓝海正留待互联网公司和传统企业共同开发。

（资料来源：199IT 推荐文章 http://www.199it.com/archives/732743.html）

同步实训

实训 1.1 选择某网络销售平台或电商品牌运用 SWOT 分析法进行分析

实训目的

掌握 SWOT 分析法的步骤，并学会对具体对象进行分析。

实训要求

1. 选择分析对象。选择你熟悉或感兴趣的网络平台，如淘宝网、天猫、京东、唯品会等，或者电商品牌，如三只松鼠、七格格、裂帛、太平鸟等，作为本次 SWOT 分析的对象。

2. 填写 SWOT 分析表。对所选分析对象进行环境分析，完成下面的 SWOT 分析表（见表 1-6）。

表 1-6　SWOT 分析表

项　目	本 企 业	竞 争 者
优势		
劣势		
机会		
威胁		

3. 得出分析结论。通过上述 SWOT 分析，综合分析对象的优势、劣势、机会和威胁，指出分析对象开展网络营销的战略思路。

实训 1.2　分析你所熟悉的或知名网店的目标市场战略和规划

🌱 实训目的

通过对某企业网站的了解、认识、分析和评价，理解企业的市场细分，进而从企业网站的结构、内容及其功能和服务等方面认识目标市场的选择对企业网络营销的重要作用和意义。

📝 实训内容与步骤

登录肯德基、麦当劳、可口可乐、亨氏、百事可乐中国网站，分析其各自的目标市场营销战略。

📞 实训提示

目标市场营销战略包括市场细分、目标市场、市场定位。对于国际品牌而言，在分析其目标市场营销战略的同时还要结合当地的政治、经济、文化环境等特点。同时，对于这些日用消费品牌，还要结合人们的生活方式挖掘潜在的细分市场。

📚 思考与练习

1. 运用百度或其他搜索工具分别搜索行业信息网与专业信息网。分析行业信息网与专业信息网的区别与联系，并进入某一个信息网站了解该网站的内容与功能。

2. 分别进入综合服务类网站、商务类网站、科技教育类网站、金融类网站、生活服务类网站等不同类型的网站，熟悉不同类型网站的内容与风格的异同。同时分析这些网站的目标市场分别是什么。

项目 1　网店策划

项目小结

在开设网店之前首先要对网络市场进行调研分析，从而确定目标市场，规划网店营销战略。网店营销战略和策略的制定均需建立在对网络市场进行系统、详细分析的基础上，包括目标市场分析、竞争者分析、网络平台选择等方面。

在进行网店目标市场分析时，需要重点关注网络消费者的视觉行为、网络消费者的心理价格、网络消费者的忠诚度、消费模式等特征，以及对企业活动的影响，从而为企业开展网络营销提供更有针对性的策略建议。

在进行网店规划时，建议首先采用 SWOT 分析法对企业网络营销所处的环境进行系统剖析，其次重点关注竞争者的营销策略，最后摸清可采用的网络营销平台的详细情况，为企业开展网店整体规划打好基础。

同步测试

1. 概念解释

（1）网络消费者的忠诚度

（2）视觉营销

（3）网络消费者购买动机

2. 判断题

（1）网站的形象代表着企业的网上品牌形象，人们在网上了解一个企业的主要方式就是访问该公司的网站。　　　　　　　　　　　　　　　　　　　　（　　）

（2）在国际市场营销中，注重对目标市场所在地文化背景的研究，开发适应当地消费者消费习惯的产品，这决定了国际市场营销的成败。　　　　　　　　　（　　）

（3）网络消费者分析是企业进行市场营销的出发点，其最终目的是使企业的商品满足消费者的需求。　　　　　　　　　　　　　　　　　　　　　　　　（　　）

（4）相对于网络商店，传统商店中消费者更不受购物时间的限制。　　（　　）

（5）通常在网络环境条件下，消费者能够更理性地选择商品。　　　　（　　）

3. 单项选择题

（1）企业面向整个市场大量生产、销售同一个品种、规格的产品，试图满足所有消费者对同类产品的需求。这种营销方式称为（　　）。

A．大量营销　　　　　　　　　　B．产品差异性营销

C．目标市场营销　　　　　　　　D．市场细分

（2）根据消费者对网络服务的不同需要，进而确定企业网站在网络市场中所处的不同位置的过程为（　　）。

A．网上市场细分　　　　　　　　B．网上市场选择

C．网上市场定位　　　　　　　　D．网上市场调查

（3）SWOT 分析中的优势"S"是指（   ）。

A．个人或企业外部威胁因素

B．个人或企业外部机会因素

C．个人或企业内部优势因素

D．个人或企业内部劣势因素

（4）（   ）是指客户对某一种特定产品和服务产生了好感，形成了偏爱，进而重复购买的一种趋向。

A．客户满意   B．客户忠诚

C．客户偏好   D．客户关系

（5）（   ）是指消费者基于理智经验和感情之上的，对特定的网站、图标广告、商品产生特殊的信任与偏好，而重复地、习惯性地前往访问并购买的一种动机。

A．感情动机   B．理智动机

C．惠顾动机   D．兴趣动机

（6）消费者的购买过程是消费者把购买动机转化为（   ）的过程。

A．购买心理   B．购买意志

C．购买行动   D．购买意向

（7）兴趣可以影响网络消费者的购买行为，这种因素属于（   ）。

A．产品因素   B．心理因素

C．收入因素   D．文化因素

（8）按上网目的对消费者进行分类时，习惯于购买便宜商品、喜欢讨价还价的消费者属于（   ）。

A．冲浪型   B．定期型

C．简单型   D．议价型

4．多项选择题

（1）网络市场的特征包括（   ）。

A．全球性   B．多样性

C．无限性   D．虚拟性

E．现实性

（2）有效市场细分需具备的特点包括（   ）。

A．可测量性   B．可多样性

C．相对稳定性   D．可占据性

E．市场反应

（3）网络消费者的类型包括（   ）。

A．商务型   B．冲浪型

C．接触型   D．议价型

E．娱乐型

（4）马斯洛需求层次论中提出人的需求有（   ）。

A．生理的基本需求

B．安全、保障的需求

C．社会归属的需求

D．尊重需求

E．自我发展和自我实现需求

5．分析题

（1）分析影响网络消费者购买的主要因素有哪些？

（2）分析网络消费者的购买决策过程有哪几个阶段？各阶段的特征如何？

项目 2

网店创建

重点难点

　　网店首页的布局设计与商品上架是网店创建的重要组成内容。本项目的难点是掌握网店首页组成模块的设计要素，合理布局网店首页，优化商品标题，掌握商品详情页的设计步骤，制作商品详情页。

项目导图

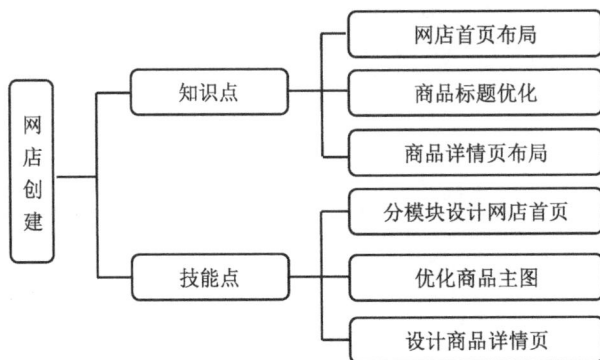

引例

阿芙（其活动宣传图如图 2-1 所示）创立于 2006 年，是国内精油美妆类领先品牌，以"阿芙，就是精油"被业内熟知；2009 年 9 月，阿芙正式入驻淘宝网，开通官方旗舰店；2013—2014 年，阿芙天猫官方旗舰店在"双十一"当天，蝉联两年美妆类目第一。阿芙能取得如此大的成就，原因当然是多方面的，网店首页的整体视觉设计就是其中之一。

首先，阿芙的品牌形象一直都是薰衣草、小女孩，很美好、纯真的形象，非常符合精油产品在人们心目中的感觉；其次，在活动设计方面，每次举行活动阿芙均在店铺的显眼位置加上活动 banner，同时根据活动店铺的页面风格进行整体调整，专享价产品、优惠券领取都在首页进行展现；第三，选择阿芙的爆款或者转化率高的产品进行产品推荐，对于产品的利益点进行突出说明，例如阿芙的薰衣草精油，全网销量第一的精油，功效是淡化痘印、舒缓助眠；最后，区块导航的合理设置及对消费者添加收藏进行有效引导，可使消费者更方便地找到自己想要的东西。

图 2-1 阿芙 2018 年中大促返场活动宣传图

引例分析

阿芙通过统一的网店视觉设计，直接突出品牌、产品、活动的卖点及独特性，有效地树立了企业的整体形象，将企业的信息传达给受众，让用户产生更多的信任感，提高用户的回头率并为店铺的品牌提升奠定了基础。

2.1 网店基础信息设置

在网店创建过程中，首先要做的就是网店基础信息设置，主要包括店铺名称、店标、店铺介绍、主营产品等。

2.1.1 店铺名称

店铺名称蕴含着店铺经营商品、店铺服务理念及店铺定位，而且店铺名称是唯一的。因此，从某种程度上讲，好的店铺名称能迅速地把店铺的经营理念传递给消费者，增强感染力，给店铺带来自然的流量。

网店在取名的过程中，不仅要讲究语言的韵味与通畅，还要抓住消费者的心理需求与精神需求，在追求名称美感的同时不应该过于拗口，要有一定的识别度，同时可以适当展现文化底蕴，通过谐音、隐射等方式体现网店的特色。在选择店铺名称时应坚持以下几条原则。

1）名称宜通俗易记

店铺名称宜响亮、上口、易记，辨识度高，这样才便于传播。有的网店经营者认为自己店铺主营金属产品，于是便在名称中添加一个"鑫"字，而做木材生意的就加个"懋"字；有的为图吉利，常用繁体字，例如把"丰"字特意写成"豐"字。网店一般面对的都是普通大众消费群体，所以在命名时应尽量通俗易懂。繁体字固然新颖，但有很多消费者不会辨认繁体字，一旦消费者遇上自己不认识的繁体字，容易影响消费者在口碑方面的传播。

2）名称宜体现主营产品

网店的名称应尽量与主营产品相结合，或者反映经营者的经营特色，如服务理念、产品产地等，使消费者易于识别店铺经营范围，并产生购买欲望。比如"美图旗舰店"，通过字面含义很容易理解其产品特色为专注于照片拍摄效果的优化，能够基本满足爱自拍的消费者的需求；"江南布衣"则将其服装材质这一卖点进行了很好的诠释；"三只松鼠"，将松鼠爱吃坚果这一信息含蓄地进行了表达，间接向消费者传递了其店铺主营坚果产品的信息。

3）名称不应违反法律法规及平台规则

网店应该是在合乎法律法规、合乎平台规则基础之上建立的。例如，未经品牌商或生产商授权，店铺名称禁止使用"特约经营""特约经销""总经销"等容易使人误认为该店铺已经取得相应品牌授权的表述或内容；个人店铺名称禁止使用"旗舰""官方"等表述；店铺名称中不允许使用政治敏感文字，不允许使用有损于国家、社会公共利益的文字，不允许使用含有封建文化糟粕、有消极政治影响、带有歧视性的文字等。

2.1.2　店标

1．店标含义

店铺标志，简称店标，也就是我们常说的 Logo，是网店形象识别系统的重要组成元素之一，是网店特色和内涵的集中体现。网店形象识别系统，表现文件格式为 GIF、JPG、JPEG 和 PNG，文件大小在 80KB 以内，一般尺寸为 80px×80px。

扫一扫

解读大牌 Logo 标志设计

店标是一种特殊文字或图像组成的大众传播符号，如图 2-2 和图 2-3 所示，它的基本功能是以图形传递信息，表现其内在的质量、特点，而以之作为与消费者沟通的媒介。对于一个网店而言，店标相当重要，好的店标能给消费者留下深刻的印象，更有利于稳定店铺的客户群。店标不仅代表着店铺的风格、店主的品位、产品的特性，还能起到宣传的作用。店标一般出现在搜索页面。

图 2-2　天猫店铺店标显示

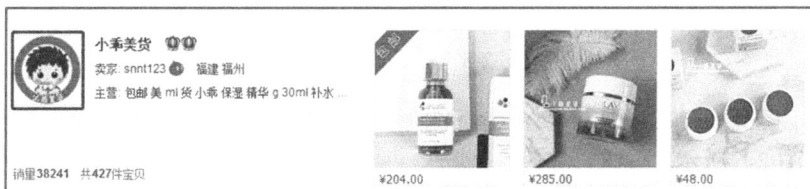

图 2-3　淘宝网店铺店标显示

2．店标制作

对于已有品牌的网店，可以使用品牌自身的 Logo 作为自己的店标，只需要把 Logo 扫描下来即可，如雅诗兰黛、耐克、阿迪达斯等店铺一般采用该品牌 Logo 作为店标。采用这类方法制作店标会更加简单、快捷。

而对于自建品牌的网店，则需要自己设计制作一个符合店铺形象的店标。在制作店标之前应该有一个围绕店铺主题展开的整体构思，主题不仅可以凸显店铺的主营业务，还可体现店铺的内涵，在主题构思的基础上用图形的方式展现。店标图形的构成元素有文字标志、图形标志、综合图形标志。

（1）文字标志店标：一般直接使用店铺的名称文字，然后将文字运用软件进行美化修饰即可，如图 2-4 所示。

图 2-4　文字标志店标

（2）图形标志店标：主要包括自然图形标志和几何图形标志。自然图形标志以人物、动物、植物、风景及生活中的一切物体作为设计原型进行概括、提炼、夸张、变形等艺术手法设计；几何图形标志是指由三角形、方形、圆形等几何图形构成的标志图形。图形标志店标如图 2-5 所示。

图 2-5　图形标志店标

（3）综合图形标志店标：主要由自然图形、几何图形、字母等多种元素相互配合构成的店标，如图 2-6 所示。

图 2-6　综合图形标志店标

✅ 2.1.3　店铺介绍

店铺介绍就是对店铺的详细描述，一般介绍内容不得少于 10 个字，且不得多于 2000 个字。以淘宝为例，具体可参照以下编辑方法设置店铺介绍。

1）简洁型店铺介绍

只有一句话或一段话，再加上店铺平台默认名片式的基本信息和联系方式，简单明了。

例一：欢迎光临小店，本店新开张，诚信经营，童叟无欺！

例二：本店宝贝全部为正品，假一罚十，信誉保证。欢迎亲们放心选购，我们将竭诚为您服务！

例三：本店以诚信经营、以消费者的满意为宗旨。我们主要经营母婴产品，欢迎大家购买。

2）消息型店铺介绍

就是将店铺最新的促销活动、优惠信息、上新状态等发布在店铺介绍中。例如，设置分时间段的促销活动，不但能通过促销活动吸引新买家，更能促使买家下定决心，尽快购买。

3）独特型店铺介绍

独特型店铺介绍一般是将自己店铺的特色、优点罗列出来写在店铺介绍中，如店铺中的特色产品、服务优势、产品优势等。

4）详细型店铺介绍

作为卖家不可能知道每个买家的心理和期望，所以可以考虑把买家的期望内容都写到店铺介绍中，如产品优势、优惠活动、上新状态、购物流程、联系方式、物流方式、温馨提示等都可以包含在内。在写详细型店铺介绍时一定要注意排版，因为其内容较多，假如随随便便、字体很大、没有重点地放在那里，可能卖家自己都没有兴趣去看它一眼，更何况买家是最容易忽视这些的。一些重点的内容可以用其他颜色标示出来，当买家看到这里的时候就知道自己现在阅读的是关于什么内容的介绍了。

✅ 2.1.4　主营产品

主营产品指的是网店经营的主要产品的类型、风格等，其主要体现店铺真正是做什么行业的，该行业内比较擅长和重点做的又是什么业务，突出店铺的重点业务和优势业务。主营产品的填写应真实、客观，字符应尽量匹配，切勿堆砌词汇，因为能够展示的词量有限；同时应避免太过精细，否则罗列太多的经营项目，容易影响用户体验。

2.2　网店首页装修

设计美观大方的网店首页不仅能给消费者带来良好的第一印象，树立店铺的形象，使消费者对店铺的产品或服务产生较高的品牌信任度与忠诚度，提升店铺的转化率，增加客单价，而且还能通过统一的视觉形象提高店铺成员对店铺的认同感，增加凝聚力。

✅ 2.2.1　网店首页布局设计

网店首页布局设计是网店首页装修设计中最重要的工作，合理的网店首页布局可以让消费者在网购过程中快速发现目标产品。如果布局不合理，消费者需要思考如何获取主要产品信息，影响体验，甚至会选择离开店铺。因此，网店首页布局的重点是体现网店的力推产品，将核心信息显示在关键位置，使消费者在最短时间内浏览到相关信息。

1. 网店首页布局的考虑因素

1）客户分析

（1）分析产品受众群。作为以消费者为中心的体验设计，应不断关注产品受众群体的习惯与喜好。商家应了解客户是谁？客户需要的是哪些信息？对于产品和服务，客户更加关注哪些因素？

（2）分析目标客户的消费习惯。消费者在网购过程中，会对平台产生特有的消费习惯，如学生群体更加关注价格等促销信息，白领丽人则对上新状态更加敏感。因此，应结合网店的定位，充分考虑目标消费群的消费偏好，分析其消费特征，然后针对这些特征制作不同风格的店铺布局设计，从而提升店铺的整体销售。

（3）充分考虑客户的体验要素。良好的购物体验能使消费者留下深刻的印象，其体验要素主要包括视觉感官体验、界面交互体验、情感因素体验、浏览习惯体验、信任体验等几个方面。

- 视觉感官体验：设计风格、店铺名或者品牌 Logo、页面整体布局、页面色彩搭配、图片的完全展示、海报展示、文字的排版等。
- 界面交互体验：购物流程的体现、按钮的设置、点击的暗示、客服的位置、搜索栏、优惠券的领取等。
- 情感因素体验：分类的命名、分类的层级、商品的原创性、上新情况、活动的推荐、相关商品的推荐、收藏的设置、页面的长度等。
- 浏览习惯体验：温馨提示、会员的交流、售后服务、会员优惠、会员活动、会员福利、专家答疑、短信/邮件的问候等。
- 信任体验：搜索引擎优化、公司简介、服务的保障、联系方式标注、投诉入口、法律声明、友情链接等。

2）浏览路径

消费者浏览网店时留下的视觉轨迹就是浏览路径。作为网店布局设计，需要在视觉轨迹中，把店铺需要展现的产品突出地展现给消费者，尽可能地引导消费者的目光按照自身店铺设计的视觉路径进行浏览，这种设计叫作视觉的动线设计。动线设计在传统百货行业有着比较广泛的运用。在国内，大部分人习惯用右手写字、习惯靠右行走、习惯从左边浏览，所以很多消费者进入一家专卖店，首先会从左侧进入，从左往右浏览店内的商品，在进入专卖店以后才开始细看。根据这种特性，实体店进行视觉的动线设计时，会在店铺中间位置也就是中岛区域用模特进行特殊陈列以吸引消费者的关注，在商品摆放时也会根据视线的移动进行商品的调整。对于网店首页来说，同样也可以根据视觉的动线设计，达到突出产品的目的。

普通的视觉浏览路径，常规的动线是"Z"字形或者"W"字形的浏览轨迹，如图 2-7 和图 2-8 所示。

图 2-7　"Z"字形浏览路径

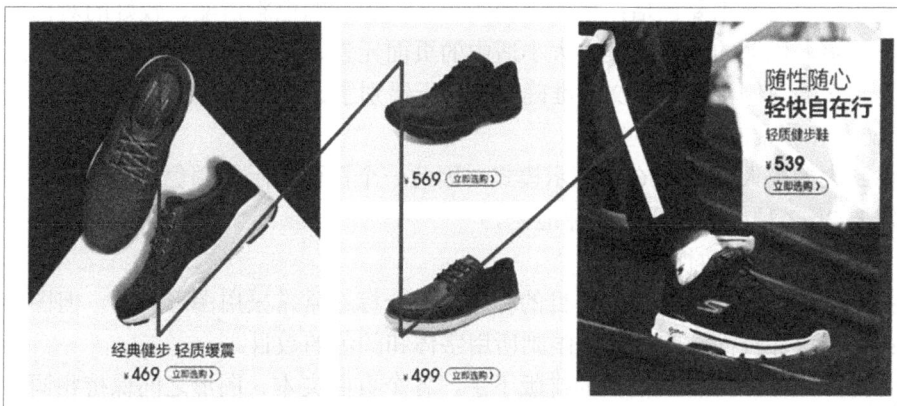

图 2-8　"W"字形浏览路径

在常规浏览路径里，就设计的动线主线而言，通过这样的常规设计和规划能让消费者快速找到满意的商品。动线的设计需要注意以下几个细节。

（1）不要单一地使用同一种动线方案。如果一味地使用"Z"字形动线，就会出现页面下方的关注度很低，导致点击率也会偏低。这就类似于通过关键词搜索，通过自然排名展现出来的商品都是"Z"字形的视觉路径，消费者会对排在前面的商品更加关注一些，对于页面中下部则会忽略，这样就会导致页面中下部的利用率不高。通过不同的视觉路径交叉使用，可以降低消费者的审美疲劳，使页面中下部的商品得到更多的点击机会。

（2）在动线设计中需要对不同的区域进行主次区分。通过一些模块过渡，让消费者明确到达不同的区域，这样就可以区分不同商品的品类或者风格。这类似于百货公司的楼层指示牌，通过楼层的指示牌，消费者可以尽快到达目的区域，不至于在长时间浏览页面无果后产生烦躁感。

（3）不要频繁地使用复杂的动线。频繁地通过视觉冲击消费者的视觉神经，容易让消费者产生视觉疲劳。就像线下专卖店只会针对个别款式运用模特进行展示一样，过多的模特展示同样会分散消费者的注意力，并且视觉体验并不一定会好，所以简洁、明朗的风格能让消费者停留的时间更久。

2．网店首页布局的原则

页面在设计上有许多共同之处，如报纸等，也要遵循设计的基本原则。熟悉一些设计原则，再考虑一下页面的特殊性，便不难设计出美观大方的页面。网店页面设计有以下基本原则，熟悉这些原则将对首页及其他页面的设计有所帮助。

1）主次分明，中心突出

在一个页面中，必须考虑视觉的中心，这个中心一般在屏幕的中央，或者在中间偏上的部位。因此，一些重要商品或内容一般可以安排在这个部位，在视觉中心以外的地方就可以安排那些稍微次要的内容，这样在页面上就突出了重点，做到主次分明。

2）大小搭配，相互呼应

对待商品展示的多个图片的安排要错落有致，使大小图像之间有一定的间隔，这样可以使页面富有层次感，避免重心的偏离。

3）页面布局时的一些元素

页面布局的元素主要包括：格式美观的正文、和谐的色彩搭配、较好的对比度、可读性较强的文字、生动的背景图案、大小适中的页面元素、布局匀称、不同元素之间有足够空白、各元素之间保持平衡、文字准确无误、无错别字、无拼写错误。

4）文本和背景的色彩

考虑到大多数人使用 256 色显示模式，因此一个页面显示的颜色不宜过多，主题颜色通常只需要 2～3 种，并采用一种标准色。

5）保持简洁与一致性

保持简洁的常用做法是使用醒目的标题，这个标题常常采用图形表示，但图形同样要求简洁；另一种保持简洁的做法是限制所用字体和颜色的数目。

要保持一致性，可以从页面的排版下手，各个页面文本、图形之间保持相同的间距，主要图形、标题或符号旁边留下相同的空白。

3．网店首页的组成模块

网店首页基本由以下模块组成：店铺招牌与导航、首页海报（轮播海报图）、主推商品、商品分类、商品陈列展示、搭配推荐、店铺页尾等，如图 2-9 所示。

图 2-9　网店首页的组成模块

（1）店铺招牌与导航：作为店铺的宣传部分，可置入品牌 Logo、广告语、收藏、商品搜索等功能，引导买家进行购买。

（2）首页海报：占用面积大，内容丰富，一般用作品牌展示、新品展示、活动展示，可以放置 3～5 张，进行轮播展示。

（3）主推商品：置于首页最显眼的位置，用于宣传店铺最给力的活动和商品，买家进入店铺首页第一眼就可以看到店铺的爆款商品和潜在爆款商品。

（4）商品分类：将店铺的所有商品进行合理分类，让买家在最短的时间内快速了解店铺的分类信息，从而精确地查找买家所需要的商品。

（5）商品陈列展示：以不同的陈列方式进行展示，可以展示大分类信息中的不同类别。另外，进行商品陈列展示时可出现该陈列区域的主推单品海报，达到既可以宣传商品又可以使整体页面美观、不单调的目的。

（6）搭配推荐：在该模块左侧可以插入店铺首页的收藏模块、搜索模块、分类模块、客服模块等必备基础模块，在该模块右侧可以插入搭配商品区域、清仓区、特价区等商品模块，这样不但丰富了首页的布局，也可以增加店铺黏性，提升买家的忠诚度。

（7）店铺页尾：这是必不可少的装修模块之一，可以起到宣传、告知、激起买家兴趣等作用。

4．网店首页的色彩选择

色彩可以给人带来不同的视觉效果和心理感受，会营造出不同的环境气氛。在网店首页设计中，色彩搭配是相当重要的，颜色的选用应根据店铺的目标而定，不同的色彩能够引起人们不同的情感反应，只有灵活应用色彩，才能给买家留下良好的印象。

通常买家对色彩的印象并不是绝对的，其会根据行业类目的不同而产生不同的联想。例如，说到春节人们脑海中会联想到红色，说到特产往往会想到绿色，等等，这些是从时代与社会中逐渐固定下来的知觉联想。在网店首页设计中，应充分利用行业类目对色彩的印象，所挑选的颜色应更能引起买家的共鸣。下面分别对 5 种常见的店铺色彩进行说明。

（1）红色系。红色是一种充满激情而且情绪感特别强烈的色彩，也是最能代表中国传统文化的色彩。以红色作为主色调，不仅可以使首页更加积极向上，还可以营造出华丽和喜悦的氛围。另外，红色与同类色或者邻近色的搭配，可以充分发挥女性的魅力。红色系店铺首页如图 2-10 所示。

图 2-10　红色系店铺首页

（2）绿色系。绿色常与自然和环境相联系，与同类色系搭配整体更和谐、统一，能营造出健康、自然、和谐的氛围。绿色系店铺首页如图 2-11 所示。

图 2-11　绿色系店铺首页

（3）黄色系。鲜亮的黄色是一种显眼并且有个性的色彩，适合用于欢快、热闹的场合，可以突出商品生动的个性。它和绿色搭配，给人清新、爽朗的感觉，让买家联想到夏日清凉的冰镇饮料，再加一些棕色的点缀，更可以给买家带来健康、美味的感觉。黄色系店铺首页如图 2-12 所示。

图 2-12　黄色系店铺首页

（4）蓝色系。蓝色系店铺总是给人一种沉稳、扎实的印象，无论表现的是古典高贵还是现代流行风格，都能够彰显出商品所具有的高贵气质。另外，蓝色与高纯度的色彩搭配，可以表现出严谨、认真的页面效果，使页面的主题更加突出、醒目。蓝色系店铺首页如图 2-13 所示。

图 2-13 蓝色系店铺首页

（5）紫色系。紫色是一种展现女性温柔的色彩，与同类色、邻近色搭配，可以给人一种神秘的印象，同时可以充分发挥女性的魅力，给买家营造一种浪漫、神秘的氛围。紫色系店铺首页如图 2-14 所示。

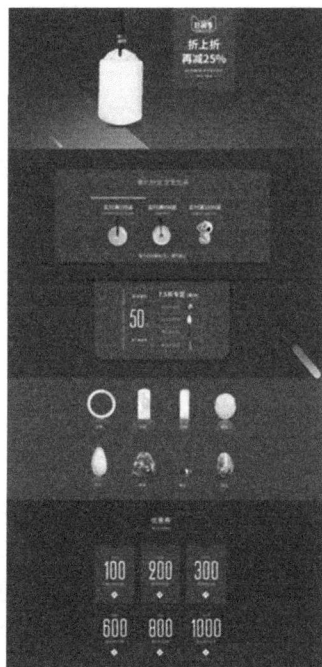

图 2-14 紫色系店铺首页

2.2.2 店招与导航设计

店招与导航是网店品牌的展示窗口，一家网店只有一个店招，无论点击哪个页面，店招都会显示在最上方，所以店招与导航是店铺中最重要的部分。

1. 认识店招

店招，顾名思义，就是网店的店铺招牌，它是网店装修中最重要的模块之一。对于买家来说，店招是其看到店铺后对店铺做出的第一印象判断，是建立自身对店铺认识的第一步，所以店招是商家用来展示自身店铺名称和形象特点的一种重要途径。店招可以由文字和图案组成，其表现的方式也十分灵活，但网店店招的表现形式和作用与实体店铺有一定的区别。实体店铺的店招作用往往体现在吸引消费者环节，因为实体店铺的店招是直接面向道路的。而网店店招的作用主要体现在留客的环节，因为网店的店招并不直接面对"网络街道——搜索页面"，而是只有当消费者进入店铺之后才可以看到，因此在设计网店的店招时要更多地从留客的角度去考虑。

网店店招主要有两种表现形式：静态图片和动态图片。不同的装修表现形式具有不同的制作效果。静态图片店招比较自主和简单，可以用简单的图片设计制作而成，如在店招中添加爆款商品、购物车等快捷窗口；动态图片店招主要使用的是 GIF 动画，表现手法生动活泼。

店招的构成元素主要有背景、店铺名称、Logo、标语、产品、促销信息等。背景一般为纯色，颜色应与网店首页的整体色调相统一；店招中既可以添加店铺名称或品牌名称，同时也可以标注店铺的性质；Logo 一般以店铺品牌独有的图案为主，也可与前文所提的店标直接相连；标语体现店铺的经营理念或者宣传口号，用简短的一句话表达即可；店招上的产品一定要选择店铺中标志性的产品，使人对店铺的主要产品一目了然；促销信息则应结合店铺当前的促销活动及时更新。店招元素示例图如图 2-15 所示。

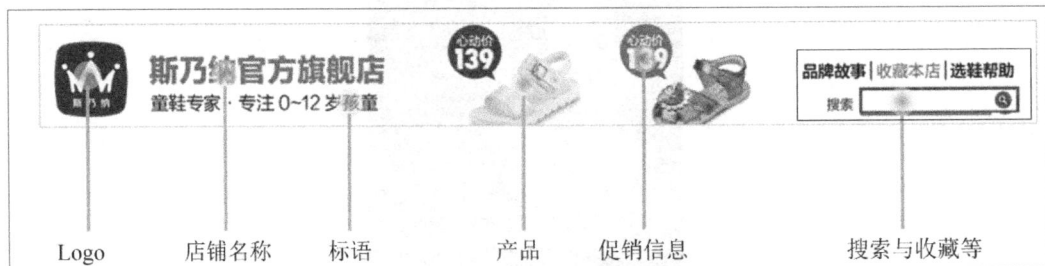

图 2-15　店招元素示例图

2. 店招的设计制作

店招的制作风格在很大程度上和店铺经营的产品相关，因此应注意店招、产品、店铺风格的统一。店招位于网店第一屏中最为醒目的位置，是传达信息的最好阵地。因为其位置关键，所以一定要精心布置，既要让新买家印象深刻，又要让经常来的买家有新鲜感，要明确店铺展示什么内容，最重要的内容需要突出显示。设计的整体理念应大气、精致，目的是达到对店铺最有效的阐释。

扫一扫

微课：店招的制作

天猫店铺店招的宽度为 990px，淘宝网店铺店招的宽度为 950px，店招导航的总高度建议为 150px，店招导航的高度一般为 120px，如图 2-16 所示。

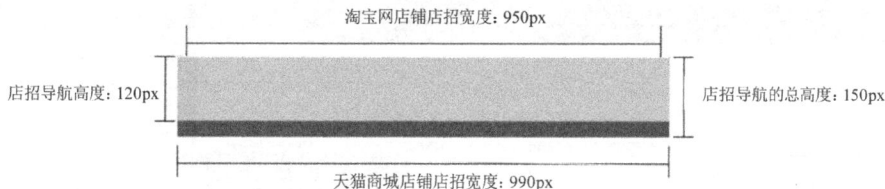

淘宝网店铺店招宽度: 950px

店招导航高度: 120px

店招导航的总高度: 150px

天猫商城店铺店招宽度: 990px

图 2-16 天猫商城店铺、淘宝网店铺店招比例尺寸图

下面以文具店为例制作一款店招，在制作店招之前需要收集素材，考虑到文具店铺的文化属性，选择王羲之的《兰亭序》作为背景图案。本店招主要为营销型店招，因此在店招中间预留店铺活动广告位置，效果图如图 2-17 所示。

图 2-17 文具店店招效果图

运用 Photoshop 软件，具体操作步骤如下。

步骤 1：执行"文件"→"新建"命令，打开"新建文档"对话框，在其中设置属性参数，单击"创建"按钮，如图 2-18 所示，新建空白文档。

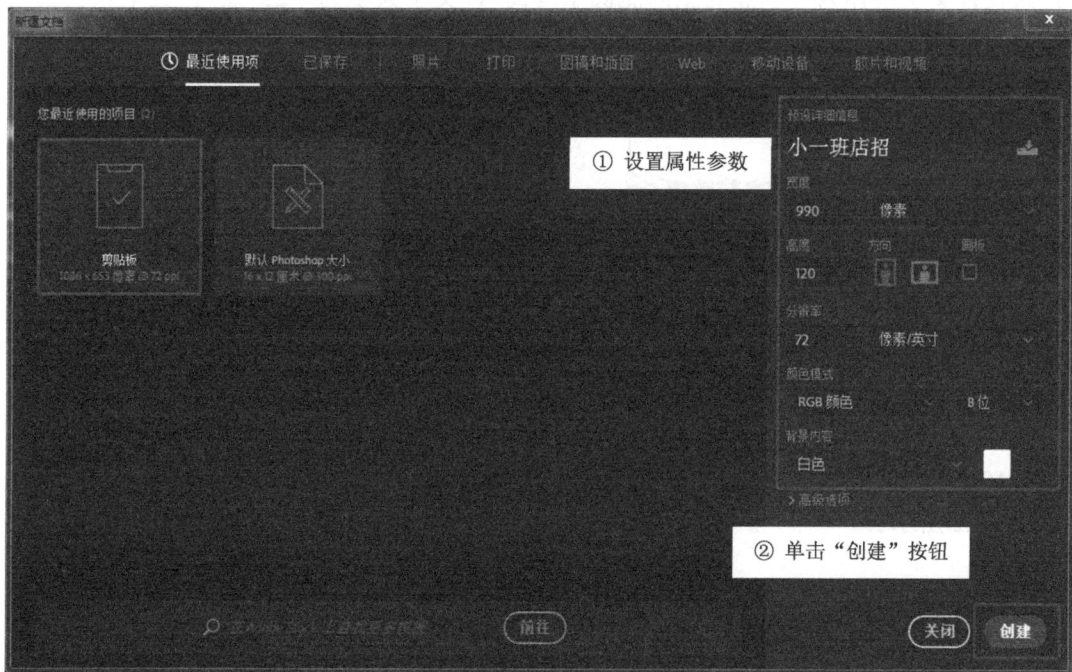

图 2-18 "新建文档"对话框

步骤 2：打开《兰亭序》素材文件，并拖至"小一班店招.psd"图像窗口中，适当调整位置，并将其不透明度设为"10%"，如图 2-19 所示。

① 调整背景图片位置

② 设置"不透明度"

图 2-19 设置背景

步骤 3：打开店铺 Logo 素材文件，将其拖至"小一班店招.psd"图像窗口中，适当调整位置，如图 2-20 所示。

图 2-20 添加店铺 Logo 图案

步骤 4：选择"横排文字工具"，设置文字字体为"华文琥珀"，文字大小为"24 点"，文本颜色值为"#1082aa"，然后在图像的合适位置输入店铺名称"小一班文具官方旗舰店"；再次设置文字字体为"小豆岛默陌肥圆手写简"，文字大小为"22 点"，文本颜色值为"#8c8e8e"，然后在图像的合适位置输入标语"用心做好文化传承"。添加店铺名称与标语效果如图 2-21 所示。

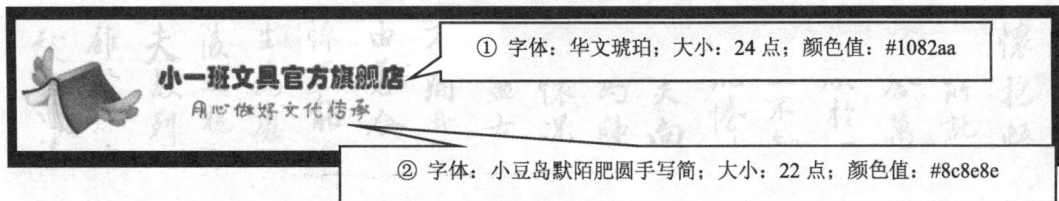

① 字体：华文琥珀；大小：24 点；颜色值：#1082aa

② 字体：小豆岛默陌肥圆手写简；大小：22 点；颜色值：#8c8e8e

图 2-21 添加店铺名称与标语

步骤 5：选择"圆角矩形工具"，设置填充色为"#d50707"，描边为"无"，半径值为"10px"，在图像的合适位置绘制一个宽度为"21px"、高度为"54px"的圆角矩形，如图 2-22 所示。

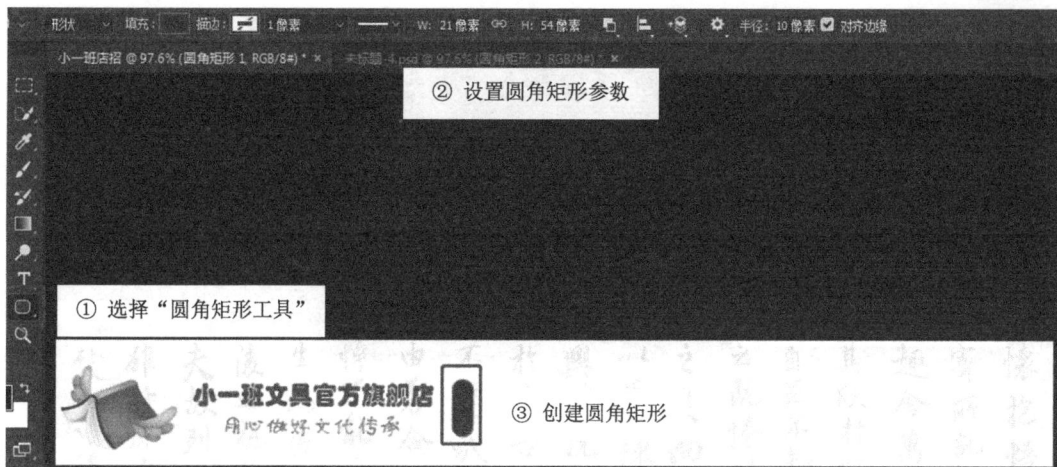

图 2-22　创建圆角矩形

步骤 6：选择"自定义形状工具"，选择"心形"，按住 Shift 键的同时在图像的合适位置绘制一个等比例的爱心形状，设置填充色为"#ffffff"，描边为"无"，如图 2-23 所示。

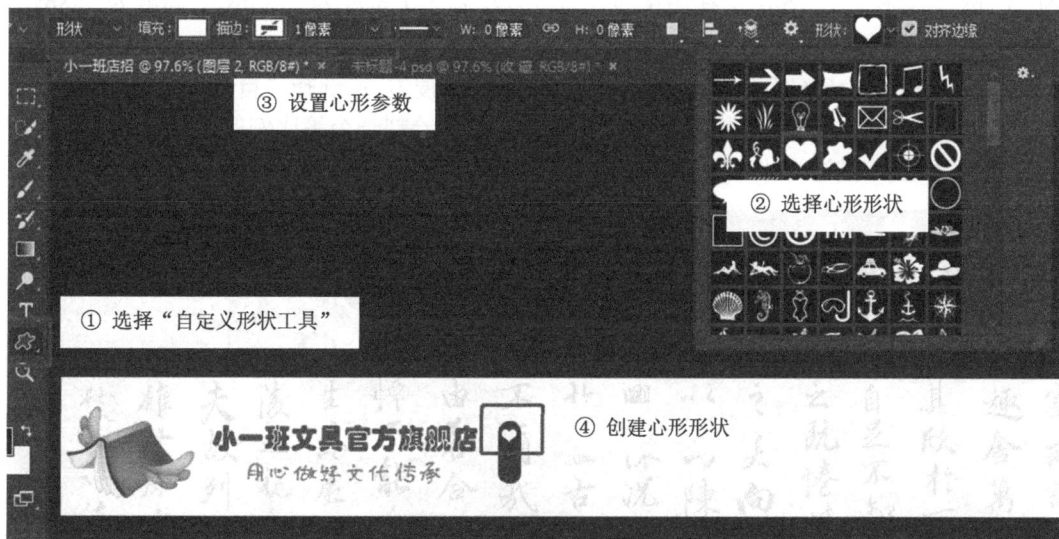

图 2-23　创建心形形状

步骤 7：选择"横排文字工具"，设置文字字体为"华文中宋"，文字大小为"13 点"，文本颜色值为"#ffffff"，然后在图像的合适位置输入"收藏"，如图 2-24 所示。

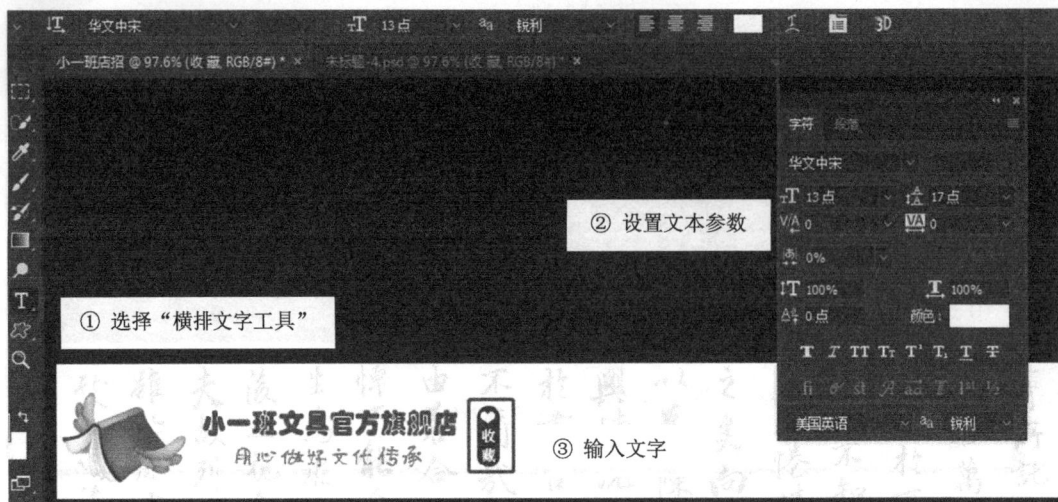

图 2-24 创建"收藏"文本

步骤 8：选择"圆角矩形工具"，设置填充色为"无"，描边为"#42938d"，描边像素为"1.2px"，半径值为"5px"，在图像的合适位置绘制一个宽度为"183px"、高度为"38px"的圆角矩形；选择"横排文字工具"，设置文字字体为"华文中宋"，文字大小为"18 点"，文本颜色值为"#6c6b6b"，在图像的合适位置输入"搜索"；选择"自定义形状工具"，选择"放大镜"，按住 Shift 键的同时在图像的合适位置绘制一个等比例的放大镜形状，设置填充色为"无"，描边为"#ffffff"，如图 2-25 所示。

图 2-25 创建"搜索栏"

至此，文具店的店招已制作完成，将所有图层放置在同一组中，并保存为".psd"格式的文件，以方便后期及时添加促销信息。例如，近期对店内的创意胶带等文创产品进行促销，因此在店招预留的中间位置可以添加创意胶带等文创产品的图片，并将促销价格进行标注以提高消费者对这些产品的关注度，具体操作可参考前文的自定义形状与文本设置，此处不再赘述。按"Ctrl+S"组合键保存文件，再保存一份 JPEG 格式的文件即可。

3．店招上传

店招制作完成之后，就可以进行上传发布了。不同的电商平台发布的方式略有差别，但大致相同。下面以淘宝网店铺为例介绍如何进行店招发布，具体步骤如下。

步骤 1：由于目前店铺图片只支持各类链接图，而一般平台都会提供一个"图片空间"，如图 2-26 所示，因此首先可将店招图片上传至"图片空间"。

图 2-26　单击"图片空间"按钮

步骤 2：进入"店铺装修"页面，单击"首页装修"按钮，在店招区域单击"编辑"按钮，选择自定义模块，将"图片空间"内的店招图片上传至店招位置即可，如图 2-27 所示。

图 2-27　上传店招

需要注意的是，店招内设计的搜索栏一般需要对店招进行代码编辑才能实现搜索功能。

4．认识导航

网店的导航是网店内容架构的体现，网店导航是否合理是网店易用性评价的重要指标之一。网店导航要做到便于浏览者理解和使用，让浏览者无论进入网店的哪一页，都非常清楚自己所在的位置，并且很容易返回网店首页。

1）导航的分类

导航按展示方式分类，可分为隐形导航、半隐形导航和显形导航。

（1）隐形导航一般以"全店产品"或"所有类目"为标题，只有当鼠标移动到上面之后才会显示所有类目，其所占的位置最小，相对不易被发现。

（2）半隐形导航一般设置几个主要的大类标题，当鼠标移动到上面之后显示细分类目，比较容易被发现，而且仅大类的标题能够展现店铺内商品的主要构成，如图 2-28 所示。从功能上来说，半隐形导航具有提示性和导购性，因此目前网店里使用的半隐形导航和悬浮导航要多一些。从设计角度来说，半隐形导航因为分类标题的图片背景和字体颜色都是自行设计的，因此要注意与整体风格搭配协调一致，并大多利用反色和对比色加以区分，这样可以达到一目了然的效果。

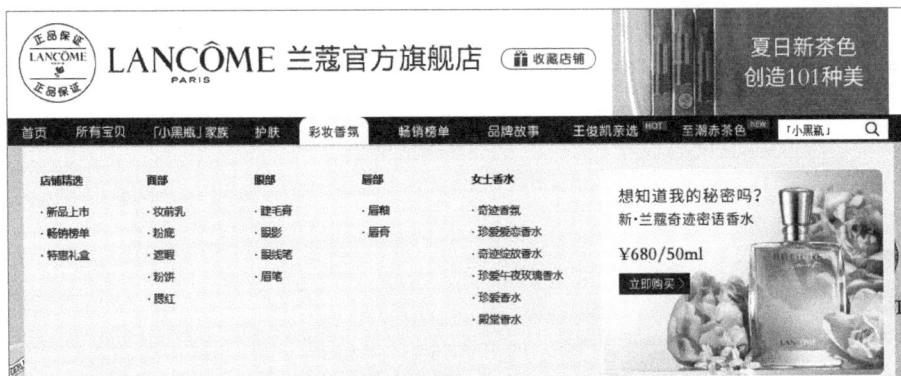

图 2-28　半隐形导航

（3）显形导航与隐形导航相反，一般出现在首页活动区域的下部，再次给予消费者全面的产品类目提示，其占用的面积相对是最大的，也是最容易看到的。买家在看完推荐产品后如果没有满足自己的需求，可通过显形导航进行快速、方便的搜索，找到自己更感兴趣的产品。显形导航可提供方便快捷的购物体验，对流量进行分流和引导。

从设计角度来说，显形导航也是一种图文结合的方式，有文字、有背景，设计的余地较大，因此除了注意与整体风格搭配协调一致，还可以作为一个买家体验产品功能的区域，增加一些内容，如"会员中心""品牌故事""联系方式""工作时间"等，让消费者对店铺的相关服务有更多的了解。

2）导航设计的原则

（1）明确性：无论采用哪种导航策略，导航的设计都应该明确，能让浏览者一目了然。具体表现为让浏览者明确店铺的主要经营范围，让浏览者清楚了解自己所处的位置，等等。只有明确的导航才能真正发挥"引导"的作用，引导浏览者找到所需的信息。

（2）可理解性：导航对于浏览者而言应该是易于理解的。在表达形式上，应使用清楚简洁的按钮、图片或文本，避免使用无效字句。

（3）完整性：要求网店所提供的导航具体、完整，可以让浏览者获得整个网店范围内的领域性导航，应包含网店中全部的信息及其关系。

（4）咨询性：导航应该能为浏览者提供咨询信息，它如同一个问询处、咨询部，当浏览者有需要的时候，能为其提供导航。

（5）易用性：导航系统应该容易进入，同时也应容易退出当前页面，或让浏览者以简单的方式跳转到想要去的页面。

只有遵循以上这些导航设计的原则，才能保证导航策略的实施，发挥导航策略应有的作用。

3）导航设计的注意事项

（1）导航使用的简单性。导航的使用必须尽可能简单，应尽量避免使用下拉或弹出式菜单导航，如果一定要用，菜单的层次不应超过两层。

（2）注意超链接颜色与单纯叙述文字颜色的差别呈现。

（3）测试所有的超链接与导航按钮的真实可行性。网店发布后，首先应逐一测试每一页的超链接与每一个导航按钮的真实可行性，彻底检验有没有无效的超链接。

（4）导航内容必须清晰。导航的目录或主题种类必须清晰，不应让浏览者困惑，而且如果有需要突出主要页面的区域，则应该与一般页面在视觉上有所区别。

（5）准确的导航文字描述。通过阅读导航文字，买家在点击导航链接前对自己所找的东西可以有一个大概的了解，超链接上的文字必须能准确描述所链接的页面内容。

5. 导航设置

导航影响着买家的浏览路径和在店内的停留时间，让每一个导航成为店铺的"导购员"，可以节约买家的时间，因此在首页和内页都应该合理地设置导航，让买家顺畅地浏览。淘宝网店铺目前导航区域最多可以添加 12 项一级的内容，但是建议不超过 7 项，二级分类没有限制，如图 2-29 所示。

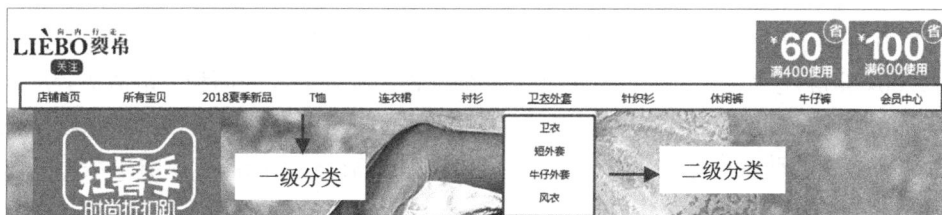

图 2-29　导航的一级分类和二级分类

基础店铺导航设置的具体步骤如下。

步骤 1：进入装修页面，单击导航模块右上角的"编辑"按钮，在弹出的"导航"对话框中选择"导航设置"选项卡，然后单击"+添加"按钮，如图 2-30 所示。

图 2-30　"导航"对话框

步骤 2：在弹出的"添加导航内容"对话框中可以选择导航显示的内容，此处可选择

"宝贝分类""页面",还可添加"自定义链接",如图 2-31 所示。各个店铺可结合自身实际需求来添加导航的内容,最后单击"确定"按钮。

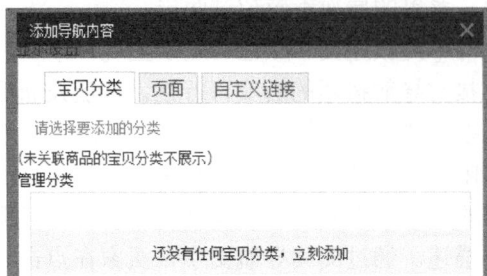

图 2-31 "添加导航内容"对话框

根据以上操作,我们就完成了店铺导航的基础设置。注意:导航内容不宜过多,因为店铺导航的宽度仅为 950px,如果内容超出这个宽度的范围,将无法显示添加的多余内容。

2.2.3 首页海报设计

首页海报位于店铺首页店招导航下方的位置,又称为"首页焦点轮播图",它通常被设置为 1920px 全屏尺寸展示。首页海报处于黄金位置,占有较大的面积,是消费者进入店铺首页首先看到的最醒目的内容,是消费者的第一视觉关注点。利用好首页海报轮播图,不仅可以加大店铺活动及产品的宣传力度,还可以提升店铺形象。网店首页海报展示如图 2-32 所示。

图 2-32 网店首页海报展示

首页海报一般会设计为促销广告图、新品宣传图、爆款展示图等,可以用来进行品牌展示、新品展示、活动展示、打造爆款,同时还能以轮播的形式循环播放。

1. 网店首页海报设计的构成要素

图形与图像、标志、文字及色彩是海报设计的构成要素,它们在海报设计中分别扮演不同的角色,各施所长,互相呼应,以形成统一的视觉广告的整体。

1）图形与图像

图形与图像是海报作品中重要的"视觉语言"。在绝大多数海报画面中，图形与图像占有重要的地位，因为图形与图像能够给人以直观的印象，尤其是在宣传商品时，它能使消费者对商品的外观性能、用法等"了如指掌"。"一幅好的图像胜过一百句好话"，它可以省却许多文字的解释，如图 2-33 所示。总体来说，图形与图像具有以下 3 种功能。

（1）"吸引"功能：吸引受众注意广告版面。

（2）"传达"功能：将广告内容传达给受众。

（3）"诱导"功能：把受众的视线引至文字。

图 2-33　海报中的图形元素

为了充分发挥图形与图像在海报中的功能，在设计海报时应做到：以富有创意的画面充分地体现海报主题；图形与图像的形象要生动、简洁，做到"阅读最省力"；情理交融，既能以理服人，又能以情感人，有助于受众对所传达的信息产生注目、理解、记忆的效果，进而产生强烈的购买欲望。

不同的海报，因为其主题、商品、取材、受众、表现手法等因素各不相同，所以要求图形与图像的风格也各不相同，从而表现出多种风格的作品。

2）标志

标志有商品标志和企业形象标志两类。标志是海报对象借以识别商品或企业的主要符号。在海报设计中，标志不是海报版面的装饰物，而是重要的构成要素。在整个海报设计版面中，标志造型最单纯、最简洁，其视觉效果最强烈，在一瞬间就能被识别，并能给消费者留下深刻的印象。海报中的标志元素如图 2-34 所示。

图 2-34　海报中的标志元素

3）文字

文字是人类沟通思想、记录和传达语言的书面符号，是扩大语言在时间上和空间上交流功能的文化工具。海报的文字是不可缺少的视觉要素，它与图形互相配合来体现海报的主题，能够比较深入地对消费者进行说服。

海报正文是说明海报设计内容的文本，通过海报正文中的内容，使消费者欣然走向海报设计宣传的目标。网店海报主要为营销型内容，因此文字多数采用活动文案，一般分为主标题和副标题两类，主标题主要为活动的主题，副标题简要介绍本次活动的内容，如促销信息等。在设计制作海报时，主标题采用大号字体用以吸引消费者的关注，副标题往往采用小号字体对活动进行简要介绍以激发消费者的购买欲望。首页海报装修中的文字元素如图 2-35 所示。

图 2-35　首页海报装修中的文字元素

4）色彩

消费者对海报的第一印象是通过色彩得到的。图形和文字都离不开色彩的表现，色彩传达从某种意义上来说是第一位的。对于海报的颜色可结合色盘选择同类色或邻近色搭配、间隔色搭配、撞色搭配等方法，也可采用产品取色法和配色比例法。

产品取色法指的是直接用 Photoshop 中的"取色器工具"选择产品中的颜色作为海报的配色方案进行设计，如图 2-36 所示；配色比例法则是针对色彩提出比例原则分别为 70%、25% 与 5%，其中背景色为大面积使用的底色，而主色则是可以利用互补色的特性来衬托及强调部分文字，如图 2-37 所示。

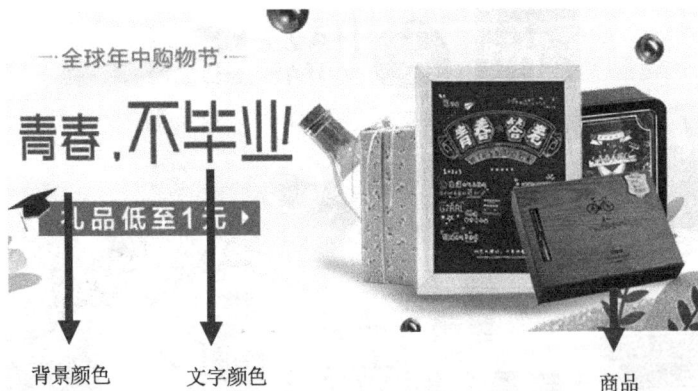

背景颜色　　　文字颜色　　　　　　　　商品

图 2-36　产品取色法配色效果

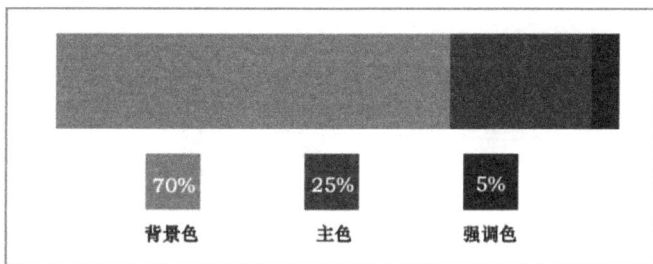

图 2-37 配色比例法

不同类目的产品由于其不同的特性，可采用不同的色调来表现，具体如下。

（1）食品类商品：常用鲜明、丰富的色调来表现。红色、黄色和橙色强调食品的美味与营养；绿色强调蔬菜、水果类食品的新鲜；蓝色、白色强调食品的卫生或用来说明冷冻食品。水果海报如图 2-38 所示。

图 2-38 水果海报

（2）药品类商品：多用单纯的冷色调或暖色调来表现。冷色适用于消炎、退热、镇痛类药品；暖色适用于滋补、保健、营养、兴奋和强心类药品；而大面积的黑色常表示有毒的药品。药品海报如图 2-39 所示。

图 2-39 药品海报

（3）化妆品类商品：常用柔和、脂粉的中性色彩来表现。例如，具有各种色彩倾向的红灰、黄灰、绿灰等颜色，常用于表现女性高贵、温柔的性格特点；男性化妆品则较多地使用黑色或纯色体现男性的庄重与大方。化妆品海报如图 2-40 所示。

图 2-40　化妆品海报

（4）数码家电、五金、机械商品：常用黑色或单纯、沉着的蓝色、红色等，表现五金、机械产品的坚实、精密或耐用等特点。家电广告如图 2-41 所示。

图 2-41　家电广告

2．网店首页海报构图

一幅成功的摄影作品，首先是构图的成功。只有成功的构图才能使作品主次分明、主题突出，而海报设计同样也要遵循构图的原理。海报设计的构图就是处理好背景、商品和文字之间的位置关系，使其整体和谐、突出主图。具体来说，常见的图片构成元素的排版方式如下。

1）平行式排版

平行式排版是最常见的排版方式之一，图片与文字分别占据海报的相等区域。这样排版的文案应高度概括活动主题，否则就没有看点；其缺点则在于略显呆板，缺乏变化，容易千篇一律。平行式排版效果如图 2-42 所示。

图 2-42　平行式排版效果

图 2-42 中的海报为左图右文式，海报右边的文案排版是常见排版，活动标题使用粗体文字，促销文字部分使用字号较小的文字，上下主次分明，形成鲜明对比。一般来说，海报中的文案需要包含主标题、副标题、附加内容，共 3 个部分。设计的时候可以采用左图右文式，也可采用右图左文式，段间距要大于行间距，上、下、左、右适当留出空隙。平行式排版构图如图 2-43 所示。

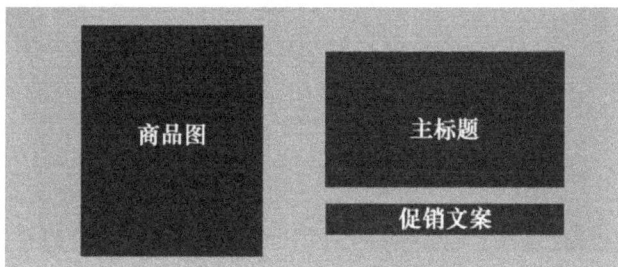

图 2-43　平行式排版构图

2）居中式排版

与平行式排版不同的是，居中式排版则是将产品图片布置在图片的中间位置，文字同样处于海报的中间，这样可以很好地将视觉集中在产品与文字上，整体画面目标指向性明确。居中式排版效果如图 2-44 所示。

图 2-44　居中式排版效果

图 2-44 中的海报为典型的居中式构图，模特位于海报的中间位置，活动标题同样使用粗体文字，促销文字部分使用字号较小的文字。在海报设计中，可以运用居中式构图将主体物突出，再按照三分法则配以合适的背景，如图 2-45 所示。

图 2-45　居中式排版构图

3）对称式排版

对称式排版从视觉上给人一种稳重、大气的感觉,它具有很强的设计感和艺术表现力,在海报中经常被采用,其优点是既能提升视觉表现又具有动感和观赏度,如图 2-46 所示。

图 2-46 对称式排版效果

从图 2-46 中可以看出,对称式海报一般采用两边图片、中间文字的表现手法,海报两边的商品图既可以呈相同大小排列,以对称的方式给人美感,也可以呈不同大小排列,从视觉上营造商品的远近效果。在海报中利用对称式排版,可以给人一种大气、高端、有品质的感觉,其排版结构如图 2-47 所示。

图 2-47 对称式排版构图

4）纵列式排版

纵列式排版也可适用于活动海报中,具体可将商品进行有序的排列并作为海报背景,然后在空白处添加促销信息,调整文字排版,如图 2-48 所示。

图 2-48 纵列式排版效果

纵列式海报中的多个商品大小一致并纵向排列，从视觉上可以营造整体统一的效果，但又通过图片中的不同形态对比实现同中存异，达到丰富画面的目的。纵列式排版一般适用于海报中需要放置过多促销产品的情况，具体操作时可在海报中间做一个半透明的框输入文案。纵列式排版构图如图 2-49 所示。

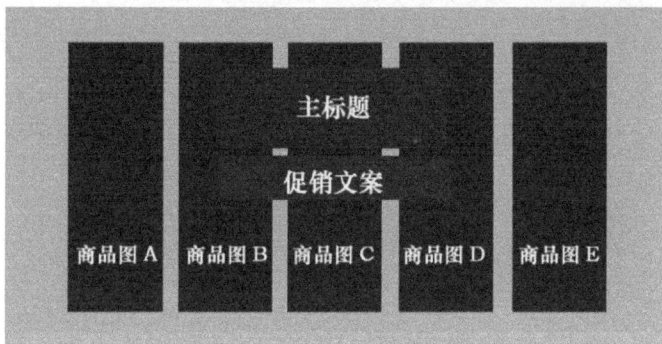

图 2-49　纵列式排版构图

3．网店首页海报的设计原则

设计制作网店首页海报时应遵循以下几个原则。

1）主题唯一且明确

无论是品牌推广海报还是商品促销海报，主题一定要明确，而且主题应只有一个。过多元素出现在海报上时，消费者很难把握重点，也容易产生误解。

2）风格与主题相一致

海报的风格应当符合主题，将主题融入风格当中，而风格应当恰当体现主题，两者遥相呼应。例如，中国传统节日春节促销活动主题，可采用中国红作为主色调；夏日冰爽促销主题，可采用冷色调（如绿色）作为主色调。

3）内容符合法律规定

海报内容应当有利于人们的身心健康，促进商品和服务质量的提高，保护消费者的合法权益，遵守社会公德和职业道德，维护国家的尊严和利益。

4）信息有层次性

在信息大爆炸的今天，消费者每天会接触大量的各类广告，用来浏览广告的时间极短，因此一张优秀的海报必须做到主题明确，这就需要对海报的内容信息进行分层表达，可通过不同字号、色彩等元素体现。

4．网店首页海报的设计制作

随着电商的发展，目前网店首页海报在不同平台、不同模板中的尺寸也不尽相同，如在专业版的淘宝网旺铺就有 3 个宽度的模板可供选择：通栏跨度为 950px；右侧栏宽度为 750px；左侧栏宽度为 190px。其格式主要有 JPG、JPEG、PNG、GIF。下面以化妆品店铺首页广告为例，制作一张宽度为 950px、高度为 450px 的海报。运用 Photoshop 软件，具体操作步骤如下。

扫一扫

微课：海报设计制作

步骤 1：执行"文件"→"新建"命令，打开"新建"对话框，在其中设置参数，单击"创建"按钮，如图 2-50 所示，新建空白文档。

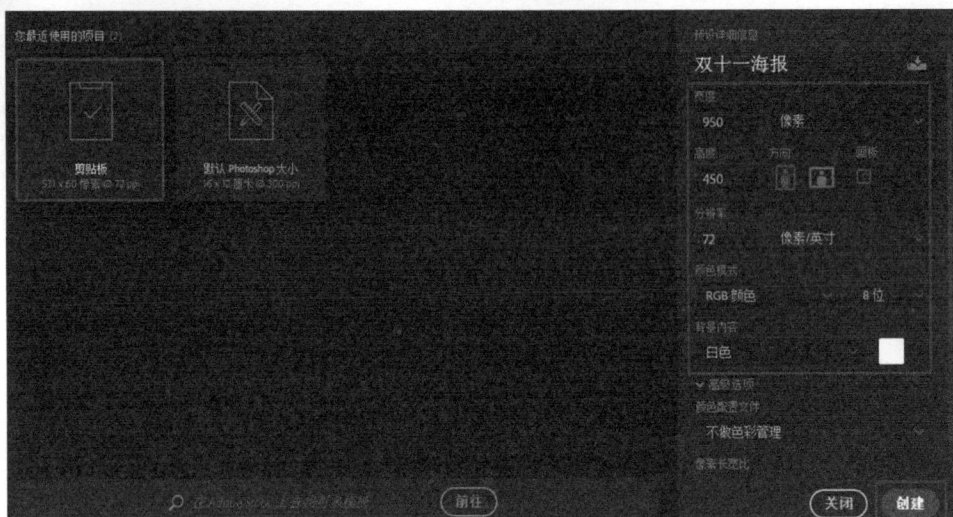

图 2-50　创建文档

步骤 2：执行"编辑"→"填充"命令，填充背景颜色为"#f2dad0"；创建一个填充色为"#f4bdb6"、宽度为"16px"、高度为"450px"的长方形，并复制 27 个相同的形状，均匀排布于整个画面；将所有形状进行合并，如图 2-51 所示。

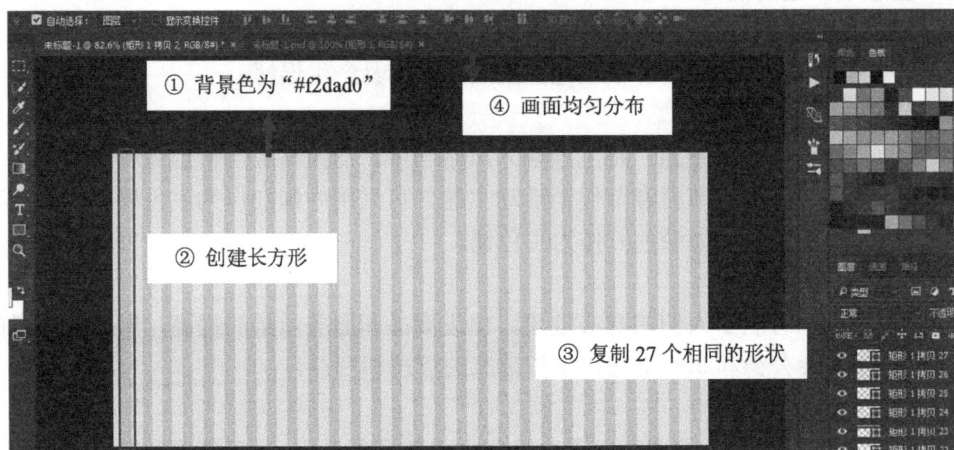

① 背景色为"#f2dad0"

④ 画面均匀分布

② 创建长方形

③ 复制 27 个相同的形状

图 2-51　海报背景制作

步骤 3：执行"视图"→"新建参考线"命令，在画面横、竖两个方向 1/3 和 2/3 的位置新建参考线；将素材模特图像导入，按住"Shift"键的同时调整大小，使其占据右侧 1/3 的位置。新建参考线与产品模特布置如图 2-52 所示。

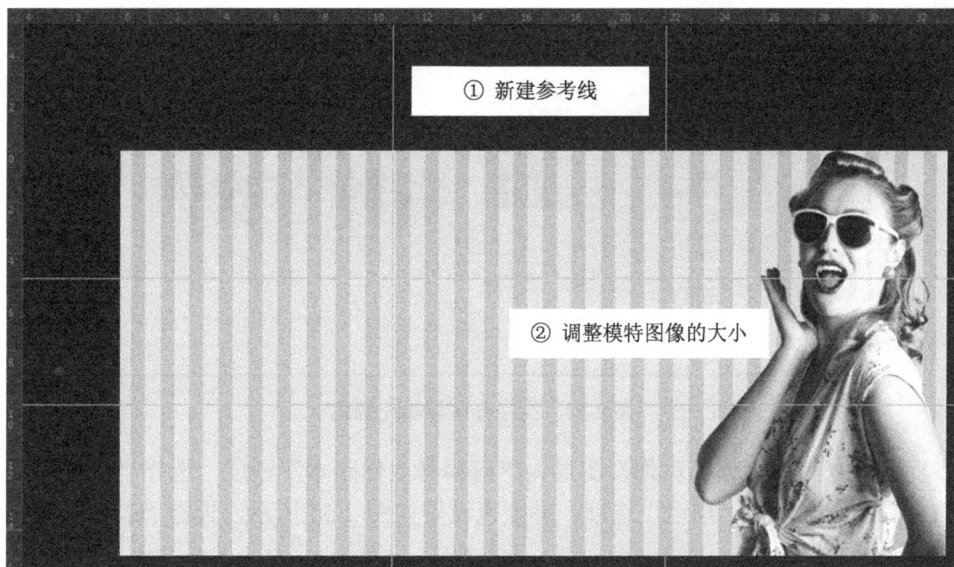

① 新建参考线

② 调整模特图像的大小

图 2-52 新建参考线与产品模特图像布置

步骤 4：选择"横排文字工具"，设置字体为"方正特雅宋"，字号大小为"75 点"，在画面居中位置输入"唇粹喜欢你"，右击文字并在弹出的快捷菜单中选择"栅格化文字"命令，如图 2-53 所示。

① 文字参数

② 栅格化文字

图 2-53 创建"唇粹喜欢你"文本

步骤 5：选择"矩形选框工具"，在文字"唇"左侧选择部分图像，右击并在弹出的快捷菜单中选择"变换选区"命令，将选框区域调整至合适位置，将前景色设为"#a479e5"，使用"油漆桶工具"在文字区域喷涂颜色；更换色号，反复操作上述流程，使文字分区域填充颜色，如图 2-54 所示，从左至右色号分别为"#a479e5""#ff5b8f""#e4007f""#e21e13""#fe778a""#cb1a2f""#c55151""#970a11""#ff5b8f"。

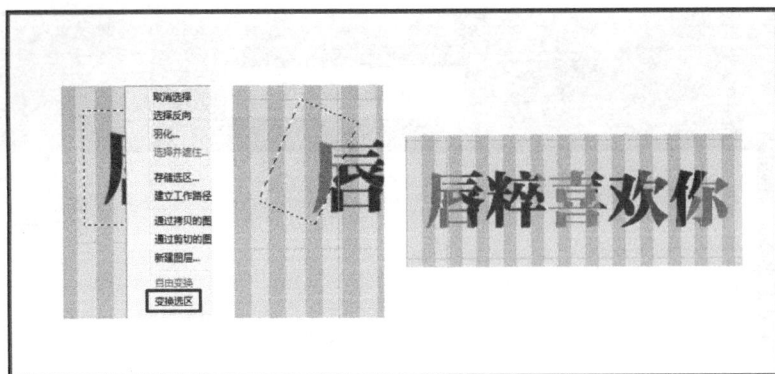

图 2-54　文字分区域填充颜色

步骤 6：复制"唇粹喜欢你"图层为"唇粹喜欢你副本"图层，选择"唇粹喜欢你"图层的"图层样式"→"描边"选项，参数值设置如图 2-55 所示，再将"唇粹喜欢你"图层下移约"2px"。

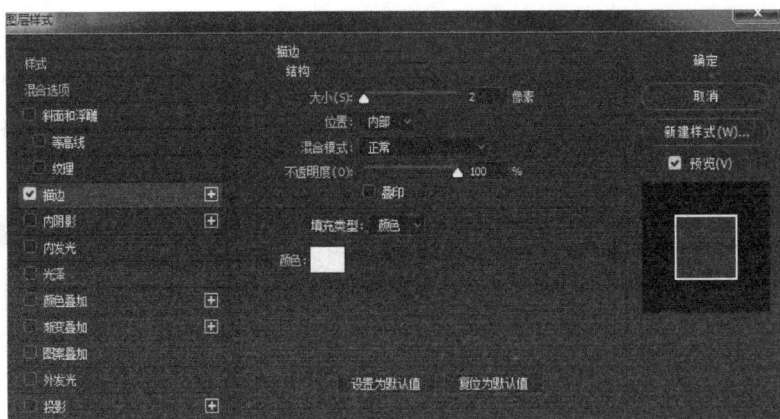

图 2-55　图层样式参数

步骤 7：在字体上添加多个"星星"元素，并调整至合适的位置；在文字下方添加填充色为"#03004c"、描边为"无"的长方形形状，并在该形状上添加颜色为"#ffffff"的促销文字"满 300 减 150/满 500 减 250（券）"。文字效果如图 2-56 所示。

图 2-56　文字效果

步骤 8：添加口红素材与"双十一"素材，调整至合适的位置，完成的最终效果图如图 2-57 所示。

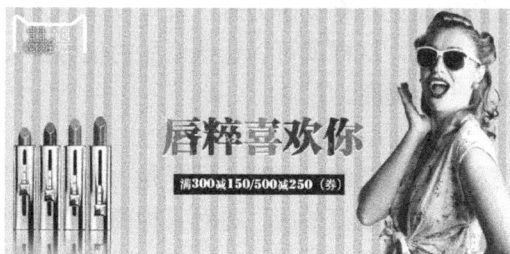

图 2-57 化妆品店海报最终效果图

5．网店首页海报的上传

网店海报位于不同位置，上传的渠道略有不同。下面以淘宝网 PC 端轮播图为例介绍如何上传首页海报。

步骤 1：将制作完成的首页海报图上传至"图片空间"（店铺装修图片素材均需上传至"图片空间"，以方便装修时添加链接，下文不再赘述）。

步骤 2：单击店铺首页的"装修页面"按钮，将左侧的"图片轮播"模块拖至右侧首页布局位置，单击"图片轮播"右上方的"编辑"按钮上传"图片空间"内的首页海报图。

步骤 3：单击"发布站点"按钮。

淘宝网店铺的图片轮播图可放多张图片，无论是促销活动展示还是新品发布，都应及时更换，切勿出现活动已经结束但促销广告图还在首页的现象，这会影响消费者的体验。

另外，如果是营销型网店，可以在首页布局多张活动海报，甚至可以将商品近期的活动海报分模块展示，以激发消费者的购买欲望。

2.2.4 商品陈列展示

商品陈列展示是网店首页布局一个非常重要的组成部分。不同的陈列方式会营造出不同的营销氛围，从而影响消费者的感知。对于陈列来说，通过不同的视觉传达方式，既能够将商品更加美观地呈现给消费者，又能够提高商品销量。网店首页的商品陈列展示，同样需要结合店铺的实际情况进行布置。

1．商品陈列展示的基本原则

1）显而易见的原则

除了进行商品展示，陈列的目的更重要的是提升店铺的转化率，要让消费者轻易地发现商品，这样才能激发消费者的购买欲望。在同样一个区域放置很少的产品，能够突出产品本身，但是会显得店铺货品不足，给人一种店铺冷清没有多少人光顾的感觉；放置过多的商品则会显得杂乱，而且过多的商品会扰乱消费者的视觉，消费者短时间内很难找到令自己满意的商品，这样反而会错失很多的商机。所以对于陈列来说，既要做到突出商品，又要做到商品丰富多样，这就需要合理地运用空间来分配商品与商品之间的间距。

2）重点突出的原则

在同一个区域，对于商品来说需要做好一定的主次之分。如果在新品销售前期，并不清楚哪款商品会更加有优势时，可以把商品用同样的面积整齐地放置在一起，让消费者自行选择感兴趣的商品。在一个时间周期（如以 7 天为一个周期）内，当通过后台的点击数据或者销售数据反馈出某款新品更具有竞争力时，就可以调整区域的商品陈列，给予优势商品更大的区域和更醒目的设计，这样就可以让该商品的优势扩大化。通过突出重点的陈列优化，能让店铺的销量进一步提高。

3）整齐统一的原则

商品陈列展示的品类和风格需要统一规范。同样是上衣，可以把风格和款式类似的上衣并列陈列在一起，这样可以达到磁石效应，将对某种商品有消费需求的消费者汇集到指定的区域，然后通过集中地展示潜在的商品，从而进一步提高销量。因此，将商品按照品类或者风格等某种特征进行集中展示，不同特征的陈列会吸引不同消费群体的关注。

4）色调一致的原则

一般而言，色彩不是单独存在的，当人们观察某一种色彩时，必然受到周围其他色彩的影响，当两种或两种以上的色彩有秩序地、协调地组织在一起时，能使人产生愉快、满足的色彩搭配就叫色彩调和。网店首页有一致的色彩搭配，在商品陈列展示时同样需要一致的色调，如整体的明亮度、纯度等。这样一方面可以让首页色彩更加和谐，另一方面也能很好地统一店铺的整体视觉形象，给消费者一个良好的体验。

2. 商品陈列展示的方法

在网店商品陈列展示方面，网店运营人员不仅要做到美观大方，更需要科学地将店铺中拥有核心竞争力的商品通过陈列视觉直观地展现给消费者。网店商品陈列的方法具体如下。

1）品类排序陈列

品类排序陈列是指将店铺商品先按照品类进行分类，然后根据品类的不同分区域进行排序陈列。以服饰店铺为例，可以优先展示上装，然后再根据店铺现有的产品展示下装、服饰配件等其他品类的商品，这样也比较符合大部分买家的购买逻辑。品类排序陈列如图 2-58 所示。

图 2-58　品类排序陈列

在品类规划中，价格因素也会对店铺的销售额产生较大的影响。同品类的商品在横向分布的几款商品中容易形成鲜明的价格对比，因此比较合理的分布是从左至右按价格中、低、高排布，这样可以让追求高性价比的消费者选择第一款商品，让价格敏感度高的消费者选择中间的低价商品，让价格敏感度低的消费者选择后面的高价商品。

品类的排序应从店铺的实际出发，按照商品的 SKU（库存量单位）比例进行页面布局面积的配比，重点突出主营的商品。在页面的布局上，可以根据商品的销售情况，将畅销商品放置于有利位置，将常规商品给予常规的陈列。在页面的上方，还需要给予一个固定板块用作即时销售，这个板块更新商品的速度会快于其他的模块，主要是配合新品的促销或者库存商品的清仓。

品类的排序需要和店铺分类里面的商品排序相一致，从主流销售商品到辅助商品，综合店铺的发展规划、商品的特征及仓储情况。要及时与商品开发部门或采购部门进行沟通，掌握商品的风格、材质、款式等基本属性，对商品进行合理分类，正确区分款式和风格，达到商品开发和视觉传达的统一。同时还应考虑店铺的仓储情况，合理规划品类排序，一般来说，店铺页面上方的商品普遍比页面中下方的商品的销售情况要好一些，可将库存量较多的商品尽可能放置在页面上方。

2）商品搭配陈列

商品搭配是通过关联陈列的运用，针对有相似消费需求的人群进行研究和分析，将他们潜在需求的商品搭配在一起，从而提升关联率，增加客单价。商品搭配不仅在首页上可以体现，同时在商品内页中也可以设置，所以商品的搭配陈列发挥着举足轻重的作用。

以服装店为例，通过商品搭配师或者有一定服装搭配经验的同事的辅助，把单独销售的上装、下装及配饰搭配在一起，可以形成多种穿戴风格，如图 2-59 所示。

图 2-59　商品搭配陈列

商品搭配的陈列方式可以分为并列式和递进式。

（1）并列式。并列式是将同类的商品汇集在一起，就像超市中的饮料区，会把碳酸饮料集中放在相邻的货架上，对于碳酸饮料有需求的消费者，就会在这个区域寻找自己满意的商品。并列式的搭配目的在于提升商品的丰富性，能够提升消费者对于该品类商品的购买概率。也就是说对于喜欢喝碳酸饮料的消费者，对于碳酸饮料的需求明确，区别在于选择哪个品牌及哪种口味。在同品类商品充足的情况下，并列展示能够吸引更多的消费者。并列式也是最常规的商品搭配陈列方式。

（2）递进式。适合递进式搭配的商品之间存在一定的关联度。对于化妆品、户外用品这些需要配套的商品来说，与其增加商品的"宽度"，不如提高商品的"深度"。以户外用品为例，很多"驴友"到户外野营，在购买帐篷的同时也需要购买防潮垫、睡袋、充气垫、马灯等户外用品，这样才能基本满足户外的生活需求，因此在店铺里并列展示很多款式和风格的帐篷并不一定会带来成交。很多"驴友"通常会在一家店里购买一整套所需的商品，这样既可以享受一定的优惠，同时也能够节省运费。所以在适当地并列展示帐篷的同时，应更多地展示店铺拥有的其他配套设备，这样不仅可以体现店铺的产品"深度"，也能够给人以店铺专业、设备齐全的视觉效果。通过帐篷再关联到其他的配套商品，通过关联商品的展示，既提升了店铺的专业性，又提高了商品的连带率。

3）系列商品陈列

系列商品顾名思义是多款商品在设计时，同时运用某一种元素或者风格设计生产的独特商品。这些商品在风格上有着统一性，因此在商品陈列上，可以对店铺加以渲染，营造出独特的设计风格，也能通过视觉传达使消费者具有品牌识别的心理感受。

对于同系列商品陈列，比较容易把控店铺的风格，塑造个性鲜明的视觉效果。因此，对于同系列商品的陈列，会有比较明确的设计针对性，只要很好地解读产品的理念，就能够做到商品和店铺视觉的统一。如图 2-60 所示，不同的眼镜采用统一的拍摄距离与角度，可以带给消费者舒适的视觉体验。

图 2-60　系列商品陈列

2.3　网店商品发布

在完成网店整体装修之后，下一个流程为商品的发布和管理。商品发布分别从商品标题、商品主图和商品详情页 3 个方面来进行。

✅ 2.3.1　商品标题

商品标题是商品发布的重要组成部分，同时也是后期店铺推广的重要步骤。商品标题是搜索排名的必要前提条件，没有标题里的文字，商品就不可能被平台搜索系统检索到，商品也就无法通过搜索展现，从而会大大降低店铺流量。

1. 认识商品标题

商品标题一般由 60 个字符（即 30 个汉字）构成，其中 1 个标点符号是 1 个字符，1 个汉字是 2 个字符，在商品的描述页中显示在页面最上方。随着技术的提升，虽然目前消费者在网上搜索商品时，可以通过图片来进行精准搜索，但更多的仍是通过搜索商品标题中的关键词来完成。

1）标题词的分类

产品标题中的词分为品牌词、类目词、属性词、长尾词、促销词等多种，一个优秀的商品标题应当是经过多层挑选各类词之后而形成的，而且能够被消费者快速搜索到。

（1）品牌词。品牌词，顾名思义就是商品的具体品牌名称。在使用品牌词的时候要注意区分品牌词和公司名称，因为两者有时候会存有差异，而且随着业务的发展一些品牌商会推出各类副品牌,标题中的品牌词应尽可能使用消费者所熟悉的品牌词。例如,"马骑顿"是宁波马骑顿儿童用品有限公司的名称，旗下有"MQD"男童品牌和"LAVI"女童品牌，在命名 LAVI 女童产品时，其品牌词应为"LAVI"，而不是"马骑顿"。

（2）类目词和属性词。类目词是指指代范围宽泛的词，如男装、化妆品、母婴玩具等。类目可分为一级类目与二级类目，如男装为一级类目，而男装类目下又可以分为衬衫、风衣、夹克等多个二级类目。类目词在天猫、京东等大型综合电商平台首页往往都有显示，如图 2-61 所示。

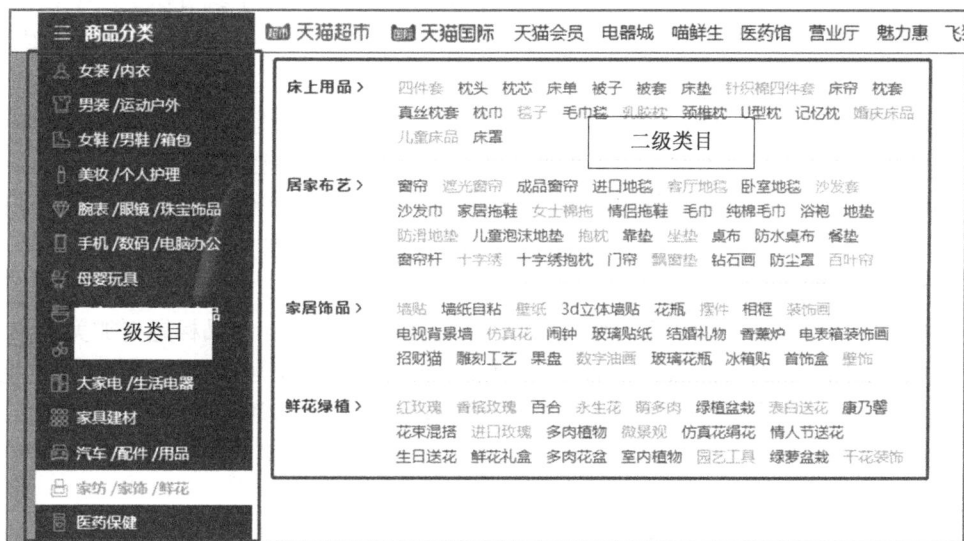

图 2-61　天猫首页类目词

属性词是在类目词的基础上更进一步的精细划分。例如，在衬衫类目下，又可以分为长袖和短袖、修身和休闲等。另外，属性词还包括商品的色彩、卖点、产地、功能等基础属性词。不同类目的商品属性有较大的区别，如女装对于商品的原产地消费者通常不会特别地重视，而一些带有地方特色的农副产品（如茶叶），其产地本身就有较大的热搜效应，在筛选属性词的时候应一并列入。

类目词和属性词是商品标题的核心内容,属于目标关键词,在标题命名中属于必选词。

（3）长尾词。长尾词是指商品标题的非目标关键词，但与目标关键词相关的、也可以带来搜索流量的组合型关键词。长尾词的特征是比较长，往往由2～3个词组成，甚至是短语。长尾词带来的客户转化为网店商品消费者的概率比目标关键词高很多，因为长尾词的目的性更强。例如，目标关键词"女装"，其长尾关键词可以是"百搭修身""收腰显瘦"等。长尾词的基本属性是可延伸性、针对性强、范围广。"长尾"具有两个特点：细和长。细，说明长尾是份额很少的市场，在以前这是不被重视的市场；长，说明这些市场虽小，但数量众多。众多的微小市场累积起来就会占据市场中可观的份额——这就是"长尾"的思想。

在选择长尾词的时候要注意，首先，长尾词不要偏离原来既定的目标关键词的范围；其次，要分析竞争者的情况，注意竞争者的销量和好评；再次，要了解买家的搜索习惯，因为不同地区的买家搜索习惯也是不一样的，如棉衣，也有很多买家在搜索商品的时候搜索"棉袄"这个词。

（4）促销词。促销词是指与店铺活动相关、能够吸引并刺激消费者产生购买的词。消费者很少会使用促销词进行搜索，一般是通过属性词或长尾词等搜索完之后，使产品展现在消费者面前，这时促销词就可以达到提升点击率的效果，所以在某种意义上促销词并不是热搜词，只是提升流量与转化率的关键词。例如，新品上市、火爆热卖、店主推荐、限时打折、满就送、节日特惠、特价、包邮、满就减、积分大放送、会员有礼等促销词。

2）标题优化技巧

在标题选词的过程中，要注意并不是所有的词都放置在标题中就可以了，毕竟标题容纳的字符有限，要充分利用每一个字符空间，让商品尽可能排在搜索结果页前面。因此，在优化标题中要注意以下几点。

（1）不要关键词（品牌词、类目词、属性词）堆砌。重复标题容易导致消费者体验不好，而且没有个性，在搜索结果中消费者点击率也不会高；标题逻辑不通，点击率就会偏低。尽量让自己的产品标题多样化，每样商品都有属于自己的关键词。两个商品标题的关键词有过多的雷同，虽然产品曝光率会提高，但这样有可能会被认为重复铺货。另外，关键词的堆砌容易被平台屏蔽。

（2）不要使用特殊符号。有时候特殊符号的使用的确能够让产品标题更加美观，目标指向性更加明确，如对产品品牌添加符号"『』"。但是一方面符号本身就会占据字符空间，另一方面很少有消费者会使用字符作为关键词进行搜索。除此以外，字符使用不当，还会影响消费者的体验感。不过，为了让标题主题更加清晰，逻辑更加严谨，可以适当使用空格符、"/"、"｜"。

（3）注意敏感词过滤。根据国家相关政策规定，电商平台对于一些敏感词同样会设置"高压线"。例如淘宝网平台规定：平台内所有商品不得使用广告语违禁词（如"国家级""世界级""第一""最佳"等）；不得使用特殊商品的广告语违禁字词（如食品类商品使用"祖传""抑制""秘制"等虚假性词语）。同样，为保护商家的合法权益，在商品标题中禁止使用类似"高仿""山寨"等字词。还有政治敏感词、歧视性词等也都是不允许出现在标题中的。

2. 商品标题优化

商品标题优化，就是充分利用标题的字符，给店铺带来最大的搜索量。标题优化的过程包括找词、选词、组合词 3 个步骤。

1）找词

找词的一般流程如下：先通过发布商品时所选的类目确定类目词，再通过商品属性确定属性词，然后通过电商平台搜索下拉菜单、同行业店铺关键词等渠道搜索热搜词。下面以雅诗兰黛的小棕瓶眼霜为例介绍如何进行找词。

（1）类目词分析。在上传雅诗兰黛眼霜时，系统会自动弹出类目词，如图 2-62 所示，其类目为"眼部修护精华霜"。

图 2-62　雅诗兰黛眼霜的类目词

（2）属性词分析。雅诗兰黛眼霜的属性参数如图 2-63 所示，根据图中的参数值可提取以下属性词：产品名称（肌透修护眼部精华霜）、功效（改善眼周干燥、细纹、眼袋，改善眼部暗沉，改善黑眼圈，淡化细纹，眼部提拉紧致）、化妆品净含量（15mL）、品牌（Estee Lauder/雅诗兰黛）。

产品参数：

产品名称：Estee Lauder/雅诗兰黛 肌...	化妆品保质期：36个月	是否为特殊用途化妆品：否
限期使用日期范围：2018-02-01至2019...	功效：改善眼周干燥、细纹、眼袋 改善...	规格类型：正常规格
化妆品净含量：15mL	品牌：Estee Lauder/雅诗兰黛	雅诗兰黛单品：肌透修护眼部精华霜
适合肤质：任何肤质		

图 2-63　雅诗兰黛眼霜的属性词

（3）平台搜词。通过搜索栏搜索"眼霜"和"雅诗兰黛"，如图 2-64 所示，综合得出关键词：眼霜、去细纹、保湿、雅诗兰黛小棕瓶、去黑眼圈、雅诗兰黛精华等。

图 2-64　雅诗兰黛眼霜相关搜索词

2）选词

找词结束后，将搜集的所有词进行汇总整理，然后使用工具如“生意参谋”，依次进行搜索热度对比。如图 2-65 所示为“眼霜”相关词的搜索热度对比。

行业相关搜索词　　日期　2017-03-11~2017-03-11　指标　下载

搜索词	全网搜索热度	全网搜索热度变化	全网点击率	全网商品数	直通车平均点击单价	操作
眼霜	98,815	↑2.17%	107.70%	373,039	2.28	收藏
眼霜小样	2,856	↑4.46%	174.51%	22,881	0.61	收藏
日本眼霜	1,522	↓7.36%	95.66%	19,832	0.96	收藏
抗皱眼霜	1,095	↑5.49%	110.23%	58,509	2.02	收藏
紧致眼霜	644	↑19.70%	110.56%	99,539	1.68	收藏

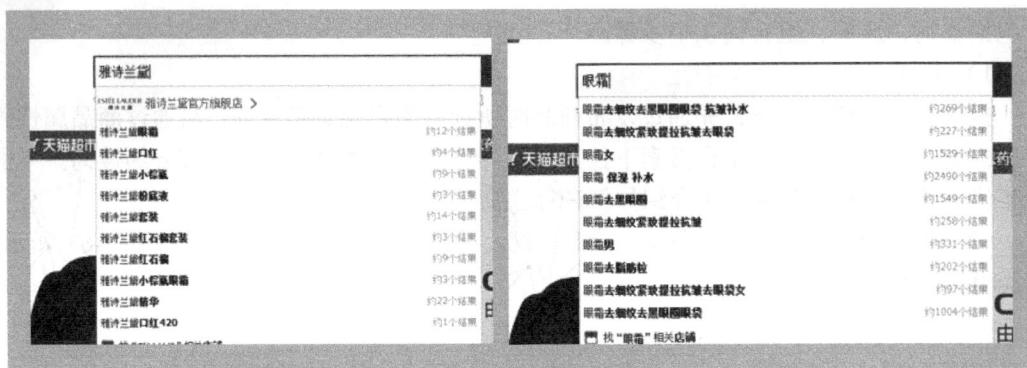

图 2-65　“眼霜”相关词搜索热度对比

（1）根据“生意参谋”对关键词进行筛选，最后按照热度由高到低选出总字数为 50 字左右的词。

（2）去掉平台规则敏感词。

（3）去掉前后紧密相连并重复的词，如“去细纹保湿”和“淡化细纹”，概念重复，可去掉前面的词。

（4）去掉排名靠后的长尾词。

3）组合词

目前重要的关键词设置规则就是利用“上位关键词+主关键词+下位关键词”组合得到关键词组。

（1）上位关键词：包括产品的品牌、所属行业、所属类别等。因为主关键词属于上位关键词，因此被称作“上位”，其对主关键词是一种限定。

（2）主关键词：即选择的字词与发布信息的主题相关的核心关键词。在淘宝网中，主关键词可以是产品名称。

（3）下位关键词：主关键词所具有的功能、属性、特征等。

因此,雅诗兰黛眼霜最终形成的标题为"雅诗兰黛小棕瓶眼霜　修护眼部精华霜 15mL 淡化细纹"。

✅ 2.3.2　商品主图

无论买家是通过关键词搜索还是通过类目搜索,展现在消费者眼前的一张图片就是商品主图,因此,商品主图的优劣是影响消费者关注及影响点击率的主要因素。也就是说,通过一张引人注目的主图可以节省一大笔推广费用,这也是一些店铺在没有做任何付费推广的情况下依然可以吸引很多流量的原因。如图 2-66 所示为消费者网上购物的常规路径。

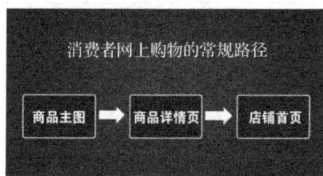

图 2-66　消费者网上购物的常规路径

通过以上的流程图我们会发现,商品主图是目前消费者进入商家店铺的最先入口,设计好商品主图尤为重要。商品主图影响了点击率,详情页影响转化率,商品主图是详情页的精华所在,是整个详情页的缩影,因此商品主图的重要性不言而喻。

1. 认识商品主图

商品主图,是将商品以最直接简要的角度进行拍摄展示,往往显示在商品详情页最上方,是消费者对商品的第一视觉印象,一般由 5 张正方形的图片组成,第一张图片一般为商品的全身图。

1）商品主图的作用

一张优质的商品主图主要起到以下 3 个作用。

（1）抓住眼球。商品主图的设计讲究醒目和美观两个设计要点。

（2）激发兴趣。图片的设计能够做到突出卖点,展示商品的促销信息。

（3）促成点击。点击就意味着会增加店铺的流量,会促成转化率的提升。

2）商品主图的设计规范

目前很多商家通常都会在商品主图上放很大的字作为促销信息,以至于遮盖了商品主体,这种做法在提升点击率上固然有效,但是会严重影响搜索页面的美观度,同时也会限制商品的视觉价值提升,严重影响消费者的消费体验。因此,大部分类目对商品的主图有比较明确的设计要求,尤其是天猫商城。一般来说,主图的设计应遵循以下几点规范。

（1）商品主图大小。商品主图一般采用正方形图片,图片的最小尺寸为 310px×310px,不可以放大。淘宝网官方建议商品主图尺寸为 800px×800px 至 1200px×1200px,该尺寸的图片可以放大。

（2）突出主题。在设计商品主图的时候要突出主题,而且背景一般采用纯色。纯色背景的好处就在于更加突出商品,给人一种清晰、干净的感觉,同时更容易添加文字说明。

（3）文字搭配技巧。①简：简单明了。例如，应是"包邮"而非"国庆包邮"。②精：用最少的字，表达出商品更多的信息。③明：一针见血。明确打折信息、产品优势、产品功能。

（4）VI元素，增加辨识度。对于一些线下品牌或者有一定影响力的线上品牌，都有自身的VI体系，所以很多商品主图在设计上会根据店铺和品牌的情况在商品的某一个固定区域添加自身的品牌识别元素。

（5）多角度、场景化、多色彩展示产品。商品主图由5张图片组成，而这5张图片构成了一份缩小版的详情页，因此可以将商品的关键信息在商品主图上进行展示，如关键细节图、场景图等。在确保展现商品正面全貌的同时，尽量展现出3个侧面，这样可以让买家通过多角度商品主图获取商品的更多信息。多角度商品主图的展示如图2-67所示。

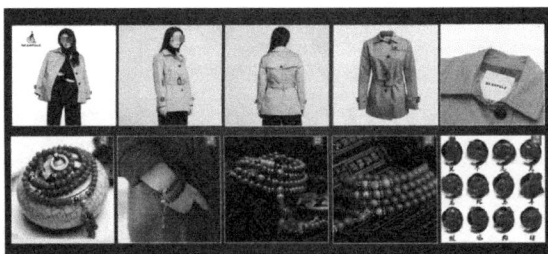

图 2-67　多角度商品主图的展示

2. 商品主图的设计制作

商品主图的设计制作离不开商品拍摄的构图，一个良好的构图能为后期的制作节省大量的时间和精力，不同的构图方法会形成不同的视觉关注点，同时也能营造出不同的商品氛围。

1）商品主图的构图

在商品主图的构图上，常用的有6种构图方法：直线式构图、三角形构图、对角线构图、渐次式构图、辐射式构图、框架式构图。

（1）直线式构图。商品形状具有一定的规则性，通过直线式排列可以整齐美观地展现商品，这样的构图方式可以将不同颜色和规格的商品通过并列对比展示给消费者。直线式构图可以增加商品的选择性，通过多色及多规格展示，可以提高商品的竞争力，如图2-68所示。

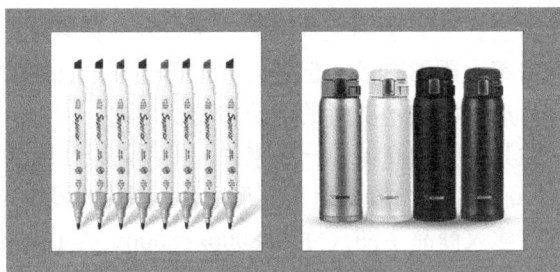

图 2-68　直线式构图

（2）三角形构图。三角形构图可以分为正三角形构图、倒三角形构图及斜三角形构图等多种构图法。总体来说，三角形构图具有安定、均衡但不失灵活的特点。适合三角形构图的商品是有一定规则的几何体，这样形成的三角阵列会显得更加醒目。正三角形能给人以稳定的感觉，从而显得商品有气势，如图 2-69（a）所示。倒三角形有不稳定感，所以显得商品更加生动，如图 2-69（b）所示。最常用的是斜三角形构图，这种构图可以灵活多变地将商品呈现出来，如图 2-69（c）所示。

图 2-69　三角形构图

（3）对角线构图。对角线构图是将商品安排在对角线上，这样可以突出商品的立体感、延伸感和动感。对角线构图形成的纵深，能够带给消费者更多的视觉冲击力，如图 2-70 所示的调味盒。对角线的优势就是能够体现商品的立体感，所以运用延伸的对角线构图方式，能够很好地和商品本身的特点相匹配。

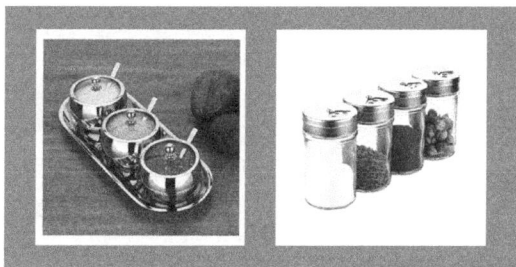

图 2-70　对角线构图

（4）渐次式构图。将多个商品渐次式排列，能够增强商品的空间感；将商品由大到小、由主到次摆放，可以增强商品的纵深感，并且运用透视景深方法，能够体现商品的多样性与丰富性。如图 2-71 所示的渐次式构图方式把主体部分的商品很清晰地展现出来，同时增强了空间感。

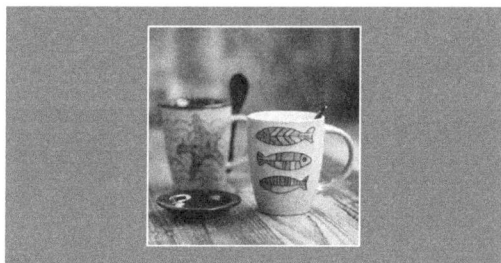

图 2-71　渐次式构图

（5）辐射式构图。辐射式构图视觉冲击力强，向外扩张的线条和动态都很明显，可以增加画面的张力，并且能够凸显发散的重心。这种构图方式适合线条类细长的商品。虽然商品呈放射性发散，但是这样的构图方式可以密切联系主题，能够很容易地通过线条引导到发散的中心。辐射式构图如图 2-72 所示。

图 2-72　辐射式构图

（6）框架式构图。框架式构图方式通常在服装类目中被广泛应用，单个模特很难完整地展现出商品的多色性，而对于服装的颜色，消费者有很明显的个人爱好倾向，所以应尽量多地展示服装的颜色，比较好的方式就是运用框架式构图。框架的主体展示的是受众面最大的颜色款式，或者比较醒目的颜色款式，然后在框架其他区域更多地展示出商品的多样性，如图 2-73 所示。

图 2-73　框架式构图

2）商品主图的制作

根据用途不同，商品主图主要分为品牌 Logo 式主图、标签促销式主图两大类。

（1）品牌 Logo 式主图。品牌 Logo 式主图也可称为品牌式主图。对于有品牌商品的商家来说，不需要制作非常复杂的主图，可以设计一些带有品牌 Logo 的主图上传到网店即可进行销售。品牌 Logo 式主图常应用于品牌商标、驰名商标等具有优质口碑、高影响力、高知名度的商品，如图 2-74 所示。

图 2-74　品牌 Logo 式主图

品牌 Logo 式主图的制作相对比较简单，只需要将品牌的 Logo 统一放置在图片的固定位置即可，这里不做详细介绍。

（2）标签促销式主图。品牌 Logo 式主图的制作相对简单一点，而且很多消费者会通过品牌关键词直接搜索相关商品，没有必要在主图上加一些价格、商品卖点方面的信息，加上信息反而觉得产品档次下降，画蛇添足。但对于无品牌及影响力较弱的品牌商品来说，主图上加上一些价格信息、促销信息、卖点信息则会增加商品主图的点击率及访问量，如图 2-75 所示，这些都是标签促销式主图。

图 2-75　标签促销式主图

以图 2-75 中的手机为例，运用 Photoshop 软件，我们来看看标签促销式主图的制作过程。

步骤 1：打开已选好的背景图，并把已经制作完成的商品图放入背景图中，如图 2-76 所示。

扫一扫

微课：主图的设计制作

图 2-76　商品图放入背景图中

步骤 2：将摩托罗拉的 Logo 图像导入，并调整至适当位置；添加文字"摩托罗拉官方旗舰店"，具体参数如图 2-77 所示。

图 2-77　添加 Logo 与店铺名称

步骤 3：在图像的合适位置输入卖点文案，并调整至合适大小；使用"钢笔工具"，选择模式为"形状",绘制一个填充色为纯白色的小箭头形状。添加卖点文案如图 2-78 所示。

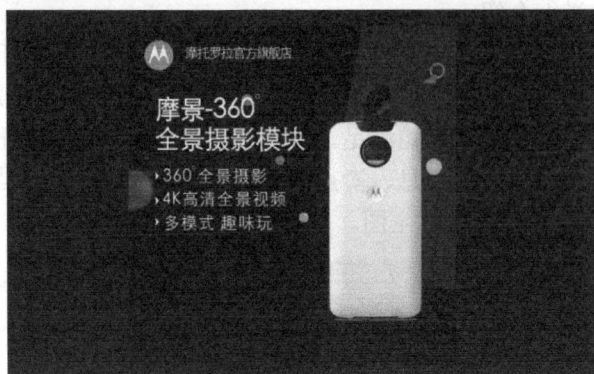

图 2-78　添加卖点文案

步骤 4：使用"钢笔工具",选择模式为"形状",绘制不规则形状,并命名为"形状 1"；复制一个"形状 1 副本",将"形状 1"填充为白色,"形状 1 副本"使用"渐变工具"填充为渐变色；再将"形状 1"图层向上移动 3px,与"形状 1 副本"形成错位,并在右下角输入文本。绘制不规则形状如图 2-79 所示。

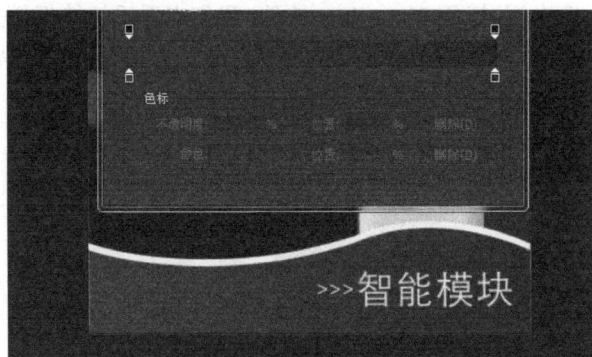

图 2-79　绘制不规则形状

步骤 5：使用"矩形工具"→"椭圆"工具,在图像左下方绘制一个填充色为纯白色、描边为"无"的圆形,再绘制一个填充色为"无"、描边为"虚线"的圆形,后者圆形略小于前者圆形,并在圆形上输入促销价格文本,完成最终效果,如图 2-80 所示。

图 2-80　手机标签促销主图

2.3.3　商品详情页

商品详情页是提高转化率的入口，它可以激发消费者的消费欲望，树立消费者对店铺的信任感，打消消费者的消费疑虑，促使其下单。商品本身虽然对转化率起着决定性的作用，但是好的商品详情页可以提高商品的转化率。

1. 打造商品详情页的原则

商品详情页的设计要与商品主图、标题相契合，详情页的内容必须能真实地介绍商品的属性，如标题或主图中体现的商品是韩版男士西装，但是设计出来的页面却是欧美风格，买家的第一感觉就是不符合标题所述，可能会马上关闭页面。因此，在打造商品详情页的时候需要遵循 3 点设计原则。

1）策划文案

策划文案是商家打造详情页的关键步骤。面对自己的商品，一份优秀的详情页文案可以从两个角度进行策划：一是提炼商品的核心卖点；二是深度挖掘消费者的需求点。核心卖点主要包括商品的优势、特色、创新点、核心竞争力等，卖点是商家向消费者提出的独一无二的主张，具有长期传播的价值及品牌辨识度，可以从商品的使用价值、外在表现形式（如外观、质量、体积、视觉、包装等）、商品的附加价值（如服务、承诺等）几个方面进行提炼；消费者的需求点则是从消费者的角度挖掘商品的特色，主要可以从商品能够满足消费者哪些需求来考虑，这里更多需要考虑的是消费者的"痛点"，也就是商品能够给消费者带来哪些急需的利益，给消费者带来的便利在哪里。

2）表现形式

这里所指的表现形式就是将文字信息通过"图片+文字"的形式展现给消费者，而不是以单纯的文字对商品进行描述。消费者看完详情页之后，买还是不买主要看商品表现形式是否打动了消费者的心。另外，不要将详情页设计得像商品的说明书一样，因为没有消费者愿意一字一句地去了解商品，商家需要做的是将文字中的卖点提炼出来，将卖点通过图片的形式展现出来。

3）色调统一

商品详情页的色调是能够给消费者传达心理暗示的一种最直接的方式，整体详情页的色调给大家的第一感觉是什么，消费者就会根据这个感觉去浏览商品详情页。详情页的色调一方面要与店铺的整体定位相一致，同时要随着店铺促销活动主题的变化而适当调整部分内容。

2. 商品详情页的图片尺寸

1）PC 端详情页的图片尺寸

在各大电商平台的商品详情页中，都有各自不同的详情页图片尺寸和标准。主流平台详情页的图片建议尺寸如图 2-81 所示。

平台	详情页建议图片宽度	详情页单张图片高度
淘宝网	≤ 750px	≤ 1500px
天猫商城	≤ 790px	≤ 1500px
京东商城	≤ 790px	自定义
Aliexpress（速卖通）	≤ 710px	自定义

图 2-81　主流平台详情页的图片尺寸建议

淘宝网官方对详情页图片的使用建议：图片不宜超过 25 张，图片宽度不宜超过 750px，高度不宜超过 1500px，常用图片的格式有 JPG、PNG 和 GIF 动态图片，详情页单图大小建议为 120KB 左右，高度 1500px 以内的图片最大不宜超过 300KB。

2）手机端详情页图片尺寸

手机端（淘宝网官方）详情页图片尺寸建议如图 2-82 所示。

平台	手机端详情页建议图片宽度	手机端详情页单个图片高度
淘宝网/天猫商城	480px至620px	≤ 960px

图 2-82　手机端详情页图片尺寸建议

3．商品详情页的结构布局

详情页的重要性主要体现在营造良好的用户体验方面，这个模块是将浏览者转化为消费者的"前沿阵地"。合理的详情页布局能够将商品的信息点精准地传递给消费者。商品详情页模板总体建议图如图 2-83 所示。

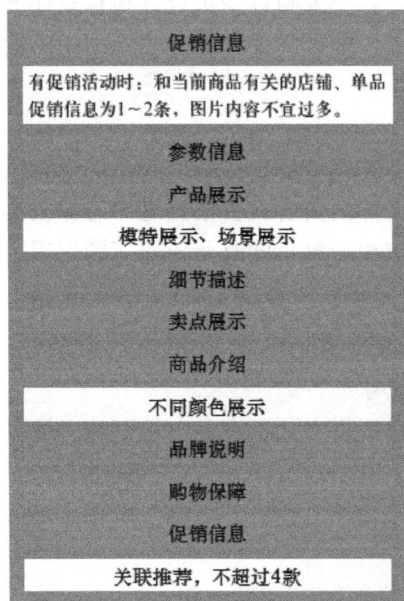

扫一扫

四大行业的消费者在详情页中最想看什么

促销信息

有促销活动时：和当前商品有关的店铺、单品促销信息为1～2条，图片内容不宜过多。

参数信息

产品展示

模特展示、场景展示

细节描述

卖点展示

商品介绍

不同颜色展示

品牌说明

购物保障

促销信息

关联推荐，不超过4款

图 2-83　商品详情页模板总体建议图

4．商品详情页设计的 5 个步骤

谈到详情页的设计思路，我们首先要了解消费者的诉求和购物心理。消费者在购买商品时，一般会存在以下几点疑问：

扫一扫

微课：商品详情页设计

- 我为什么要购买你的商品？
- 我为什么要现在购买你的商品？
- 如何让我放心购买你的商品？
- 如何让我下定决心购买你的商品？
- 如何让我购买你的更多商品？
- 如何让我下次再来购买你的商品？

当我们能够通过详情页的图文设计去解决消费者心中的疑问时，消费者自然就会下单了。从营销学的角度分析，详情页基本上应按照以下 5 个步骤进行设计。

1）引发兴趣

引发兴趣是详情页设计的第一步，也是吸引消费者关注的第一步。我们在线下销售中，同样遵循这一规则。例如，我们经常看到一些商场或商店的门口打出促销海报"满 300 元送 200 元""满 300 元减 150 元""品牌鞋 3 折起""45 元可抵 100 元"。这些海报的目的都是吸引消费者走进商场或商店。只有消费者被海报吸引了，才有可能进入店内了解商品。

- 建议模块 1：当前店铺促销活动。

我们经常看到很多网店卖家的详情页首屏会出现一个很大的店铺促销活动，如图 2-84 所示，其主要目的就是在促销价格上引起消费者的兴趣。

图 2-84　店铺促销活动，引起消费者的兴趣

促销活动一定要突出主题，这样才能更好地吸引消费者。促销的过程就像一次陈述，必须有一个明确的主题，所有的元素都应围绕这个主题展开。促销的主题一般是价格、折扣和其他促销内容，所以这个信息应该是放在视觉焦点上的、被突出的和放大的元素。

当然，在详情页的设计中模块顺序也不是固定不变的，很多卖家也会选择在商品详情首屏中介绍自己的品牌及文化，这一点就要看卖家和消费者的需求来决定到底放哪个模块。

- 建议模块 2：商品焦点图。

当一个消费者选择商品进入店铺后，要让消费者快速地切换到焦点图，通过让消费者看焦点图，迅速吸引和抓住消费者的眼球，同时让消费者明白这个商品是什么，商品的服

务对象是谁，商品的价格是多少，有什么特色。

优秀的焦点图设计通常包含以下全部或绝大部分元素：展示商品、广告语、用户对象、核心卖点、名称、价格等，如图 2-85 所示。

图 2-85　商品焦点图，引起消费者的兴趣

- 建议模块 3：目标客户设计。

要让消费者清楚地知道这款商品是买给谁用的，是适合家用还是适合送礼，适合小朋友、青年人还是老年人，如图 2-86 所示。

图 2-86　目标客户设计，引起消费者的兴趣

2）激发潜在需求

任何一笔订单的成交都有一个共同的原因，那就是商家的产品或服务满足了消费者的某种需求。商家卖衣服，满足了消费者对穿的需要，对穿得更美丽的需要；商家卖化妆品，满足了消费者想护肤美容的需求，或者是满足了买家追求美丽的需求；商家卖食品，满足了消费者品尝美味或者是消遣的需求。

需求又分为两类：一类是直接需求，一类是潜在需求。直接需求指的是消费者已经明确知道自己现在要买什么东西，这类消费者通常会看一下主图和价格，简单浏览一下详情页就会直接下单付款。潜在需求指的是消费者可能还没想到要买这个商品，但是通过商家的商品主图、标题及详情页图文的设计激发了购买的欲望和需求；这一类消费者需要商家精心设计好商品主图和详情页，以促使消费者下单付款。

- 建议模块 4：场景图。

激发潜在需求的核心要点是攻心。攻心的方式主要是通过图文结合引发消费者的联想和心灵需求的共振。一般采用场景图、模特图、品牌故事图等从感兴趣到激发消费者的潜在需求，如图 2-87 所示。通过场景图、模特图等让消费者一下子体验到买到商品后开心、快乐、喜悦的感觉。场景图建议放 1～2 张即可。

图 2-87 场景图，激发消费者的潜在需求

3）从信任到信赖

浏览了前面 4 个模块的设计仍然能够坚持往下看的消费者，一般都会对商品产生一定的兴趣，否则早已跳离详情页。接下来就是商家的营销环节，在营销过程中，商品信息图、参数图、实拍图、多角度全方位展示图、细节图、PK 图和买家评价图都是有利的工具，特别是消费者对商品的评价会对其他消费者的购买产生较大的影响。

现在很多消费者不会特意看详情页中的评价，他们点进主图后，一般会直接点击商品详情页旁边的累计评价。在天猫商城店中，消费者会重点看描述相符评分和追评；在淘宝网店中，消费者会重点先看差评，再看中评和追评，好评几乎不怎么看，如果觉得差评、追评能接受，消费者才会考虑进入商品详情页面来浏览商品。

- 建议模块 5：参数信息图。

在参数信息图中，商家需要把与商品相关的属性展现出来，让消费者清楚地了解商品。例如，品名、款式、材质、工艺、尺寸、重量、包装、口味、产地、保存日期等，如图 2-88 所示。

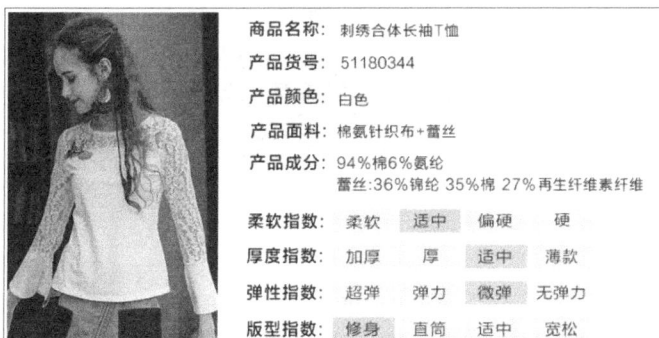

图 2-88 商品参数信息图

- 建议模块 6：多角度商品实拍图。

商品实拍图，指商家针对店铺内的商品进行实物拍摄的图片，以达到多角度、近距离观察的细腻真实效果，让消费者对商品品质有零距离的感受，如图 2-89 所示。

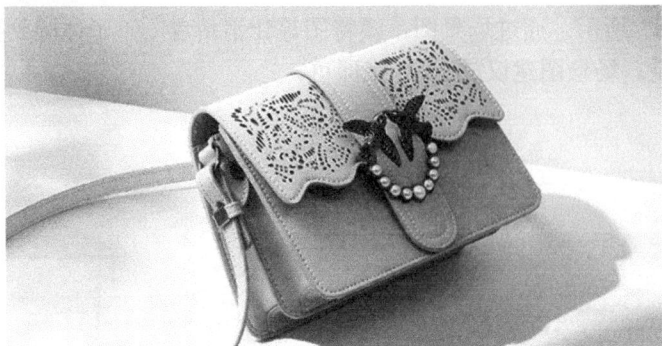

图 2-89　商品实拍图

　　商品实拍图建议至少放 5 张，包含至少 2 张正反面全貌图（允许模特图）、3 张多角度细节图。具体可根据商品的不同而适当增加。

　　每一张实拍图建议单独拍摄，不建议在原来主图的基础上进行切割或拼接。相同的款式和材质，如果有多种不同颜色的商品，需要对每种颜色的商品进行 1 张实拍，确保无色差，3 张细节图可只拍 1 个颜色。

　　● 建议模块 7：细节图。

　　细节图是详情页中必不可少的模块，也是消费者相对比较关注的图片模块，如图 2-90 所示。细节图建议放置 3～6 张多角度特写图片。

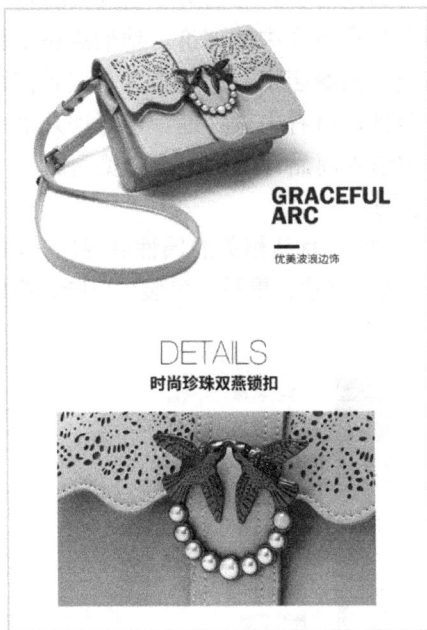

图 2-90　单肩包细节图

　　以服装行业为例，设计细节展示包括但不限于以下内容（各类目可定制必选项）。

　　（1）款式细节：设计特别的要素，如领口、袖口、裙摆、褶皱、袋口、袋盖等。

　　（2）做工细节：走线、内衬拷边、里料、接缝等。

　　（3）面料细节：微距拍摄面料、颜色、纹路、材质等。

（4）辅料细节：拉链、纽扣、钉珠、蕾丝、包扣、商标等。

（5）内部细节：内部构造细节。

- 建议模块 8：为什么要买（好处设计）。

在详情页中商家需要明确告诉消费者为什么要买。做好卖点的设计、好处的设计，给消费者一个或多个购买的理由。图 2-91 所示为凉鞋羊皮内里设计带给消费者的体验——触感细腻，柔软透气，有益足部健康。

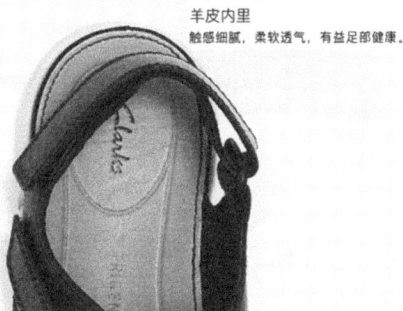

图 2-91　羊皮内里设计带给消费者的体验

- 建议模块 9：为什么要买（逃避痛苦点）。

在我们设计好处卖点的同时，还可以加上"痛点"设计。心理学家曾提出一个结论：人本能的反应就是追求快乐，同时逃离痛苦。很多人又会问：到底是追求快乐的力量大，还是逃离痛苦的力量大呢？我们不妨想象自己生活中的许多事情，不难得出一个结论：大部分人逃避痛苦的心理动力远大于追求快乐的心理动力。

营销学的理论告诉我们，逃避痛苦和追求快乐的力量比例为 4：1，所以，我们更要重视这款商品能够帮助消费者解决什么问题。

在详情页设计中，商家可以从图中潜移默化地"告诉"消费者，假设你不买这个商品你要付出什么代价，会得到什么痛苦。图 2-92 所示为两根护栏之间的间距，可以有效保护小朋友在使用过程中的安全，即逃避被夹手的痛苦。

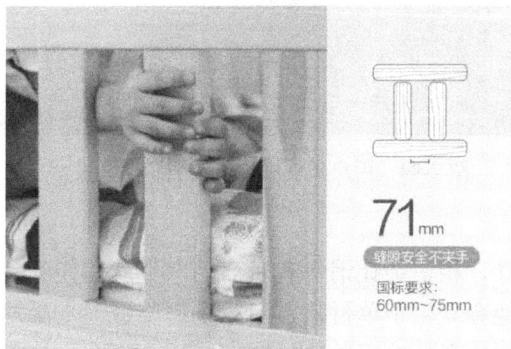

图 2-92　儿童床逃避痛苦点设计

- 建议模块 10：同类型商品 PK 图。

作为商家，一定要考虑消费者为什么买自己店铺的商品。建议商家做同类型商品的 PK 对比图，如价格对比、原料对比、价值对比、功能对比、第三方评价对比等。虽然很多消费者认为 PK 图有商家自卖自夸的嫌疑，但是消费者通过商品的 PK 对比图潜意识里还是会收到"商家的商品比较好"的信息。不同羽绒服 PK 图如图 2-93 所示。

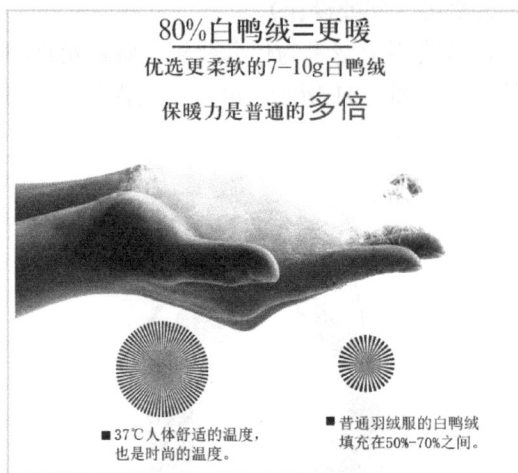

图 2-93　不同羽绒服 PK 图

- 建议模块 11：用户非使用价值文案和图文设计。

一个商品详情页在烘托商品多重使用价值的同时，还需要有一些非使用价值的文案设计来进一步烘托商品存在的价值。

非使用价值：品牌的附加值、文案中的身体和形象、商品和使用者的性格关系、升值和收藏价值、商品和使用者的爱好关系、与职业的匹配度、感觉、面子等。如图 2-94 所示，图中将面霜的适用人群扩展至明星名媛，以提升产品的形象。

图 2-94　用户非使用价值文案和图文设计

4）从信赖到想拥有

通过前述模块的设计，相信会让消费者对商品产生从信任到信赖的感觉。当消费者有信赖感的时候并不代表他会立刻下单付款，因此还需要进一步激发其购买欲望，让消费者产生想拥有甚至是占有这件商品的感觉。

详情页的文案策划要让消费者看到如果购买这个商品会有什么物质层面和精神层面的收获。假如消费者买了这款商品送给爱人、小孩、长辈、同事会有什么样的效果？消费者现在购买又有什么优惠政策？

- 建议模块 12：拥有后的感觉塑造。

在详情页中要给消费者塑造购买商品后拥有的感觉，进一步增强消费者对商品和店铺的信任感，为消费者提供一次感性冲动的机会，一个 100%购买的理由。如图 2-95 所示，当消费者看到因为买了这款学习桌能够呵护视力、养成良好的用眼习惯时，自然会愿意下单付款。

图 2-95 拥有后的感觉塑造

5）替消费者做决定

替消费者做决定，也可以理解为引导消费者做决定。除非消费者自己的意愿是 100% 想买或者是急用，这种消费者不聊旺旺也能下单，但是大部分消费者还是需要商家通过客服或者详情页设计图文去推动其下单购买。这个和我们在线下买东西是类似的，如生活中到饭店吃饭，一个高明的服务员就会无形中帮你做很多决定，帮你推荐店内很多的招牌菜，根据你的表情、身份甚至是心情，替你把菜都点好了，这俗称"替消费者做决定"，更确切地说是引导消费者做决定。

● 建议模块 13：发出购买号召——套餐 A＋B。

发出购买号召，使用套餐营销，促使消费者尽早下单，如图 2-96 所示。

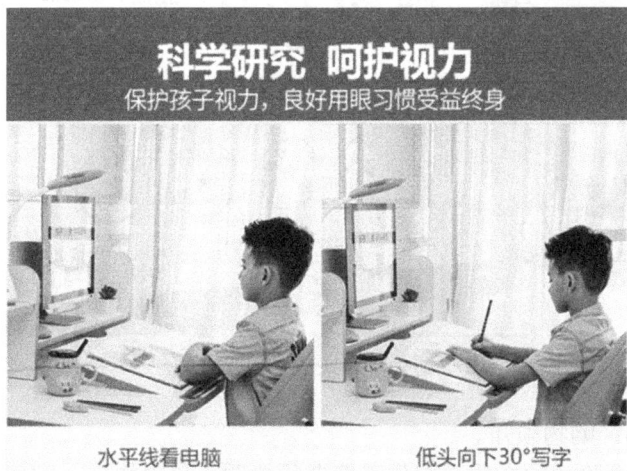

图 2-96 发出购买号召，使用套餐营销

● 建议模块 14：公司文化。

消费者一般会认为在实力强的店铺购物会更有保障。为了让消费者对商品有更深层次的信任和信赖感，商家应将代表公司文化和品牌实力等方面的照片展现出来，如公司介绍、荣誉证书、团队规模、生产基地、仓库规模等。公司实力展示如图 2-97 所示。

图 2-97　公司实力展示

- 建议模块 15：购物须知。

为消费者购物消除后顾之忧。制作消费者须知图，包含快递、邮费、退换货等消费者关心的问题，如图 2-98 所示。在消费者须知中，商家也可以加入"店铺收藏"按钮，方便消费者收藏店铺，为下一次购买打下基础。

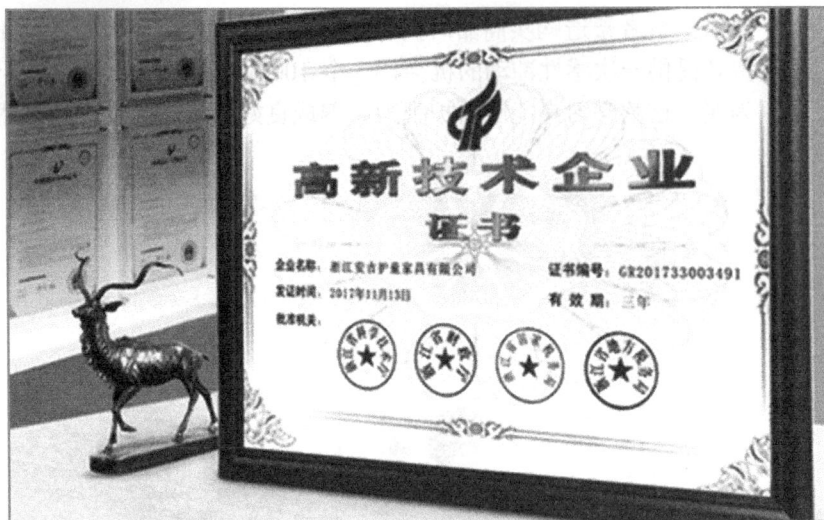

图 2-98　退换货说明

以上就是商品详情页的设计思路，一共包含了常见的 15 个逻辑模块，这 15 个逻辑模块可以根据不同店铺、不同类目商品进行次序上的调换和优化。

同步实训

实训 2.1　选择某网络销售平台开店，并完成店铺首页装修

实训目的

掌握开店流程，能分模块对店铺进行基础装修。

实训要求

1．在某网络销售平台，选择主营商品开设店铺，结合店铺商品设置店名、设计店标、完成基础设置。

2．对店铺首页进行合理布局，并完成店招导航、轮播、商品陈列等方面的设计。

实训 2.2　在实训 2.1 的基础上，完成店铺商品发布

实训目的

掌握标题优化技巧，能够设计商品主图，完成详情页设计。

实训要求

1．结合商品特性，优化商品标题。

2．根据店铺，设计促销类主图一张，并完成剩余主图制作。

3．根据详情页五个步骤的要求，对商品详情页进行设计制作。

项目小结

在选定网络销售平台、完成网店规划的基础上即可创建网店。不同平台对网店的基础设置略有差异，但是无论如何都离不开店名、店标、店铺介绍等最基本的设置参数，在设置上述内容时应围绕店铺商品开展。

店铺的首页主要由店招导航、首页海报、商品陈列等模块构成，在设计过程中应紧密结合消费者的购物习惯、浏览习惯，整体页面风格应统一、美观大方。

在商品描述页面，商品标题应符合搜索规则，商品主图应合理设计，详情页布局应合理，文案应详细，表现形式应多样，以基本满足消费者的需求。

同步测试

1. 概念解释

（1）店标

（2）店招

（3）属性词

（4）长尾词

2. 判断题

（1）为了体现辨识度，网店名称越复杂越好。 （　　）

（2）为了让消费者快速寻找到满意的商品，可采用"Z"字形或者"W"字形路径陈列店铺商品。 （　　）

（3）网店页面显示的颜色不宜过多，主题颜色通常只需要 2～3 种。 （　　）

（4）店招主要有两种表现形式：静态图片和动态图片。 （　　）

（5）类目词和属性词是产品标题的核心内容，二者属于目标关键词，在标题命名中属于必选词。 （　　）

（6）主图中可添加 VI 元素，以增加辨识度。 （　　）

（7）为了能够展示商品的各个细节，详情页图片越多越好。 （　　）

3. 单项选择题

（1）以下哪一项不可作为店标格式？（　　）

A. GIF
B. PSD
C. JPG
D. PNG

（2）店招的高度建议不要超过（　　）。

A. 190px
B. 80px
C. 10px
D. 120px

（3）可以充分发挥女性的魅力,给消费者营造一种浪漫、神秘氛围的色彩是(　　)。

A. 红色
B. 绿色
C. 黄色
D. 紫色

（4）将店铺商品先按照品类进行分类，然后根据品类的不同分区域进行排序陈列，指的是（　　）。

A. 品类排序陈列
B. 并列式陈列

C. 递进式陈列
D. 系列组合陈列

4. 多项选择题

（1）店标图形的构成元素有（　　）。

A. 文字标志
B. 图形标志
C. 综合图形标志
D. 符号标志

（2）网店首页基本由以下哪些部分组成？（　　）

A. 店招导航
B. 首页海报（轮播海报图）

C. 主推商品
D. 商品陈列展示

E. 店铺页尾

（3）网店海报排版方式有（　　　　）。

A．平行式排版　　　　　　　　　　B．居中式排版

C．对称式排版　　　　　　　　　　D．纵列式排版

5．分析题

（1）商品陈列的方法有哪些？

（2）商品详情页设计有哪几个步骤？各个步骤的内容有哪些？

项目 3

网店运营

重点难点

　　网店日常运营主要围绕着店铺、商品、人员开展。本项目的难点是掌握网店商品展示的步骤，对已售商品进行科学管理，使店内商品能够合理分类并编码，优化网店转化率与信誉度，明确客服的工作流程，有效维护客户关系，结合店铺选择恰当的物流。

项目导图

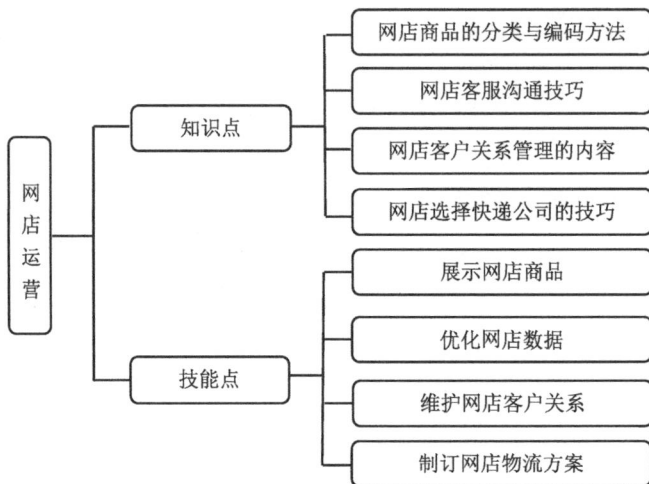

成立于 2006 年的韩都衣舍，经历了单品牌运营、多品牌运营、互联网品牌孵化平台和互联网品牌生态系统四个阶段。从一家年销售额 20 万元的淘宝网小店发展成为现在粉丝超过 1400 万、运营品牌达 70 个、年销售额达 15 亿元的互联网品牌生态运营集团。韩都衣舍究竟有哪些成功的商业模式？

1．运营：小组制（阿米巴模式）的运用

说到韩都衣舍就不得不提其"以产品小组为核心的单品全程运营体系"，即"阿米巴模式"，简称"小组制"。以 3 人一组的产品组为例，这三个人分别是设计师、页面制作员、库存管理员。这三人全权负责某一单品的页面制作、款式设计、尺码及库存深度的预估等工作员，公司会以各小组的毛利率和库存周转率作为考核标准。用销售额减去相关费用，再乘以毛利率、提成系数与库存周转系数，就是小组奖金。

2．供应链：多款少量、快速返单

韩都衣舍配合自身运营特点，建立了以"多款少量、快速返单"为核心的柔性供应链体系，在向生产厂商下订单时采用多款式、小批量、多批次的方式，以便快速对市场做出反应，避免高库存风险。

韩都衣舍还建立了一套系统的数据模型，每款产品上架 15 天后即分为"爆""旺""平""滞"四类。爆款和旺款可以返单，一般为几千件左右，平款和滞款则必须在旺销时间立即打折促销，这样就不会有过多的库存积压。

3．技术：基于电商销售特色的 IT 信息系统

韩都衣舍打造了商业智能系统。如电商运营体系就包括订单处理系统（OMS）、仓储管理系统（WMS）、供应链管理（SCM）系统等等，对公司整体的产品开发、库存情况、营销推广等各个环节进行即时的数据分析、监测预警，为公司各部门的决策提供坚实有力的支持。而协同快递平台的物流管理系统（TMS）和协同供应商的供应商关系管理（SRM）系统，则让韩都衣舍的日常运营真正实现了高效、协同。

4．战略：打造互联网品牌生态系统

2016 年，韩都衣舍提出"二级生态系统"概念，即打造介于品牌和一级平台（淘宝网、京东等）之间的二级平台，全面输出供应链、IT 系统、仓储物流、客服系统等能力，给其他中小品牌和互联网品牌提供服务。

在竞争激烈的电商女装行业，韩都衣舍取得的骄人成绩离不开科学而完善的运营机制。通过上述案例可以看到，在生产方面，韩都衣舍及时根据市场的变化来制订产量计划，避免库存积压；在人员管理方面，则采用灵活多变的小组制，一方面通过给小组充分授权，让每个小组自行权衡销售量和上新等环节，从而提高运营效率，另一方面，将考核细化到每个小组的销售额、库存周转率等指标，将小组利润最大化，同时也降低了库存风险；在仓储物流方面，采用高技术价值的服务体系，不仅提高了韩都衣舍对数据的分析、应用能力，还提升了客户体验。当然，韩都衣舍的成功不仅如此，但是通过该案例不难发现，科学合理的运营机制对一家网店而言至关重要。

3.1 网店商品管理

网店商品管理包括商品展示管理、已售商品的管理、商品分类与编码管理等，有助于店铺卖家及时了解店铺内商品现状和发现、处理存在问题的商品。

3.1.1 商品展示管理

任何一件商品都有自己的生命周期，随着时间的流逝可能从网店原先的爆款降至淘汰款，因此要关注商品的上下架时间、删除不良商品、及时对店铺进行"体检"，这样才能保障店铺的正常运营。

1. 商品的上下架、删除和编辑

从店铺的角度来说，对于刚进货的新商品，需要将其上架；对于过季或者暂时断货的商品，需要将其下架；对于过时或永远断货的商品，需要将其删除。

下面以淘宝网为例，说明对商品进行上下架、删除和编辑的操作流程。

1）商品上架

对于仓库中的商品，店铺卖家可以进行一键上架处理。

（1）进入"卖家中心"页面，单击左侧"宝贝管理"快捷应用区域中的"仓库中的宝贝"超链接，如图3-1所示。

扫一扫

商品的发布时机

图 3-1 单击"仓库中的宝贝"超链接

（2）如图 3-2 所示，在打开的"仓库中的宝贝"页面中，单击商品右侧的"上架"按钮即可上架"宝贝"；勾选需要上架的商品，单击上方"上架"按钮即可批量上架；勾选"全选"复选框可选中所有商品进行全部上架。

图 3-2 上架"宝贝"

2）商品下架

对于出售中的商品，店铺卖家还可以进行一键下架处理。

（1）进入淘宝网"卖家中心"页面，单击"宝贝管理"快捷应用区域中的"出售中的宝贝"超链接，如图 3-3 所示。

图 3-3 单击"出售中的宝贝"超链接

（2）如图 3-4 所示，在打开的"出售中的宝贝"页面中，勾选需要下架的商品，单击"下架"按钮即可下架商品。勾选"全选"复选框可以选中所有商品进行批量下架处理。

图 3-4　下架"宝贝"

3）商品删除

在淘宝网的网店后台，无论是仓库中的商品，还是出售中的商品，卖家都可以进行删除处理，操作流程如下。

（1）如图 3-5 所示，进入"出售中的宝贝"页面中选中商品，单击"删除"按钮即可删除商品。勾选"全选"复选框可以选中所有商品进行批量删除。

图 3-5　删除"宝贝"

（2）在弹出的"确认删除"提示框中，单击"确定"按钮即可完成删除操作。

4）商品编辑

进入"卖家中心"页面，单击"宝贝管理"快捷应用区域中的"出售中的宝贝"超链接，在打开的页面中单击"编辑宝贝"按钮即可对该商品详情进行编辑，如图 3-6 所示。

图 3-6　编辑"宝贝"

2．橱窗推荐与取消推荐

很多买家进入网店平台，会直接到平台首页去搜索商品，此时就会出现橱窗推荐（因为默认的只有橱窗推荐的商品），这样也就能让卖家的商品有更多被买家浏览的机会，极大地提升了店铺点击率。

橱窗推荐就好比线下实体店中的展示橱窗，可以摆放一些精品商品，用来吸引买家进入自己的店铺。可是橱窗又不可能摆下淘宝网所有的商品，每个卖家可以根据信用级别与销售情况获得不同数量的橱窗推荐位。

下面以淘宝网为例，说明橱窗推荐与取消推荐的操作流程。

1）设置橱窗推荐商品

（1）进入淘宝网"卖家中心"页面，单击"出售中的宝贝"超链接。在打开的页面中勾选要设置橱窗推荐的商品，然后单击"橱窗推荐"按钮即可，如图 3-7 所示。

图 3-7   选择橱窗推荐

（2）如果单击"橱窗推荐"下拉列表中的"橱窗设置"按钮，会弹出"橱窗设置"对话框，选择一种排序方式（如"按人气"），然后单击"确定"按钮，即可按此方式批量设置橱窗推荐，并且会覆盖原来推荐的商品，如图 3-8 所示。

图 3-8   设置橱窗推荐

2）取消橱窗推荐

如图 3-9 所示，进入"出售中的宝贝"页面，在"橱窗推荐"页面的列表中，勾选要取消橱窗推荐的商品，单击"取消推荐"按钮即可。勾选"全选"复选框即可选中所有商品进行批量处理。

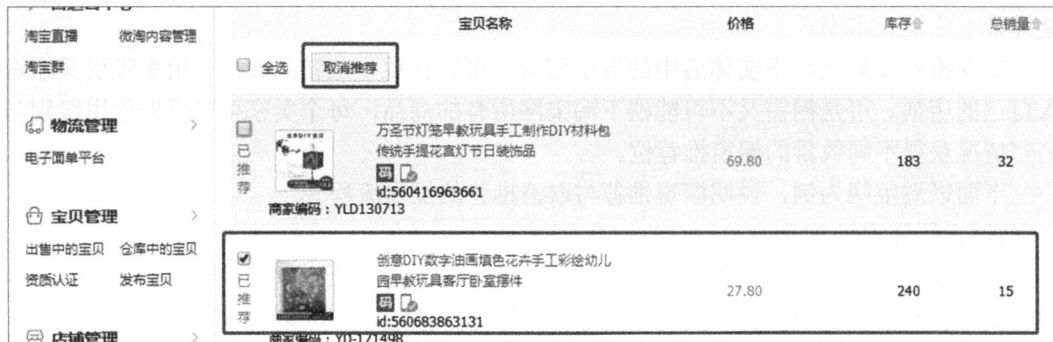

图 3-9 取消橱窗推荐

3. 店铺体检中心

在淘宝网上使用"体检中心",可以帮助卖家进一步了解店铺的运营状态,以避免违规。

1)店铺体检

进入淘宝网"卖家中心"页面,单击左侧"宝贝管理"快捷应用区域中的"体检中心"超链接,即可进入"体检中心"。在"体检中心"页面,可以醒目地看到目前店铺的违规处理记录、市场管理记录、违规扣分记录及受限权限,如图 3-10 所示。

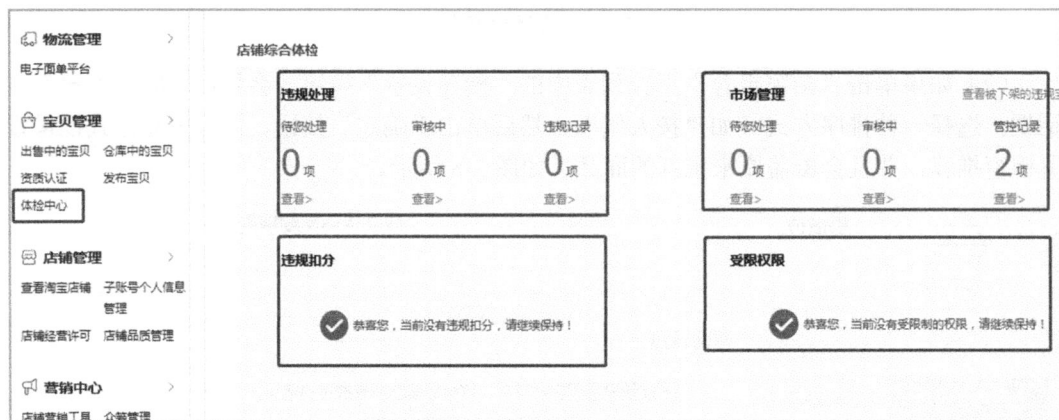

图 3-10 店铺体检中心

2)自检工具

在下面的店铺和商品优化建议工具里,还能查阅到综合优化、搜索来源、订单体检、资质体检、滞销商品、商品体检、合规体检、服务指标体检、营销体检、物流体检这 10 个模块。而这 10 个模块中,最常使用的是"搜索来源"与"订单体检"两个模块。"搜索来源"可以帮助找到是哪些关键词进来的流量,并显示这些词的搜索量,如图 3-11 所示。

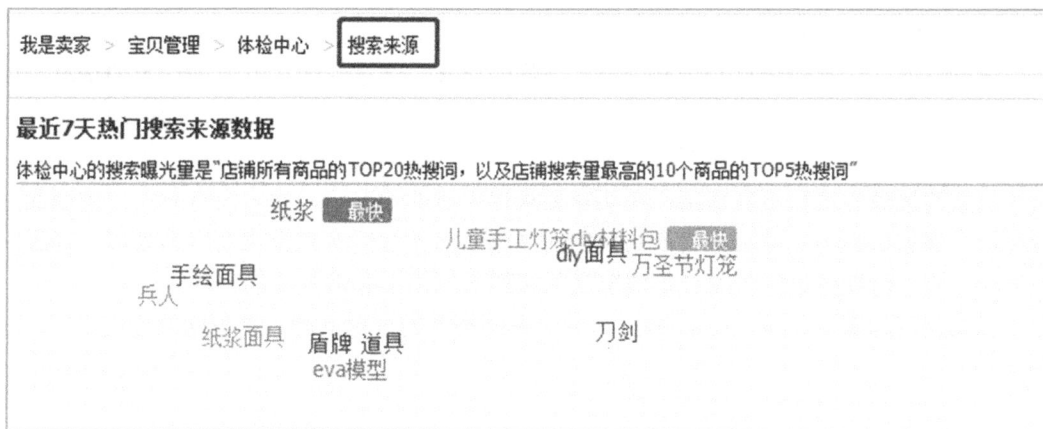

图 3-11　搜索来源

"订单体检"可以帮助找到存在问题的订单，但是体检工具笔数上限只有 1000 笔，超过该数值将无法用此工具，如图 3-12 所示。

图 3-12　订单体检

3.1.2　已售商品的管理

商品已售并不意味着商品销售服务的终结，恰恰相反，良好的已售商品管理不仅能够对店铺进行有序的管理，还能带给消费者良好的体验。

1. 已售商品的标记

对已售商品进行标记有利于网店日常工作的交接，通过注明买家目前订单的情况，以便后期的商品跟踪与管理。假设对于一笔订单，买家联系的是售前客服，而客服没有标记说明此订单的情况，那当交接至售后手中时，便要再次向买家询问其情况，那就会很容易引起买家的厌烦心理与不良情绪；在买家要求退换货的情况下，卖家没有对卖出的商品进行标记，那售后将不知道买家将商品发回的原因从而无法给买家提供及时的处理，导致客户体验下降。所以标记好买家订单情况是网店经营过程中非常重要的一环。

以淘宝网为例，在其"买家中心"，针对不同类型的订单问题，有不同的标记方式，如图 3-13 所示。

图 3-13 已售商品标记

对于商品的卖出，客服在接受订单后必须询问客人的快递信息（尤其是自身发货的），然后根据客人的要求相应做标记。为了更好地区分不同的需求，页面有不同颜色的插旗组成的标记类型。

1）红色的旗子

当客户有特殊要求时用红旗标记。如送小礼物、指定快递、换地址等情况，标记信息应该注明售后问题、运费的承担方及处理的进程。格式一般如：尺码小了，买家自理来回运费换货，收到退件后换成×××款式、颜色、尺码并标记日期等。

2）黄色的旗子

一般属于售前的客服标记。如补单、客户要求推迟发货或有拍换货邮费的情况等。

3）绿色的旗子

当可以发出商品时使用绿旗标记。如客户之前有要求推迟发货或要求具体哪天发货，现在到了客户指定的时刻了，就可以将黄旗改成绿旗。又或是之前有补换货邮费的情况，而卖家店铺这边又已经收到退件并可以给客户换货时，就将黄旗改为绿旗。（提示：绿旗和黄旗可以灵活搭配使用。）

4）蓝色的旗子

客户有特殊售后问题时可以使用蓝旗标记。如客户有给中差评的情况，订单有缺货等情况。

5）紫色的旗子

当客户订单可以办理退款时用紫旗标记。如跟单员收到客户退件后，确认退回款式、数量等信息后，可以给客户办理退款的情况。

　　为了让标记更为清晰明了，一看旗帜就知道大概是什么情况，在标记内容结束后一定要注明标记人的名字、标记时间及标记情况，以便商品在交易中顺利进行并持续到交易完成为止。

2．已售商品的信息核实

　　发货信息的核实主要是核对买家的收货地址与发货前的商品质量，以避免后期不必要的争议出现。

　　1）买家收货地址的核实

　　发货前仔细核对买家提供的收货地址和收货人（或其代理收货人）姓名，如果买家提供的收货人姓名和收货地址与其原来在网上提供的不一致，为了避免错发的情况，可将买家提供的收货地址或收货人发给买家让其确认。尽量利用 E-mail 或站内信件的方式与买家联系，并保留与买家联系的资料。

　　在网店交易的过程中，如果出现买家把收货地址填错了的情况时，卖家可以在"价格及发货管理"的页面，选择"发货管理"对整笔订单的收货地址进行修改，或是单独修改一笔交易中买家填写的收货地址。

　　2）商品质量的核实

　　发货时对邮寄的商品进行仔细的检查和完备的包装，以确保商品在运输途中的"安全性"，确保商品不会在运输过程中损坏，假如出现买家说有质量问题的情况时卖家自身也能大致掌握商品的原本状况，从而降低店铺的损失率。不但如此，在填写邮寄地址之后还要认真检查一次，确认地址、电话、姓名等重要信息无误。做到查漏补缺，让商品准确顺利地到达买家手中，完成交易。

3．取消订单或缺货

　　在买家下订单后，如果在交易中途，出现了买家想取消订单或卖家缺货的情况，卖家可用"关闭交易"的功能，将交易直接关闭。但前提是，假如买家想取消订单，需要与卖家先进行协商，再将关闭交易，以免被卖家投诉"拍下不买"。

　　同样的，如果卖家没有货，也必须先与买家协商后才关闭交易，以免被买家投诉"成交不卖"。关闭交易的流程具体操作如下：首先在"价格及发货管理"页面，选择"订单价格修改"；在跳转后的页面单击需要关闭的交易下的"关闭交易"按钮；然后卖家选择"关闭交易"的理由，单击"确认关闭"按钮，即可完成交易的关闭。

4．退款退货交易处理

　　当买家收到货物以后因为商品问题或者其他原因需要退货，卖家首先可以与买家进行沟通；如果沟通过后买家仍旧坚持退货，则卖家应按照"7天无理由退换货"原则给买家进行退换货。

　　1）确认或拒绝退款的时间期限

　　每个平台都有各自的确认或拒绝退款的时间期限，以淘宝网为例，卖家自付款后可即时申请退款。确认或拒绝退款的时间期限分为以下两种情况。

　　（1）"卖家未发货"状态。

　　自买家申请退款之时起 2 天内，卖家仍未单击"发货"按钮的，淘宝网通知支付宝退款给买家。若卖家在两天内单击"发货"按钮，则退款流程关闭。

（2）"卖家已发货"状态。

- 实物交易。卖家若在 5 天内未响应退款申请，淘宝网会通知支付宝退款给买家；卖家若同意退款，且要求买家退货，则按以下情形处理：①买家未在 7 天内单击"退货"按钮、填写退货物流信息的，退款流程关闭，交易正常进行；②买家在 7 天内单击"退货"按钮、填写退货物流信息，且卖家确认收货的，淘宝网退款给买家；③买家在 7 天内单击"退货"按钮，通过快递退货 10 天内、平邮退货 30 天内，卖家未确认收货的，淘宝网在超时之后通知支付宝退款给买家。
- 虚拟交易。卖家同意退款或在 3 天内未操作，淘宝网通过支付宝退款给买家。

2）卖家在退款退货中应注意的事项

（1）提供正确的退货地址。

（2）联系买家，告知在退货时，在包裹上注明买家 ID 及商品实际退货原因。

（3）签收退回的货物时，应及时验货，确认签收。

（4）若在签收时发现包裹异常，应主动联系买家，告知具体情况，并做好取证工作（如拍照取证、第三方情况说明等）。

（5）若退回的商品无误，请及时退款给买家，以免造成投诉升级。

✓ 3.1.3 商品分类与编码管理

对于一家健全的网店，其商品品类应该是多样的。为了能够科学合理地管理店铺内的商品，同时将店铺页面设计成方便消费者快速找到目标商品，应该对店铺的商品进行合理的分类，并对每一件商品按照内部规则进行合理的编码。

1．商品分类概述

商品分类是指为了满足生产、流通和消费的需要，选择适当的分类标志，并按照一定的分类方法，科学地、系统地将商品分成若干不同类别的过程。

在对商品进行分类的过程中，应坚持以下几条原则。

1）科学性原则

商品分类的科学性原则要求在进行商品分类时，必须明确分类的目的、范围和要求，选择恰当的分类标志和适当的分类层次，以及使用统一的商品名称等。

2）系统性原则

商品分类的系统性是指以选定的商品属性或特征为依据，将商品总体按一定的排列顺序予以系统化，并形成一个科学、合理的分类系统。例如，商品总体分成若干门类后，门类分为若干大类，大类分为若干中类，中类分为若干小类，直至分为品种、规格、花色等。

3）实用性原则

商品分类首先应满足国家政策、规划的要求，同时应充分满足生产、流通及消费的需要。因此，商品分类应尽最大努力结合各部门、各系统、各行业、各企业及消费者的实际需要来进行，从而使分类体系具有较强的实用性。

4）可延性原则

可延性原则又称后备性原则，是指进行商品分类时要事先设置足够的收容类目，以保证新产品出现时不至于打乱原有的分类体系和结构，同时便于下级部门在本分类体系的基础上进行拓展和细分。

5）兼容性原则

兼容性是指相关的各个分类体系之间应具有良好的对应与转换关系，同一领域中上一级的分类与下一级的分类相协调，新的分类体系要考虑与原有的商品分类保持连续性和可转换性等。

2．商品分类的标志与方法

只有科学地选择分类标志和分类方法，才能将商品合理地纳入相应的类别中。这是将商品有效区别开来、建立完善的商品分类体系的关键。

1）商品分类的标志

商品分类标志是建立商品分类体系和编制商品目录的重要前提，常用的分类标志主要有以下几类。

（1）商品的用途。以商品的用途作为分类标志能直接表明各类商品的用途，符合消费者的购物习惯，因此在网店分类中最普遍。如化妆品类按用途分为面部化妆品、发用化妆品、身体化妆品等，其中面部化妆品按用途分为彩妆类、洗面类、护肤类等。

以商品的用途作为分类标志的优点如下：便于比较相同用途的各种商品的质量水平、产销情况、性能特点、效用；能促使生产者提高质量、增加品种；方便消费者对比选购；有利于生产、销售和消费的有机衔接。

（2）商品的原材料。以商品的原材料作为分类标志主要从原料的特点上来表示各类商品的区别，在网店分类的应用比较广泛。例如，皮鞋按原材料分为牛皮鞋、人造革皮鞋等，服装按面料分为真丝、雪纺、纯棉、牛仔等，如图 3-14 所示。

【真丝】　【雪纺】　【纯棉】　【牛仔】

图 3-14 商品原材料分类

以商品的原材料作为分类标志的优点是分类清楚，能从本质上反映出各类商品的性能、特点；缺点是不适用于由多种原材料组成的商品（如汽车、电视机、洗衣机、电冰箱）。

（3）商品的生产加工方法。很多商品即使采用相同的原材料制造，由于生产方法和加工工艺不同，所形成商品的质量水平、性能、特征等也有明显差异，因此，对相同原材料可选用多种加工方法生产的商品，适宜以生产加工方法作为分类标志。例如，酒按生产加工方法分为蒸馏酒、发酵酒、配制酒等，茶叶按生产加工方法分为全发酵茶（红茶）、半发酵茶（乌龙茶）和不发酵茶（绿茶）等，如图 3-15 所示。

【红茶】　　　　　【绿茶】　　　　　【乌龙茶】

图 3-15　商品生产加工方法分类

以商品的生产加工方法作为分类标志的优点是突出了商品的个性，有利于销售和工艺的革新等；缺点则是不适用于那些虽生产方法有差别，但商品性能、特征无实质性区别的商品。

（4）商品的成分或特殊成分。商品的成分或特殊成分不同，其特征、用途、效用及保管方法也有很大的区别，因此，许多商品都以特殊成分为标志进行分类。例如，化妆品根据其成分不同对皮肤的功效也有所差别，如图 3-16 所示。

【红石榴系列】　　　　【芦荟系列】　　　　【珍珠系列】

图 3-16　商品特殊成分分类

以商品的特殊成分作为分类标志的优点如下：能反映商品的本质特性；有利于深入研究商品特性、保管和使用方法；促使生产者开发新品种；满足不同消费者的需要等。其缺点是不适用于化学成分复杂的商品（如水果、蔬菜、粮食）或化学成分区分不明显的商品（如收音机、玩具）。

（5）商品的其他特征。除上述分类标志外，商品的形状、结构、尺寸、颜色、重量、产地、季节等均可作为商品分类的标志。例如，蜂蜜以花粉源为分类标志分为荔枝蜜、刺槐蜜、紫云英蜜等；小麦以季节为分类标志分为春小麦和冬小麦等。

这些分类标志的优点是更容易为消费者所接受，概念清楚、形象直观、特征具体、通俗易记、便于区别；缺点是具体应用范围较小。

2）商品分类的方法

商品分类时通常采用的基本方法有线分类法和面分类法两种。

（1）线分类法。线分类法又称层级分类法，是指将分类对象按所选定的若干分类标志，逐次地分成若干个层级、类目，并排列成一个有层次的、逐级展开的分类体系。例如日用化工商品可采用此法进行分类，如图 3-17 所示。

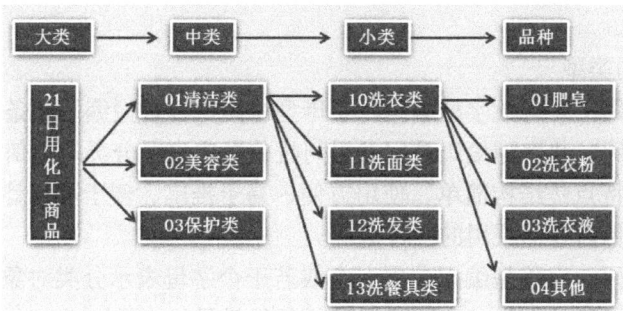

图 3-17　线分类法

线分类法的一般表现形式是大类、中类、小类等级别不同的类目；体系中各层级所选用的分类标志可以相同，也可以不同；体系中的上下级类目构成隶属关系，同级类目构成并列关系。

线分类法的优点是信息容量大，层次性好，能较好地反映类目之间的逻辑关系，使用方便；缺点是一旦确定了分类层次与每一层次的类目容量并固定了划分标志后，再变动会比较困难。因此，在采用该方法进行商品分类时，必须留有足够的后备容量。

（2）面分类法。面分类法又称平行分类法，是指将所选定的分类对象的若干分类标志视为若干个面，每个面划分为彼此独立的若干个类目，再按一定顺序将各个面平行排列成一个分类体系。

应用时，将每个面中的一个类目与另一个面中的一个类目组合在一起，即组成一个复合类目。例如，按面分类法分类（见图 3-18），可以把服装分为面料、适用性别、款式三个互相之间没有隶属关系的面，每个面又分成若干个类目。使用时，将有关类目组配起来，如纯棉男式上衣、混纺女式连衣裙等。

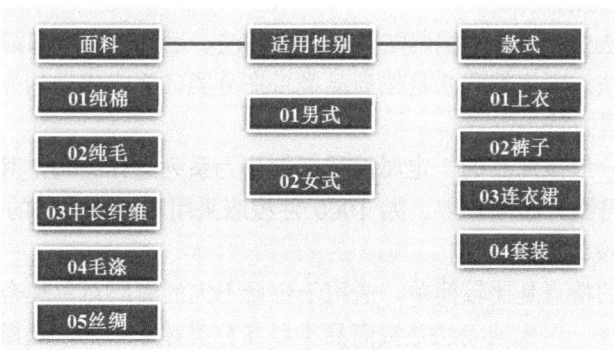

图 3-18　面分类法

面分类法的优点是具有较大的弹性，可以较大量地扩充新类目，不必预先确定好最后分组；缺点是组配结构太复杂，不便于手工处理，不能充分利用容量，甚至有些类目无实际意义（如"男式连衣裙"）。

在网店实际应用中，一般是以线分类法为主、面分类法为辅，二者结合起来使用。

3．商品的编码

对网店商品进行科学分类后，还应对每件商品进行编码，以方便店铺商品的管理。商品编码是指为了便于识别、记录、存储和处理，用来表示或标识商品信息的一个或一组有规律排列的符号。

1）商品编码的类型

目前，商品编码主要有数字型编码、字母型编码、混合型编码和条码四种。

（1）数字型编码。数字型编码是用一组阿拉伯数字表示分类对象信息的商品编码。

数字型编码的特点是结构简单、使用方便、易于推广、便于利用计算机进行处理，因而，数字型编码是目前普遍采用的一种编码。

（2）字母型编码。字母型编码是用一个或若干个字母表示分类对象信息的商品编码。一般用大写字母表示商品大类，小写字母表示其他类目。

字母型编码便于记忆，可提供便于人们识别的信息；但不便于机器处理，特别是当分类对象数目较多时，常常出现重复现象。如行业标准编码通常采用各行业名称拼音的首字母为该行业编码，林业编码为"LY"，而旅游业编码则特殊采用"LB"。因此，字母型编码常用于分类对象较少的情况，在商品分类编码中较少使用。

（3）混合型编码。混合型编码又称数字、字母混合型编码，是由数字和字母混合组成的商品编码。字母常用于表示商品的产地、性质等特征，可放在数字前边或后边，用于辅助数字编码。如"H1226"表示浙江产的杭罗，"C8112"表示涤粘中长纤维色布。

混合型编码兼有数字型编码和字母型编码的优点，结构严密，具有良好的直观性和表达性，同时又符合人们的使用习惯。因此，在商品分类编码中常使用这种编码。

（4）条码。条码即条形码，是将宽度不等的多个黑条和空白，按照一定的编码规则排列，用以表达一组信息的图形标识符。常见的条形码是由反射率相差很大的黑条（简称条）和白条（简称空）排成的平行线图案。条形码可以标出物品的生产国、制造厂家、商品名称、生产日期、图书分类号、邮件起止地点、类别等许多信息，因而在商品流通等许多领域都得到广泛的应用。

2）商品编码的方法

商品编码的方法主要有顺序编码法、层次编码法、平行编码法和混合编码法等。

（1）顺序编码法。顺序编码法是按商品类目在分类体系中出现的先后次序，依次给予顺序代码的一种编码方法。

这种编码方法一般按商品的一定属性特征划分为系列进行编码，其基本原则是每个代码的长度（所含字符数）必须一致。如1000件校服采用顺序编码法的代码分别为0001、0002、0003……0999、1000。

这种编码方法的特点是比较简单，适用于容量不大的编码对象集合体。

（2）层次编码法。层次编码法是按商品类目在分类体系中的层级顺序，依次给予其对应代码的编码方法。

这种编码方法主要应用于线分类体系，编码时将代码分成若干层次，并与分类对象的分类层次相对应。代码从左到右表示层级由高至低，各层次的代码常采用顺序码或系列顺序码。如图3-17所示，洗衣粉的编码为21011002，洗衣液的编码为21011003。层次编码法的优点是代码较简单，逻辑关系好，系统性强，信息容量大，能明确反映出分类编码对象的属性、特征及其隶属关系，容易查找所需类目，便于管理和统计；其缺点是弹性较差，为延长其使用寿命，往往通过延长代码长度的方法预留相当数量的备用码。

这种编码方法适用于编码对象变化不大的情况。

（3）平行编码法。平行编码法又称特征组合编码法，是指将编码对象按其属性或特征分为若干个面，每个面内的编码对象按其规律分别确定一定位数的数字代码，面与面之间的代码没有层次关系或者隶属关系，最后根据需要选用各个面中的代码，并按预先确定的面的排列顺序组合成复合代码的一种编码方法。

这种编码方法一般应用于面分类体系。如图3-18所示，纯棉男式裤子编码为010102，丝绸女式连衣裙编码为050203。

平行编码法的优点是编码结构有较好的弹性，可以比较简单地增加分类编码面的数目，必要时还可更换个别的面；缺点是编码容量利用率低（有些可组配的代码没有实际意义），编码较长。

（4）混合编码法。混合编码法是由层次编码法和平行编码法组合而成的一种编码方法。

这种编码方法所编制代码的层次与等级不完全相同，编码时先选择分类对象的各种特征，然后将某些特征用层次编码法表示，其余特征用平行编码法表示。图3-19所示为某女装店铺采用混合编码对店内商品进行编码。

款号编制：AZ 11 1 CS 001 9010

品牌缩写　年份　季度　品类　序列号　色号

季度：1—春季　2—夏季　3—秋季　4—冬季

品类：CS—衬衫 WT—外套 KZ—裤子 MJ—马甲 TX—T恤衫　MS—毛衫

| 9005 黑色 | 9010 白色 | 7035 浅灰 | 7033 中灰 | 7021 深灰 | 7001 银灰 | 5022 藏蓝 |
| 8004 驼色 | 1001 米白 | 3005 酒红 | 8024 卡其 | 8017 咖啡 | 6012 墨绿 | 6007 军绿 |

图 3-19　混合编码法

由于这种编码方法结合了两种编码方法的优点，在实践中经常使用。

3.2　店铺优化管理

店铺商品上传之后并不是一劳永逸的，应根据市场的变化通过及时更新产品、调整产品价格、合理开展促销活动等渠道来提升店铺的转化率，通过增强关联销售、增加客件数等提升店铺客单价，通过提升服务态度、增加好评率等来提高店铺的信誉度，实行店铺的全面优化管理。

3.2.1 提升店铺转化率

流量是店铺的基础，转化是店铺的核心。提升店铺转化率是一个整体的运营工作，从产品上架到开始销售，贯穿着整个产品的销售周期。在这个周期里要连续周期性地优化，实现店铺转化率的有效提升。

转化率是所有到达店铺并有实际购买行为的人数和所有到达店铺的人数的比率，计算方法如下：转化率=实际购买行为的客户人数/所有到达店铺的访客人数×100%。

提升店铺的转化率可以从以下几个方面进行。

1. 产品优化

网店产品优化主要分为产品价格、产品卖点、产品包装 3 个方面。

1）产品价格优化

网店产品的价格并不是简单意义上的一个定价，实际上在网店中，定价模式比较复杂，价格体系也比较全面，包括出厂价、成本价、吊牌价、网店零售价、店内促销价、平台活动价等。

（1）出厂价。泛指批发价格。

（2）成本价。指批发价加上其他费用后的价格，低于此价格销售必定造成卖家亏本。

（3）吊牌价。指产品吊牌上印刷的价格。这个价格对于卖家来说是相当重要的，可以直接作为上架产品的网店零售价。一般来说这个价格往往定得很高，但是，非品牌产品在超市或服装市场销售时，超市与消费者方面一般都不会考虑吊牌价，此时吊牌价基本上毫无意义。

（4）网店零售价。指产品在网店日常销售的零售价，商家对于网店零售价的确定大体分为以下 3 类模式。

- 吊牌价为网店零售价。这类价格往往虚高，虽然会作为卖家上架时确定的网店零售价，但实际上都只能依靠打折工具来重新确定价格。
- 超市价为网店零售价。这类价格基本参考超市价格，有吊牌价的也不参考吊牌价，没有吊牌价的则参考实体店铺的销售价格来确定网店零售价。也就是说不考虑吊牌价，而参考实体店售价。
- 不打折价为网店零售价。部分卖家采用不打折价格销售，一律不还价保证了卖家的基本利润。一般情况下，不打折价格会低于实体店铺的售价，这样可以保持网店的价格优势，而且网店本身不需要支付昂贵的店铺租金等费用，可以大大减少成本，从而降低售价。

这 3 类网店零售价模式，都是对照实体店定价来说的，或高于、或持平、或低于实体店的价格。

（5）店内促销价。以单个店铺为主体，卖家自行采用打折工具修改后的促销价格。普通打折最高折扣限度为 7 折，官方促销可以低于 7 折。

（6）平台活动价。以平台官方为主体，卖家为参加官方高流量展示而确定的符合官方要求的活动价。目前官方活动的准入条件一般有 3 个特征：

- 必须是历史最低价；
- 禁止先提价后打折；

● 必须为超低折扣。

因此在设置价格时应当厘清店铺产品的各类价格，而产品价格优化则可以从两个大的维度来分析。首先，考虑自身产品毛利和竞争者的产品价格。产品毛利直接决定店铺的产品是否可以盈利。竞争者的产品价格在搜索页面展现时，部分买家会以该价格作为是否购买的参考因素之一。其次，产品在不同的销售周期可以用不同的产品销售策略。新产品刚上架时因为流量少、评价少、累计销量低，所以产品转化率也会相对较低，这时可以适当降低毛利，用相对较低的价格来销售，以提高产品转化率；当产品达到一定的销量，有较多好评，且转化率比较稳定时，可以适当提高售价以换取比较好的毛利，实现产品的盈利。

2）产品卖点优化

产品卖点是提升产品转化率的核心之一，在销售产品时不仅要把产品的自身特点描述出来，更需要把产品的核心卖点挖掘出来，让买家对产品有更好的了解。

核心卖点的提炼往往通过产品的详情页来体现，包括优化产品焦点图、产品场景图、同类产品对比、产品服务等。

3）产品包装优化

产品包装对转化率的影响主要包括两个方面：产品本身的包装和产品的运输包装。通过这两个方面的优化都可以提升转化率。

2．促销优化

促销是提高店铺转化率与客单价的有效方式。常见的促销工具有满就送、限时折扣、搭配套餐、店铺优惠券等。

1）设置满就送

满就送简介：包括满就送流量包；满就送优惠券；满就送礼品；满就送彩票、电子书；满就减现金；满就免邮；满就换购等。其功能如下：提升店铺销售业绩，提高店铺转化率，提升销售笔数，增加商品曝光力度，增加买家在店铺购物的乐趣。

2）设置限时折扣

限时折扣简介：系统帮助卖家设置限时限量的打折活动，买家可方便、迅速地寻找打折商品。其功能如下：超低折扣吸引流量，限时限量刺激买家的购买行动。

3）设置搭配套餐

搭配套餐简介：将几种商品组合设置成套餐来销售，通过促销套餐让买家一次性购买更多商品。其功能如下：提升销售业绩，提高店铺转化率，提升销售笔数，增加商品曝光率，节约人力成本。

4）设置店铺优惠券

店铺优惠券简介：店铺优惠券为虚拟电子券，由买家主动领取，也可通过满就送来发放。其功能如下：提高客单价，提升转化率。

3．页面优化

店铺的产品页面，也就是前述的产品详情页，很大程度上决定着产品的转化率。在制作并上传产品详情页后，后期应该通过数据分析的手段对页面进行优化。页面优化分为 3 个步骤：采集数据、分析数据、出具方案。

1）采集数据

页面数据的采集渠道是多样的，每个平台的工具也不尽相同，但是以下几个核心指标是数据采集的必备选项。

- 页面访问深度。
- 人均停留时长。
- 下单转化率。
- 店铺收藏人数。
- 客单价。

2）分析数据

分析数据一般采集 7 天或 30 天的周期。页面制作好以后上传到后台，经过买家的实际浏览或购买就会有数据的产生。如果数据采集周期太短，则会受到上下架时间的影响，在分析时造成误差。

- 人均浏览量（访问深度）。访问深度反映了买家进到店铺后有没有浏览更多的产品。和线下实体店同理，买家进店之后有没有看更多的产品，或多或少能说明这家店铺的产品是否吸引他。在线上店铺里访问深度一方面决定了浏览量，另一方面也决定着转化率。
- 跳失率。跳失率显示买家通过相应的入口进入，只访问了一个页面就离开的访问次数占该入口总访问次数的比例。跳失率实质是衡量被访问页面的一个重要因素。此前买家已经通过某种方式对页面形成事实上的访问，跳失的原因无非是感觉搜索点击达到的页面与预期不符，进而感觉页面内容、服务甚至整体认知均与预期不符。
- 人均停留时长。买家在产品页面上花的时间越多，意味着产品的黏性越高，产品页面为买家提供了越有价值的内容和服务，转化买家价值的机会也就越多。
- 下单转化率。下单转化率是指买家通过页面浏览或通过页面浏览并和客服交流后购买的比率。如果页面优化得好，则说明买家更容易接受页面呈现的内容，所以转化率也会随之提高。
- 店铺收藏人数。买家从浏览到购买会有一定的犹豫期。当买家对产品的信心不足或者可买可不买时，就会收藏这家店铺，以便与其他产品比较或说服自己以后再来购买。收藏人数也反映了页面优化的效果。
- 客单价：店铺的销售额是由客单价和流量所决定的。因此，要提升产品的销售额，除了尽可能多地吸引进店客流、增加买家交易次数，提高客单价也是非常重要的途径。

在网店的日常经营中，影响流量、交易次数和客单价的因素有很多，如店招、色彩和整体布局、产品丰满度、补货能力、活动视觉设计、客服服务态度等。

3）出具方案

根据以上对基本数据的分析，可以相应地出具页面优化的方案，此方案的出具是由运营人员和设计美工人员一起完成的。页面优化的方案包括产品主图方案、详情页方案、首页方案、广告图方案等。

4．服务优化

服务优化包括评价优化、物流优化、客服优化、店铺服务优化等内容。

1）评价优化

商品的评价是买家参考的一个重要维度。如果商品的评价不好，会在很大程度上影响转化率。有一些不好的评价是由于买家与卖家之间沟通的问题，或者页面描述的问题，是因为信息的不对等而造成的误会。当出现不好的评价时，特别是中差评时，商家要站在买家的角度去考虑问题，与客服一起商议后跟买家进行良好的沟通，消除误会。

通过沟通，可以让买家了解真实的情况，修改中差评。当无法修改时，买家的追评也能够给后面的买家参考。通过对评价的解释，也能反映一个店铺对待问题的态度，这些都是影响转化率的重要方面。

2）物流优化

物流的优化也会在很大程度上影响转化率，如包邮的商品会更受买家的青睐，又如顺丰包邮、货到付款的商品，也会让买家更容易下单。

物流的速度和服务态度，包装的整洁度和专业程度，这些也都会影响转化率。比如做红酒、瓷器等易碎物品的商家，可以把包装结实度及包装的过程等与物流有关的方面展示出来，让买家觉得物流可以放心、途中不会损毁。

3）客服优化

客服是买家转化过程中非常重要的环节，客服的沟通能力在很大程度上直接决定了成交的转化率。运营需要对接客服部门，让客服人员全面了解产品信息。店铺促销时，运营设置好优惠措施，也应及时地与客服部门沟通，共同制订完善的买家接待方案。态度友好、回复及时、热情耐心、专业全面，这些是需要客服人员努力做到的。任何一个环节沟通得不好，都有可能造成买家的流失。如何留住买家、让买家下单购买，这是每一个客服都需要去学习、提高的。客服的不断优化，能够让店铺的转化率保持在较好的水平。

4）店铺服务优化

除了评价、物流、客服的优化，店铺服务的优化也是能够影响转化率的重要因素。消费者保障服务的 7 天无理由退货、运费险等都会让消费者有更强的购买信心。不同的类目，可以根据所在类目的具体情况，选择加入部分消费者保障服务。通过这些方法都可以给消费者带来更多的信心，增加购买的欲望，达到提高转化率的目的。

✔ 3.2.2　提高店铺客单价

店铺的销售额=独立访客×转化率×客单价，可以看出，提升客单价是提升店销售额极为重要的途径。

客单价是指一段时间内消费者的平均交易金额。影响客单价的维度很多，但主要有如下几个：关联销售、优惠券的应用、客件数的多少等。下面重点针对这 3 个方面进行剖析。

扫一扫

微课：提高店铺客单价

1．增强关联销售来提升客单价

1）关联销售的前台展示

这里主要有搭配套餐与详情页植入关联模块两种方法。

（1）搭配套餐分为固定搭配与自由搭配两种形式。固定搭配都是卖家直接搭配好的，消费者不能选择，如上衣搭配裤子，如图 3-20；自由搭配顾名思义可以自由选择，消费者将商品直接加入购物车就可以下单，如图 3-21 所示。

图 3-20　搭配套餐之固定搭配

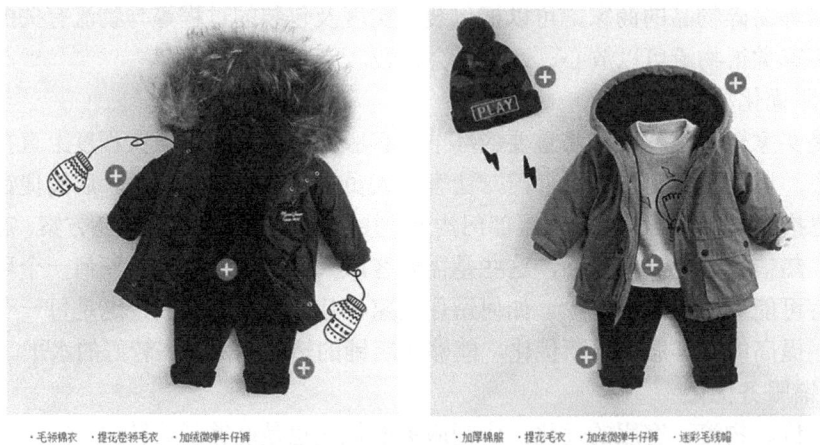

图 3-21　搭配套餐之自由搭配

（2）详情页植入关联模块也是很多卖家常用的方法，一般放在详情页的第一屏，如图 3-22 所示。

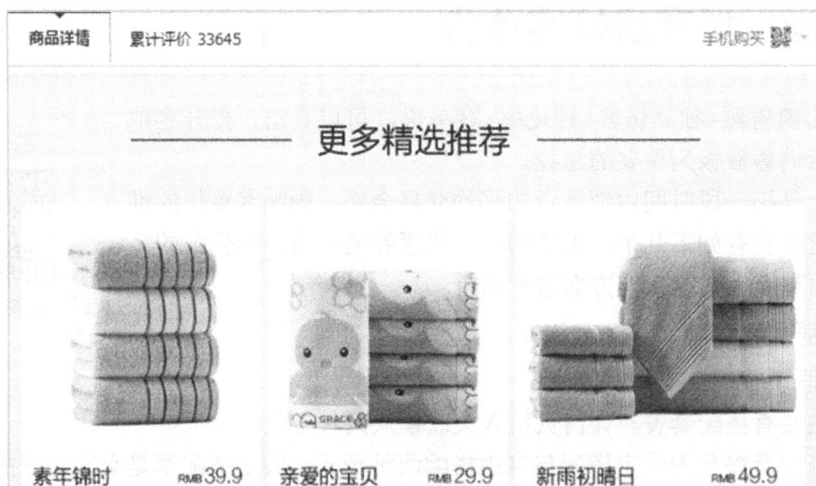

图 3-22　详情页植入关联模块

2）关联销售的产品选择

关联产品的选择维度可以是互补品、相似品、转化率高的产品、店铺爆款、形象款、准备打造的爆款、利润款等，具体根据店铺运营的策略与节奏来确定。

2．应用优惠券来提升客单价

随着网购人群的不断成熟，直接对消费者讲"产品便宜"，会让人感觉"便宜没好货"，而优惠券的设置，在提升客单价方面的效果非常明显。如图 3-23 所示，满 398 元可使用 30 元优惠券的方法可以把一部分人的客单价拉升到 398 元，50 元优惠券和 100 元优惠券同理。只要优惠券的使用条件设置得合理，一般都会有人使用。

图 3-23   优惠券

不同面额的优惠券一起展示，能最大限度地降低客户流失，提升店铺客单价。当然也可通过设置整店就一张优惠券，直接把客单价拉到想要的水平。

3．增加客件数来提升客单价

下面主要讲解几种常见的增加客件数来提升客单价的方法。

1）×件×折

如图 3-24 所示，通过"3 件 5 折/2 件 6 折"促销活动促使买家多下单。

图 3-24   "3 件 5 折/2 件 6 折"促销活动

2）买×件送×

具体内容比较多元，如"买 2 送 1""买 2 送赠品"等，如图 3-25 所示。

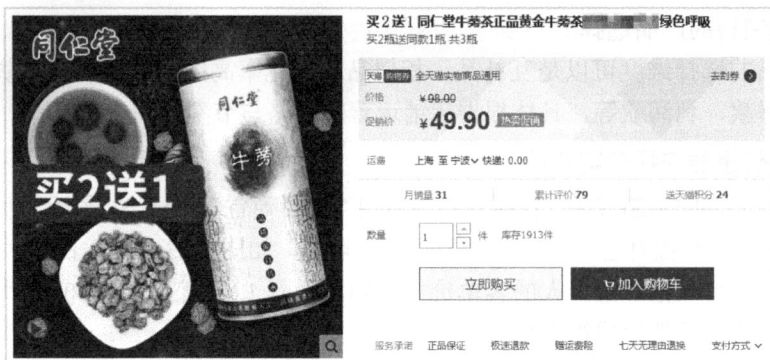

图 3-25 "买 2 送 1"活动

3.2.3 提升店铺信誉度

线上店铺与线下实体店不同的是，网店获取买家的信任并不是仅仅依靠产品的品牌，更重要的是依靠店铺的信誉度。信誉度高的店铺不仅能够大幅提升搜索排名，还能够给自身带来流量。以淘宝网为例，为建立良好的用户体验，在原先的评价体系基础上，增加了店铺的动态评分，将动态评分列为店铺信誉度最为重要的考核指标。

1. 动态评分的内容

动态评分，即 DSR，主要由 3 个维度（宝贝与描述相符、卖家的服务态度、物流服务的质量）和 5 个等级构成，如图 3-26 所示。

图 3-26 店铺动态评分

1）宝贝与描述相符

其本质是一个用来评价商品的性价比与质量情况的指标。商品品质是决定店铺是否可以良性发展的基本条件；只有拥有过硬的商品品质，才能赢得买家的好感，增加商品的复购率。另外，有的商品，由于其特殊性，即使店铺在描述中已经注明，但由于标注的方法不当或位置不够明确而影响了买家的感知，同样也会影响评分。比如，有的商品已明确给出了其长宽等尺寸数据，买家收到之后不用尺子量，就是觉得不够尺寸，从而给予较低的评价。对于这类情况，就需要在商品描述内容的撰写上做到详细而客观，尽量避免不实描述。

2）卖家的服务态度

卖家的服务态度不仅包括客服的态度，还可以通过商品详情页来体现，让商品描述成为最优秀的售前客服。另外，让买家自助购物，不仅可以减少客服数量、节约成本，还可以让买家减少与客服的沟通或对客服的纠缠，自然就可以提高服务态度评分。

当然，客服的服务态度仍是卖家服务态度的主要组成部分，客服的服务态度除语言文字的组织外，客服应答时间、相关商品推荐、售后服务 3 个方面更为重要。

（1）客服应答时间。客服不在线的时候，可以设置自动应答。一般来说，客服应答时间长多半是因为忙不过来，而通过巧妙设置快捷短语，就可以减轻客服打字的压力。

（2）相关商品推荐。买家其实更愿意在同一家店铺选购更多相关的商品，而导购客服是否可以快速了解买家需求并准确推荐相关商品，就显得尤为重要。

（3）售后服务。当买家由于尺码等问题提出换货时，对于大部分包邮商品，客服可以爽快地答应承担第二次发货的运费，这往往会让买家觉得卖家的服务不错；而纠缠于让买家承担运费的，结果可能会由于买家熟知运费规则，导致卖家不但要承担运费，还得到了低评分。

3）物流服务的质量

90%以上的买家非常重视卖家的发货时间，他们都希望付款后，卖家当天就可以发货，自己可以尽快收到购买的商品。因此，卖家对于仓储的管理就显得尤为重要。井然有序的发货流程能为将来的发展奠定重要基础。比如，对打印系统的娴熟操作、打印机的日常维护、买家备注留言的审核、货物出库和销售清单的核对等都要做到有根有据、有规有矩。有条件的还可以在仓库安装摄像头监控分拣内容和清单的对应情况，对快递单号和商品称重拍摄据实录像，并记录单号、发货日期和打包时间，以备日后精准调用监控内容以查实存疑订单。对于库存管理，可以采用 ERP（企业资源计划）系统，授予不同的人以不同的查询权限。对低于库存警戒线的商品，及时提交补货申请，以防因缺货造成延时发货。只有规范有序的操作，才可以形成高效的流水作业，以应付参加活动后高流量下的发货量。

对于可预见的销售活动，可以提前将商品打包入库。一旦成交即可打印快递单，直接出库发货，提高发货效率。对于同一买家的多笔订单，在销量暴增、难以应对的情况下，可以分多个包裹发货，以减少合并订单时人工拣货的出错机会。比如，将预计会成为爆款的 5 种活动商品提前包装入库，当 1 位买家使用购物车同时购买 3 件商品时，直接打印 3 张快递单，分 3 个包裹发货。虽然这会增加部分快递费，但却可以大大提高出库速度，降低员工的出错概率，从而减轻售后压力。

另外一个就是快递公司的选择。由于买家所在地的快递公司的不同情况，有些买家在购买商品时会留言选择特定的快递，这点常常被卖家忽视。很多卖家对这样的留言视而不见，仅选择与自己有合作的快递，这样就造成了与买家之间的矛盾。

2．提高店铺的动态评分

买家只有在得到价值超过期望价值的时候，才会给你五分好评，这也就意味着买家花费一定的时间、精力、金钱去买这个商品的时候，是有期望值的，当他收到商品时，只有实际得到的东西超过期望值的时候，才会有较高的满意度。因此提高店铺动态评分的核心是努力让买家实际得到的东西超过期望值。

1）利用小赠品使买家惊喜

买家买的是真正的"宝贝"，但是额外的小赠品才是能够超出他们期望值的部分，能够带给买家良好的体验。关于赠品策略有如下几个建议。

● 精致化。赠品不应是劣质的东西，赠品更应该精致。买家会想：赠品都这么精致，更何况产品本身呢？

- 包装化。不要将赠品随便放在包装盒子里，简单地包装一下更能体现店铺的形象。
- 隐藏化。不要为了促进转化就把所有的赠品都说出来，甚至夸大宣传，有时候增加适当的神秘感反而能提高买家的兴趣。

2）选择口碑好的快递

衡量一家快递的好坏主要包括速度和服务，虽然目前网店普遍采用的是第三方物流，但是对买家而言，在没有收到货物之前往往将所有的体验感归结于商家，因此在你的利润能够维持的情况下，不要为了省几块钱去用那些服务不好、网点少的快递。

如遇活动效果较好导致无法及时发货情况，提前做好快递说明海报，放在店铺首页及产品详情页，降低物流问题引发的 DSR 下降损失度，确保物流服务评分不会大幅度下降。

3）不隐藏缺点，不夸大宣传

产品文案是在一定程度上会引导消费者预期的，比如同样是减肥产品，"月瘦 30 斤"一定比"月瘦 3 斤"更能吸引买家转化，但一定也会使买家产生更高的期望值。有更高的期望值，就更容易让买家不满意。

而当产品存在缺点的时候，商品描述若没有明确说明，当买家收到货的时候，就很容易产生不满意，给中差评，所以客观的描述反而能用诚意打动买家。

4）优化店铺主推款的选择与描述

确保店铺主推款的质量和详情页的相符度，从而保障"宝贝与描述相符"评分不会出现大幅度下降并最终影响整体的 DSR。

一旦发现目前店铺的主推款导致 DSR 下降明显，应当降低该产品的推广力度，同时挑选店铺中的优质款，替代导致 DSR 下降的主推款，加大新潜力款的推广力度（可以适当配合单品活动，快速提升单品访客数及销量），从而提升店铺 DSR 及访客数。

3.3　网店客服管理

随着电子商务的不断发展，网络购物平台的交易竞争日趋激烈，商品的同质化及低价竞争愈演愈烈。如今的网购市场已经逐渐发展成由买方来主导其趋势。提供优质商品是每个商家的基本义务，但是消费者并不只满足于为商品本身买单，他们需要更加完美的购物体验。通常，消费者会经过"搜索—点击—浏览—询单"等几个步骤，最终凭自己对产品及店铺的感受决定是否下单购买。也就是说，消费者的购物体验是决定其购买行为的重要因素。在整个网络交易过程中，客服作为直接通过平台交流软件为消费者提供服务、解决问题的人员，成为决定消费者购物体验优劣的重要角色之一。

3.3.1　网店客服概述

网店客服是店铺与顾客之间的纽带和桥梁，优质的客服对店铺的良性发展起到了至关重要的作用。那么究竟什么是客服呢？对于一家网店而言，客服具体有哪些作用？客服的工作流程又有哪些？下面一一进行分析。

1．网店客服的概念

客服工作，顾名思义就是为顾客服务的工作。和我们在实体店看到的导购服务人员一样，电子商务环境下的客服依然担当着迎接顾客、销售商品、解决顾客疑惑等责任。落实到网络平台上的客服，在工作的环境与服务的媒介方面与传统实体店的导购人员又有一定的差异：传统实体店的导购人员服务客户是一种面对面的交流，双方的互动即时性极强；网店客服则是通过互联网进行信息传输，双方的互动是通过文字、图片的传达而形成的。但这两者的本质都是一样的，即为满足顾客的需求所提供的一系列服务。

2．网店客服的作用

1）提高顾客的购物体验

客服作为直接影响顾客购物体验的岗位，对于店铺的整体运营具有重要的意义。顾客在与客服交流的过程中，好的客服会耐心地询问、认真地倾听、主动为顾客提供帮助并让顾客享受良好的购物体验。

2）提高顾客对店铺的忠诚度

由于现在网络平台上商品繁杂，顾客的搜索浏览成本越来越高，所以，当顾客选择一家店铺以后，只要产品满意、服务贴心，就很少会轻易更换到其他店铺购买。因为更换到其他店铺会增加新的购物风险和时间成本。所以，良好的顾客服务能有效地提高顾客对店铺的忠诚度。

3）改善店铺的服务数据

前文提到店铺信誉度的一个重要指标是"卖家的服务态度"，顾客可以通过评分来判断店铺经营的状况以及各种服务指标。平台也会在后台数据中考核店铺的综合评分，来判断店铺是否被广大顾客所喜欢，是否值得把店铺推荐给平台的顾客。因此，商家会尽量保证自己店铺的服务类评分达到或者超过同行业的均值。

4）降低店铺的经营风险

商家在开店当中难免会遇到退换货、退款、交易纠纷、顾客投诉、顾客给出不良评价、平台处罚，甚至欺诈、诈骗等经营风险。客服对商品熟悉，如果能够做到精准推荐，就会有效地控制退换货、退款，尽量避免交易纠纷；客服对规则熟悉，如果能够很好地应对顾客投诉，并且不触犯平台规则，就不会导致平台对店铺的处罚。客服积极、良好地与顾客沟通，就有可能降低顾客给出不良评价的概率；客服警惕性高，就可以避免发生店铺被少数不良分子恶意敲诈而导致损失的情况。

5）提高流量价值

随着平台竞争越来越激烈，店铺引流成本越来越高，进入店铺的每一个顾客对商家来说都是尤为重要的。而客服的优质服务有助于提高顾客的购买欲望，从而提高客单价，实现单个流量价值的最大化；客服的优质服务也有助于顾客多次购物或介绍他人在店铺中购物，从而把流量价值发挥到极致。这就是我们所说的提高流量价值。

✅ 3.3.2 网店客服的基本知识和素质

为了能够胜任客服工作、完成销售任务、协作店铺运营，客服工作人员需要掌握以下几项基本知识和素质。

1. 商品知识

在与顾客的沟通中，整个对话大部分是围绕商品本身进行的，顾客很可能会提及几个关于商品信息的专业问题和深度商品性能问题，客服对商品知识的熟悉是与顾客交流谈判的基础。如果客服不能给予恰当的答复，甚至一问三不知，无疑是给客户的购买热情浇冷水。对商品越熟悉的客服越容易得到顾客的信赖。

1）对商品质量的了解

商品质量指商品的适用性，即商品的使用价值。商品适合的用途，是商品能够满足人们某种需要所具备的特性，是商品吸引顾客的最重要、最稳定的部分。商品的耐用性、安全性、独特性，是顾客最为看重的。产品的质量特征可概括为以下几个方面。

（1）商品性能：指商品应达到的对使用功能的要求，是商品质量的基本要求。

（2）商品寿命：指商品在规定条件下满足规定功能要求的工作期限，如商品无故障工作时间、精度保持时间等。

（3）商品的安全性：指商品在流通和使用过程中保证安全的程度。

2）对商品尺寸的把握

商品的尺寸主要以商品的尺码和规格进行区分。商品的尺码是消费者选择商品造型大小的依据，具体是指商品的各个部位在与人体相应部位对应后的具体尺寸，如鞋码、衣服尺码、戒指尺码；商品的规格与商品的容量等相关。商品尺寸直接影响着顾客对商品的使用情况。

（1）商品的尺码。

- 衣服尺码。衣服的尺码大小是以服装的袖长、胸围、腰围等尺码大小为依据进行设计的，客服人员要熟悉衣服的尺码才能为顾客推荐适合他们的穿着。在服装市场，常见的有 4 种标识方法：国际码、中国码、欧洲码和美国码。

国际码是按照传统的 XS、S、M、L、XL、XXL 来进行区分的，依次代表加小号、小号、中号、大号、加大号、加加大号；中国码是用"身高+胸围"的形式来进行区分的，如我们在衣服标签上看到的 160/80A；欧洲码是以 34～44 的双数来对服装的尺码大小进行比较的；美国码是采用北美型号进行标识的，如我们在一些服装标签上会看到"B7"的字样。这 4 种尺码标识之间是可以互相转换的，客服不仅要清楚地知道尺码的差异，还要知道它们之间的转换，给顾客更加明确的尺码。

- 鞋码。鞋子的尺码大小是指衡量人类脚部的形状以便配鞋的标准系统。基于不同的脚长和脚宽，通常有国际码、中国码、英国码和美国码 4 种标识方法。

国际码表示的是脚长的毫米数，如我们常见的 235、240、245 都是以毫米为单位，基于脚长而设置的码数；中国传统的鞋码标识与欧洲的鞋码标识相同，都是按照脚的长短进行区分；英国鞋码大小主要根据鞋楦的长度，采用英寸制进行标识；美国鞋码从英国鞋码演变而来，每 0.5 码相差 0.5cm。

- 手寸大小。戒指的尺寸大小也叫指圈大小，以手寸为尺码标准，手寸是以多少号来表示的，客服在为顾客推荐手寸号的大小时要保证戒指既不易滑落又能稳稳地戴在手指上。大部分女性佩戴的戒指号数为 10～15 号，其中 12 号、13 号较多；大部分男性佩戴的戒指号数为 17～22 号，其中 18～20 号居多。

（2）商品的规格。

- 商品的容量。液体商品及收纳容器通过容量单位来分辨其量，常用升（L）、毫升（mL）来表示，客服需要给顾客完整的商品容积说明，说明中不仅要有具体的数字，还要有利于顾客参考的实物对比。
- 商品的长度。很多商品要以长度来进行衡量，如布料、管材、线等商品，通常要使用米（m）、厘米（cm）来表示。
- 商品的重量。有一些商品要以重量进行衡量，如固体食品、茶叶等商品，通常用千克（kg）、克（g）来表示。

3）对商品注意事项的说明

对商品的使用过程的特别说明，旨在让顾客在使用过程中更大程度发挥商品的使用价值，更多地享受商品所带来的使用价值体验。客服对商品注意事项的了解主要包括商品的使用禁忌和商品的保养两个方面，保证商品在顾客使用过程中的安全性、持久性。

（1）商品的使用禁忌。商品的使用禁忌主要是指顾客在使用商品的过程中需要规避的一些行为。这类不正确的使用行为一方面可能无法发挥商品本来的效果，另一方面有可能引起不必要的危险，所以客服一定要了解商品的使用禁忌，如一些家用电器的安全使用说明。

（2）商品的保养。任何商品都有一定的使用寿命，我们在使用商品的过程中如果注意对其进行必要的维护，在一定程度上可以延长它的使用时间，我们将这一过程称为对商品的保养，即对商品进行保护修理，使它保持正常状态。例如，关于衣物的洗涤说明、家电的清洗说明等方面，客服对这类商品知识的掌握会让顾客刮目相看，会得到顾客的信赖。

4）对商品周边知识的掌握

商品的周边知识是指这些知识对于顾客进行商品的选择与了解没有直接的关系，但能在一定程度上指导或影响顾客选择，能够增加顾客对商品的深度认识，从而加深顾客对客服专业性的肯定，包括商品的真伪辨别和商品的附加信息。

（1）商品真伪的辨别。顾客的求真心理往往使他们纠结于所购买的商品是否是真的，尤其是在真假难辨的电商市场。客服首先要掌握辨别自家商品真伪的办法，所谓"口说无凭"，不妨让顾客按这些辨别真伪的方法直接检验你的商品，这往往比自己一个劲儿地强调商品是正品要方便得多。对商品真伪辨别知识的掌握，不仅可以增加顾客对于这类商品的认知，而且能让你的专业性获得认可。

此外，对于商品的真伪识别，客服还需要告知顾客可以通过防伪查询、电话查询和网上查询得以实现。

（2）商品的附加信息。商品的附加信息是指商品在生产销售中并没有这方面的信息包装，但由于一些知名人物的使用，这些商品焕发了新的生命，如某某明星推荐商品、某某明星珍藏、某某同款商品等，这在无形中给商品寻找到了一个"代言人"。顾客在选购商品时难免会受其影响，认为连明星都在用，那我为什么不试试呢？客服要把握顾客的心理，有目的性地搜集知名人物的使用情况，并将这些信息告知顾客，促使顾客购买。

2. 平台及平台规则

网店是开设在平台上的，客户也大多来源于平台。客服需要对平台有一定的认识，例如：店铺所在的平台有哪些特点；平台上哪种类型的顾客所占的比重比较大；平台都有哪些主要的页面及功能；店铺的商品会在哪些位置得以展示；店铺经常参加哪些平台活动；活动时商品会如何展示。客服对平台越了解，对店铺商品展示的位置就越清楚，也就能更迅速地帮助顾客找到适合的商品。

店铺在运营过程中，首先要遵守国家法律、法规，其次要遵守平台规则，平台规则起到规范平台用户行为、维护买卖双方利益的作用。例如，在淘宝网规则概述中明确指出"为促进开放、透明、分享、责任的新商业文明，保障淘宝网用户合法权益，维护淘宝网正常经营秩序，根据《大淘宝网宣言》及《淘宝网平台服务协议》、《天猫服务协议》，制定本规则"。遵守平台规则成为商家的基本义务。[①]

下面以淘宝网规则为例，客服人员需要学习以下规则，并严格遵守。

1）如实描述商品

如实描述商品及对其所售商品的质量承担责任是卖家的基本义务。如实描述商品是指卖家在商品详情页面、店铺页面、阿里旺旺等所有淘宝网提供的渠道中，应当对商品的基本属性、成色、瑕疵等必须说明的信息进行真实、完整的描述。卖家应保证其出售的商品在合理期限内可以正常使用，包括商品不存在危及人身、财产安全的危险，具备商品所应当具有的使用性能，符合商品或其包装上注明采用的标准等。

扫一扫

微课：网店商品描述要点

针对这条规则，提醒客服人员在与顾客沟通时，一定要准确地描述商品的基本属性、成色、瑕疵等信息。例如，对顾客描述羽绒服商品时，不能用"棉袄""棉服"等词语代替，以免顾客误解，以至于顾客在收货以后投诉商家违背了如实描述商品的规则。

2）评价规则

为了确保评价体系的公正性、客观性和真实性，淘宝网将基于有限的技术手段，遵循《淘宝网评价规则》的规定，对违规交易评价、恶意评价、不当评价、异常评价等破坏淘宝网信用评价体系、侵犯消费者知情权的行为予以坚决打击，包括但不限于屏蔽评论内容、删除评价、评价不计分、限制评价等市场管理措施。

针对这条规则，在给顾客进行评价及评价解释时，要实事求是，且不得使用污言秽语，也不能泄露顾客的隐私。

3）禁止泄露他人信息

泄露他人信息是指未经允许发布、传递他人隐私信息，而涉嫌侵犯他人隐私权的行为。泄露他人信息的，淘宝网对卖家所泄露的他人隐私信息进行删除，每次扣 6 分；情节严重的，每次扣 48 分。

针对这条规则，客服人员注意不要有意或无意地泄露顾客的私人信息和订单信息。例如，在成交以后与顾客核对收货人姓名、地址等信息时，务必只能与拍下商品的淘宝网 ID、登录名进行核对。

---

① 在客服人员的日常工作中，经常用到的与规则相关的网址如下。淘宝网规则中心：https://rule.taobao.com/index.htm；天猫规则中心：https://guize.tmall.com；支付宝服务大厅：https://cshall.alipay.com/hall/index.htm。

4）禁止违背承诺

违背承诺是指卖家未按照约定向买家提供承诺的服务，而妨害买家权益的行为。卖家须履行"消费者保障服务"规定的如实描述、赔付、退货、换货、维修服务等承诺；或卖家须按实际交易价款向买家或淘宝网提供发票；或卖家须向买家支付因违背发货时间承诺而产生的违约金。

针对这条规则，提醒客服人员在与顾客沟通时，不要轻许承诺；如果主动向顾客提出某种服务承诺，那么就必须严格履行。例如，客服人员与顾客协商当天发货，如果未能履行，则顾客可以以"违背承诺"为理由进行投诉。

5）禁止恶意骚扰

恶意骚扰是指卖家采取恶劣手段骚扰他人、妨害他人合法权益的行为。恶意骚扰，每次扣 12 分；情节严重的，视为严重违规行为，每次扣 48 分。

恶意骚扰包括但不限于通过电话、短信、阿里旺旺、邮件等方式频繁联系他人，影响他人正常生活的行为。

针对这条规则，客服人员在处理与顾客之间的纠纷或异议时，一定要注意不要频繁地联系顾客，以免影响顾客的正常生活与工作，应该在顾客方便的时间以恰当的方式和顾客取得联系。在无法说服顾客时，也不得以骚扰的方式迫使顾客妥协，要做到有理、有礼、有节。

综上，遵守规则对于店铺的日常运营是非常重要的。一旦违规，店铺就会被扣分、处罚，在一定时间期限内被限制发布商品、屏蔽店铺、限制交易、限制参加平台营销活动，更严重的会被查封账户。因此，客服人员在上岗前一定要对规则进行学习，必要时可以将规则制作成文档，以便在工作中随时查询。

3．物流知识

消费者除关心商品本身的质量问题外，对于商品的物流也极为关注。商品发的是什么快递、采用的是什么快递包装、快递费用需要多少、大概什么时候可以收到货品等一系列问题，同样也是客服人员经常需要回答的。因此，作为一名合格的客服人员，对物流知识的掌握是必不可少的。

4．客服人员的基本素质

一个优秀的客服人员至少具备下面 4 项基本素质：责任心、耐心、自控力和亲和力。

1）责任心

无论在哪个岗位，责任心都是必须具备的良好品质；无论身在哪个岗位，都要把自己的岗位当成最重要的岗位。客服是战斗在一线的岗位，可以说客服是一个店铺的形象大使，不能像一个只会应答的机器人。

2）耐心

求安心理让顾客在网上购买商品时更愿意确认完整的商品信息，因此在沟通过程中顾客难免会提出各类疑问，客服需要有足够的耐心一一进行解答。有些客户问得比较多，喜欢问比较具体的问题，这是因为客户有疑虑或比较细心。这个时候，需要客服人员耐心地解答，打消客户的疑虑，满足客户的需要。

3）自控力

自控力就是控制好自己的情绪，客服首先自己要有一个好的心态面对工作和客户，客服的心情好也会带动客户的心情好。网上的人形形色色，客户说得不恰当时，要控制好自己的情绪，耐心地解答，有技巧地应对，工作时严禁把私人情绪带到工作中。

4）亲和力

保持一颗温和宽容之心，以积极的情绪去感染客户，注意说话时的语速和语气，管理好自己的情绪；注意自己的语言美，常常使用礼貌用语，对客户表示关注，对特殊客户还可以表示自己的关心和爱；面对客户，保持一个微笑的心态，学会用表情带给客户喜悦的心情。

✅ 3.3.3　网店客服的沟通技巧

对于大中型网店而言，客服的分工是非常重要的。大中型网店的订单繁多、咨询售后量大，如果客服工作没有一个流程化、系统化的安排，很容易出现订单的错误。同时，流水化的客服工作模式不仅易于管理客服工作，还能降低消费者对客服人员的投诉，让客服各司其职、有条不紊地工作。

扫一扫

常见客服话术

网店客服根据工作内容的不同一般可以分为售前客服、售中客服、售后客服 3 类，图 3-27 所示为网店客服的工作划分标准。

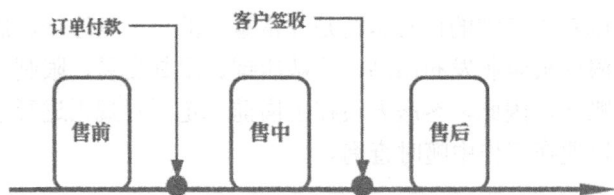

图 3-27　网店客服的工作划分标准

在实际工作中，为保证服务的流畅性，售前客服和售中客服一般由同一个岗位完成。下面对售前售中客服与售后客服的沟通技巧进行说明。

1. 售前售中客服

售前客服主要从事引导性的服务，如回答客户（包括潜在客户）对于产品的技术方面的咨询。从顾客进店咨询到拍下订单后付款的整个环节都属于售前客服的工作范畴。售中客服与客户核对订单信息，解答客户关于物流到货问题等。售前售中客服的工作流程如图 3-28 所示。

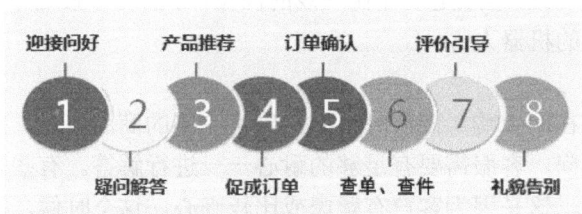

图 3-28　售前售中客服的工作流程

1）迎接问好

迎接问好是客服接待顾客时的第一个工作流程。首次问好若是得当，将会决定本次交易是否可以顺利地进行，乃至成功完成；反之，首次问好反应过慢、较为随意或出现差错，则会造成顾客心里反感或不悦，将会导致顾客直接跳失。

在迎接问好的过程中，需要以快速、热情的原则在第一时间给顾客留下美好的购物初体验，这样才会给顾客留下好的初始印象，继而让顾客更有心情、有兴趣和客服人员在线交谈，从而拉开网络交易的序幕。顾客进店咨询时，客服的首次应答黄金时间是 6 秒，一旦超过这个时间，往往很容易流失顾客。如果由于客服人员长时间不能响应而使得顾客被迫另选商家，无论对顾客的来源是否付出了推广成本，对于一个网店来说，这样都是很大的损失。

同时，对顾客的称呼也可以具有店铺个性化，如目前淘宝网店铺一般称呼顾客为"亲"，有些女装店铺会称呼顾客为"公主"，母婴店铺会称呼顾客为"宝妈""辣妈"等，不一样的称呼带给顾客不一样的感受，同时加深顾客对店铺及其客服人员的印象。

客服在做好首次问好的同时应注意二次问候。顾客很可能同时咨询很多家店铺，或者因为工作忙而中断了聊天，这时客服人员不能守株待兔，而要主动进行二次问候跟进。二次问候可以发挥友情提醒和引导式的作用，让顾客回头沟通。

二次问候可以在最初的问候之后跟进，同样可以在整个服务流程中运用。客服人员应该准备一些易于顾客回答的常见问题，这类问题应是顾客一般都会愿意回答的问题，而回答的过程就是沟通桥梁的再次搭建过程。

比如母婴类目的客服人员，可以在沟通陷入僵局时，问到亲家的宝宝几岁了，顾客回答后，客服人员可以马上针对这个年龄段的孩子的特点和需求，再进行引导；也可以问问是男宝宝还是女宝宝，顾客回答后，又可以针对孩子的性别，给予妈妈不同的赞美，再进行商品功能的展示。

2）疑问解答

无论在实体销售中还是在网络销售中，顾客都会对产品及服务提出一些疑问，该问题无法避免。在实体购物中，促销员可以与顾客面对面地进行语言交流，并对实物进行演示、讲解等；而在网络购物中，客服人员只能通过文字等有限的表述方式来解答顾客的疑问，这不仅需要客服人员对顾客的疑问一一进行解答，而且需要解答的过程力争耗时最短，回答最正确、有效，同时更需要对产品、物流等相关信息有全面的认知和了解。

成功的客服人员会对顾客做到有问必答，在解答顾客提出的疑问时，会存在一定的引导成分，同时也可以在顾客的疑问中，听出顾客内心存在的其他想法。

除做到有问必答外，还应注重回答的精准度。客服人员的回答是不是针对顾客的一些疑问做出的？回答的内容是积极向上的还是顾左右而言他呢？在通常情况下，优秀的客服人员回答顾客的疑问时都是非常具有针对性的，而不是一大段模棱两可的话。例如，顾客说自家宝宝的身高是 85 厘米并询问选择多大尺寸的睡袋合适时，在通常情况下，客服只推荐顾客所需要的尺码即可，而不需要把产品手册中每个尺码的睡袋适合什么样的年龄等与顾客需求匹配度不高且容易产生误导的资料全部发给顾客，简明、精准更利于顾客的选择，便于后续的成交。

在购物前期过程中，顾客会对产品提出较多的问题。在所属不同类目的店铺，客服人员遇到的也会有所不同，这就要求客服人员对店铺的产品非常熟悉，才可以保证在解答产品及物流的疑问中，做到正确无误、快速、有效。

3）产品推荐

顺利完成产品答疑后，客服会进入一个新的工作流程——产品推荐。通过产品推荐可以帮助顾客快速锁定所需产品，提高服务效率，促进成交，也可以利用关联销售技巧，关联更多顾客所需的产品，提高客单价。不过与产品答疑流程相比，产品推荐流程会更复杂，这个流程需要客服人员具备"了解需求"和"销售技巧"两种技能才可以顺利完成，仅仅具备其中一种技能，将会造成只了解顾客的真正需求，而不会推荐，起不到促进成交和提高客单价的作用；反之，懂得如何推荐，可又不了解顾客的真正需求，也同样无法实现转化和提高客单价的最终目的。

在网络交易过程中，了解需求不是等待顾客明确告知其需求，因为在交易过程中顾客往往不愿意说出需求或需求不明确。针对这样的情况，客服的处理方式就是获取需求和明确需求，便于后面更好地利用销售技巧进行产品推荐。获取需求常用的方法是提问，由浅入深地从试探性询问开始，在询问过程中不要显得过于刻意、死板，否则顾客会不愿意轻易表达出自己的真实想法，询问不恰当同样会导致顾客出现戒备和反感的心理。在询问过程中尽量使用封闭式问题进行询问，以便可以更加快速、有效地获取答案和顾客的真正需求。

另外，客服还可以通过顾客的购物习惯、浏览路径等方式，对顾客的一些常规信息进行收集，然后结合收集到的信息和所获得的顾客的潜在需求，更好地帮助顾客完成交易。

了解顾客需求后，客服即可展开有效推荐。有效推荐不是直接把产品功能、规格、价格等信息简单地告知顾客即为完成，而是利用最大的优势，将产品合理、有效地推荐出去，在此过程中对 FABE 法则（F 代表特征，A 代表优点，B 代表利益，E 代表证据）的运用不可或缺。

扫一扫

FABE 法则

有效推荐可以促进店铺提升转化率，若想同时可以更好地提升客单价、提高店铺的营业额，客服还需要做的就是关联销售。关联销售，也叫连带销售，其本质就是在交易双方互利互益的基础上，将店铺中与顾客所购买产品具有关联性或相关性的产品，销售给顾客，从而售出两件和两件以上的产品。关联销售除可以提高客单价外，还可以帮助客服提高转化率、降低推广成本、提高产品曝光率，以及测试产品等。

在做关联销售前，客服必须掌握在网络交易中常用的关联方式，常用的关联方式包括：产品与产品的关联销售、产品与活动的关联销售、顾客与顾客的关联销售。在产品与产品的关联销售中，常用的方式有替代式、热销式、延展式、潜在式、互补式 5 种。比如在服装类目中，常用的关联方式有替代式、互补式等；在数码产品类目中，常用的关联方式为延展式等。在店铺中，关联销售最直接的表现方式是搭配套餐，搭配套餐是关联销售中典型的产品与活动的关联形式。除搭配套餐外，关联销售还有组合赠送、加钱换购等方式。

4）促成订单

在促成订单流程中，产品品质、售后保障及物流等方面是在前期采购、运营过程中就已经确定和设立完成的，在交易流程中不宜被随意更改或根本无法更改，仅需要客服快速、有效地给予顾客正确回答即可。相比较而言，在促成订单流程中，议价环节更显复杂且不易于处理。

议价，已经成为交易过程中必不可少的环节，有部分顾客的议价行为只是单纯性地试探，随口一问，能够便宜更好，不能便宜也罢；也有部分顾客是在享受议价过程带来的快感；还有部分顾客的的确确是不想以店铺设定的一口价购买，又想购买到此产品。针对不同的顾客，客服需要在与顾客沟通的过程中及时做出明确判断，以便利用有效的方法来应对。

首先，客服可以简单地了解一下顾客的心理预期价格，一般可以得到两种结果：一种是顾客的心理预期价格与实际产品价格相差不大；另一种就是顾客的心理预期价格与实际产品价格相差较大。顾客心理预期价格与实际产品价格相差不大的情况下，可以利用赠送礼品、发放优惠券等方式来进行变相降价，满足顾客的心理预期值，保证店铺利益最大化；在顾客心理预期价格与实际产品价格相差较大的情况下，可以采用强调产品品质过硬、品控严格、利润空间小等方式来进行说明，争取得到顾客的认可。

另外，在处理产品价格与顾客心理预期价格不符的情况时，客服还可以对店铺产品的差异化进行更多的阐述，如材质、工艺、功效、功能等；强调性价比，也是近年来比较流行的一种处理议价的方式。这些方式方法一样可以让顾客满意，移开顾客过于关注的价格焦点。

除对服务、价格等有要求外，消费者对产品品质的要求也是促成订单的重要内容。虽然很多时候在一些店铺的详情页中都会看到产品真伪的对比图，有些店铺也会将其所拥有的授权信息陈列在详情页中，但是有时仍然会被顾客所忽略，客服可以引导顾客对店铺中产品的相关信息进行查阅，以便更轻松地完成订单。另外，消费者保障服务及完善的售后机制，都可以作为对产品质量部分的保障，让顾客对店铺的产品更加信任。

在促成订单的最后环节，客服还可以就顾客对物流运输产生的疑虑加以解释，告知顾客店铺与多家物流公司存在合作，在条件允许的情况下，可以按照顾客的喜好来优先选择物流。当顾客对店铺提供的物流产生怀疑或抵触，而店铺又无法满足顾客所提出的物流选择时，客服应该及时说明店铺所选择的物流的优势，如长期合作、丢失破损少、延误概率低等，来打消顾客的疑虑。

5）订单确认

为了体现客服在销售过程中全面、周到的服务，避免出现不必要的售后问题，客服需要对每一笔付款订单进行再次确认。在实际工作中，通常客服仅仅是做了核对地址的工作，这在订单确认过程中是远远不够的，因为不单单收货地址会引起售后问题，未对产品信息进行核对或核对错误也会造成售后问题，同时可能出现触犯规则的情况。在订单确认过程中，需要分两步来完成工作。

（1）确认顾客订单内所购买的产品，同时对于附带的赠品、承诺的事项等进行确认，这样既可避免因顾客疏忽、购买出现差错而造成退换货发生，同时也可提醒客服本店所承诺的内容是否有备注，以免造成"违背承诺"的投诉发生。

（2）核对顾客的地址信息，确保顾客所选择物流或店铺推荐的物流可以到达顾客所指定的收货地址。另外，在交易过程中，是否对物流做出了特殊的约定，如有在此可一并处理，进行相应的备注。

6）查单、查件

顾客完成付款离店后，在等待收货期间，便会对物流产生系列问题，即通常所说的查单、查件。一般而言，查单、查件主要有以下几种状态。

（1）未发货状态。在买家付款完成后，经常会向客服咨询如下问题：什么时候发货？发什么快递？几天可以到达……作为客服，在日常工作过程中，有必要整理一套标准的、与物流相关的话术，以便在顾客问起上述问题时，快速进行回复。

（2）等待买家收货。在卖家发货后，快递在运送途中或已经抵达消费者手中时，经常会出现各种物流相关的问题，导致顾客必须向在线售后客服进行咨询。常见的引起查单、查件的售后问题如下：

- 快递显示已经签收，但并非本人签收。该情况出现频率较高，往往是由于物流公司在第一时间由于各种情况无法将快递送达本人亲自签收，如上班期间由物业、门卫代收，因此在安抚顾客的同时应积极联系快递公司，查询实际收件人，并对买家做出反馈。
- 疑难件无法派送。联系不到顾客、地址错误等原因，造成没有办法派送快递到顾客手中。当碰到类似情况时，客服应注意及时收集买家的更新信息，比如确认手机号码、核准收件地址，并及时反馈给快递公司，督促及时送件。
- 超区件无法送达。出现该情况一般是由于买家所在地相对偏远，没有设置物流配送服务网点，未开通快递送货上门服务。在这种情况下如果出现售后问题，则需要确定以下细节：是否可以加钱送货或转其他快递；客户是否可以自提（在路途不远的情况下可以和客户协商解决）。
- 不可抗力自然灾害。由于洪水、暴雪等气候原因造成的特殊情况属于不可抗力情况。当出现这种非人为因素造成的不能及时派送快递的情况时，一方面要密切关注事态的发展；另一方面应当及时和收件人取得联系、说明原因，并把最新动态共享给买家，如果确实非卖家能解决的，则应努力寻求买家谅解，并跟进最终的解决处理方案。
- 节假日及特殊活动派件时间延长。在整个电子商务"节日"期间，如"618""双十一"等规模较大的促销活动期间，在短时间内会产生大量的商品交易，经常有快递爆仓现象发生，顾客有可能对比预期晚到达的快件进行咨询。作为客服，应如实回答快递未按约定时间到达的原因，同时在特殊节假日期间做好提醒工作，降低售后服务的压力。
- 快递丢失或破损。由于快递或第三方不可控因素导致快件在运送过程中丢失和破损等也是经常遇到的情况。当顾客因出现上述情况而进行咨询时，容易出现急躁不满的情绪，这时客服需要先安抚顾客情绪，然后及时和快递公司确认情况。如果情况属实，就需要及时回复顾客，并做好后续的补救工作。

7）评价引导

在网络交易中，存在交易双方相互评价这一环节，顾客给店铺评价，可以反映顾客对店铺服务、产品品质、物流等方面的满意程度；店铺给顾客评价，可以体现店铺对顾客的重视程度。在评价过程中，双方不单会对满意的方面进行评价，也会在评价中表达对产品、服务、物流及其他问题的不满，这些信息会在店铺中进行公开展示，对其他顾客进店后的产品选择会起到一定的引导作用。

为了避免店铺的评分过低而导致顾客流失，也为了避免过多的负面评价而给店铺日常的运营及参加活动带来麻烦，客服应对顾客的评价内容做出引导，尽量保证顾客在店铺的评价记录及数据中多呈现满意的方面。在完成交易后应及时提醒顾客对产品、服务、物流等给予评分或评价。

若得到的评价内容是负面的，客服首先应进行自查，如果顾客反映的情况客观存在，那么在日后的工作中就应该尽量避免或绝对改正；如果反映的问题不在客服工作范畴内，那么需要反馈到相应的部门，协调相关部门进行处理，同时做好评价解释，也需要感谢顾客给出的中肯意见。如果是因为交易双方存在某种误会，或者其他原因造成顾客不快，顾客带着不满的情绪进行评价，客服应该解释清楚顾客提出的问题，委婉地划清责任，最后希望得到顾客的谅解，争取做到彼此尽量满意，这也可以展现出店铺处理问题的态度和原则，加深顾客对店铺的信任。

8）礼貌告别

在完成评价引导后需要做的工作是有礼貌地与顾客告别。在告别时，不能简单地说声"再见"即为完成。客服可以先提醒顾客签收时的一些注意事项，然后叮嘱顾客如果有任何问题可以随时与客服进行联系、如出现售后问题也请记得联系客服等，这样做可以体现客服服务的完整性，表现出礼貌性，也可以减少纠纷的发生。接下来与顾客进行真诚的告别，在感谢顾客光顾的同时，也对顾客进行简单的祝福，让顾客与店铺共同开心、快乐地"成长"。

2. 售后客服

一个运营良好的网店背后一定有一套完善、科学的售后服务体系。一般的售后服务体系包含如下几个环节要素：接到售后问题—了解售后产生的原因—沟通协调—找到解决方案—后续跟踪。各个环节要素之间环环相扣。

1）退款、退换货

在整个售后过程中，在线售后客服经常需要做的工作就是向顾客道歉。一般来说，在线售后客服往往是在为他人道歉，为之道歉的对象既有物流公司，也有快递派送人员，还有可能是售前客服遗留的工作。因此，作为售后服务人员，在做任何售后工作之前都需要调整好自己的心态，需要明白"道歉不等于有错"。只有调整好自己的心态，才能更好地做好店铺的售后服务工作。

一般来说，在退款和退换货环节需要注意的问题点可以分成以下几个部分。

（1）了解退款和退换货原因。从商品交易的本质上来分析，想从根本上杜绝退款、退换货现象，理论上是不可能的，作为店铺能够做的是最大限度地降低退款、退换货概率，或者提升顾客在退款和退换货环节的体验，从而弥补顾客的不满。要做到这一点，在线售后客服首先要了解顾客退款、退换货原因。一般来说，退款、退换货的原因有以下几个。

● 物流原因。

造成退款、退换货的具体物流原因主要有逾期不达、货品丢失、商品破损等，为避免类似情况发生，一方面应加强商品的物流包装，另一方面应选择口碑良好的物流企业合作，并及时跟踪物流信息。一旦出现上述情况应及时与快递公司进行沟通，协商解决，如有必要可以对商品进行投保。

● 商品原因。

售后过程中，与商品本身相关的主要问题：一是商品的质量问题；二是与商品的使用方法相关的问题。

关于商品的质量问题，顾客产生最多的疑问有以下几个：第一，产品材质与描述不符或有色差，因为前期的图片处理、文案描述、顾客显示器等问题，导致顾客收到的商品与预期值不符，价值认知产生错位；第二，收到的产品有污损，在现实工作中，即使再严苛的出场检验，也难免有些意外因素，进而可能出现一定概率的污损问题。基于商品质量问题产生的退款、退换货，则需要在保持良好态度、主动热情地和顾客协商沟通、解决问题的前提下，注意让顾客提供照片或以其他形式举证，这些将是解决售后问题的关键细节。

除了商品的质量原因，顾客还会因为对产品的使用方法不了解而产生退款、退换货，主要有以下几种情况：第一，对基础使用方法不了解，部分店铺出售的商品属于功能性或新奇性等商品，由于详情页面的介绍不够完整，或者新奇性代购商品没有中文介绍，导致一些顾客收到特殊商品后，不能第一时间掌握其使用方法，会向客服进行咨询，如果未得到及时回复，就可能引发退款、退换货；第二，对商品特殊使用注意事项不了解，有的商品本身存在特殊性，如果在详情页面没有特别标识或客服没有进行提醒，则顾客就会按照"我以为""我觉得"的做法，导致使用后产生一些不良结果。根据上述因为使用方法而产生的售后问题，在处理过程中需要注意：客服要对产品的相关知识熟练掌握；对于特殊的使用方法，以及不容易被顾客理解的使用方法，客服可以在交易完成时，主动向顾客讲解，避免出现顾客收到货物后因对产品使用方法不懂而产生售后问题。

- 主观原因。

除了对物流和产品不满，一些顾客的主观判断也会造成退款、退换货问题，比如对交易过程中客服人员的服务态度不满、收到了商品但不喜欢、拍错了尺码或颜色。遇到这些问题时，客服能做的就是引导顾客讲清事实，并且可以从退款、退换货的角度引导客户换货或转让商品，从而降低退款、退货率。

（2）细节确认。了解了退款、退换货原因之后，作为售后客服要注意整个退款及退换货环节的细节问题。只有把控好细节，才能减少整个环节出现的问题和损失。一般来说，客服需要注意的细节分成如下两个部分。

- 退换货细节。

在交易订单发生退换货问题时，在线售后客服首先要注意商品的状态，主要有两种情况。第一，不影响二次销售的商品。在退换货前应和顾客确认，需要退回的物品是否影响二次销售，包括但不限于是否剪标、洗过、已经使用等，此处要根据各家商品的特性来确定。对确定不影响二次销售的商品，可以直接走标准退换货流程。第二，影响二次销售的商品。还有一部分顾客的退换货商品，在退换货前确认后，发现影响二次销售不能进行退换货，这时候作为在线售后客服要注意安抚顾客情绪，讲清处理缘由，尽可能地满足顾客需求，提出处理意见。同时要做到特殊事件特殊处理，如果确实是产品端的问题，则应该按照店铺特殊情况处理方法，特批处理，目的是提升顾客对服务的满意度，同时也是为了弥补给顾客带来的不便。

当在线售后客服和顾客核实好以上退换货注意事项后，需要继续确定物流相关问题，其中比较敏感的是谁来承担退换货运费的问题，以及快递选择问题。一般情况下，客服会给出推荐物流及基础运费提示；如果需要顾客承担退换货运费，请在沟通时说明，避免因为顾客对物流不懂而造成后续交易不快。

- 退款细节。

在交易发生退款问题时，需要注意退款的形式，是全额退款还是部分退款。

全额退款多数发生于顾客未收到货物的情况，客服需要注意跟踪货物状态，和物流公司保持联系，避免钱货两空；部分退款多发生于货品有差价而需要返还，或者顾客收到商品后发现有问题而需要补退差价的情况。售后客服需要注意申请款项所选择的原因，并且还要注意在整个售后过程中是否出现顾客垫付某项款项的细节，如有垫付发生，需要及时联系沟通，并确认打款账号。

（3）后台操作执行。由于产品、服务及顾客喜好等原因产生退换货的，在了解了退换货原因并且确认了退换货的细节后，就要在网店后台进行退换货处理。及时、合理的后台操作，不但可以提升顾客体验，进而避免售后纠纷，而且可以减少售后问题对店铺的影响。

2）投诉纠纷处理

要想解决好投诉相关工作，就需要先了解产生纠纷的原因。

（1）确认纠纷原因。当店铺出现纠纷时，作为直接面对顾客的一线客服，首先要做的就是先确认纠纷原因，当然还要注意交易状态是否完结。如果交易未完结，客服需要通过沟通，弄清楚原因，进而根据原因和顾客协商具体的解决方式。顾客可以申请退换货或退款，店铺可以根据前述的退换货和退款环节注意事项进行解决。

扫一扫

客户投诉的处理技巧

在交易已经完结的情况下，以下几种情况仍有可能导致纠纷：一是物流原因；二是产品原因；三是售后协商原因。

（2）解决纠纷问题。在处理售后纠纷之前，首先需要明确的是，顾客收到快递后，交易出现问题，有一部分顾客会联系客服解决，还有一部分顾客会选择直接给差评，或者直接通过发起售后解决问题。当出现这种情况时，店铺要调整好自己的心态，主动和顾客沟通解决问题。

在整个售后环节中，一旦出现纠纷，包括顾客发起售后申请或顾客投诉店铺的情况，店铺都要优先联系顾客，主动和顾客协商，端正为顾客解决问题的态度，才能为之后处理店铺纠纷打好基础，避免事件恶化，影响店铺服务。

（3）总结反馈。当整个纠纷处理完结后，客服要注意对店铺出现的纠纷做记录总结，内容包括纠纷原因、整个处理过程的跟进情况、处理方式，为后期避免发生一样的纠纷做备案预警，为店铺其他客服和运营培训、普及相关事件的处理方式，以及改进店铺需要改进的地方。

3.4　网店客户关系管理

客户关系管理是网店对已经建立的客户关系进行维护，使客户不断重复购买本店产品或享受本店服务的过程。在竞争日益激烈的电子商务大环境下，客户成了网店发展所必备的重要资源，对客户关系的管理成了网店工作的重要内容。

3.4.1　客户关系管理概述

客户关系管理是一门学问，越来越多的人开始着手客户关系管理的研究，将这门学问变得更加专业化、系统化。

1. 客户关系管理的含义

客户关系管理（Customer Relationship Management，CRM），是指网店通过满足客户个性化的需要、提高客户忠诚度，与客户建立起长期、稳定、相互信任的密切关系，降低销售成本、增加收入，并以此为手段来提高企业的盈利能力、利润及客户满意度，以达到拓展市场、全面提升企业盈利能力和竞争能力的目的。"以客户为中心"是 CRM 的核心所在。店铺要实现 CRM 的理念，需要在工作中切实落实以客户为中心，具体包括搜集客户信息、分析客户、维护客户等方面。

2. 客户关系管理的重要性

维护客户关系对于网店的发展有着十分重要的意义，具体从以下 4 个方面进行分析。

1）有效节约成本

网店若是想为客户所熟知，必要的推广费用是难免的。网店的推广也要通过硬广告、网络推广等途径。推广都是有成本的，而且这样的推广成本会逐年增加。网店若与客户保持良好、稳定的关系，那么客户对店铺及其产品或服务就会有一个比较全面的了解和信任，而且有一定的感情基础，这就为店铺节省了一大笔向老客户进行宣传、促销等活动的费用。

另外，网店可以对这些稳定的老客户开展一对一的营销，营销措施可以更准确、更到位，成功率也会更高，并且事半功倍。

此外，好的客户关系会使老客户主动为店铺进行有利的宣传。通过老客户的口碑效应，店铺能更有效地吸引新客户，同时减少店铺为吸引新客户所需支出的费用，从而降低开发新客户的成本。

2）获取更多的客户份额

客户份额是指一家网店的产品或服务在一位客户的该类消费中所占的比重。例如，某一位客户的 20 件衣服里面有 15 件都是在同一家网店购买所得，那么这家网店就获取了这位客户极高的份额，极高的客户份额会让客户对网店产生更强的依赖感。

3）增加网店的利润

良好的客户关系管理使网店拥有相对稳定的客户群体和客户关系，因而能够稳定销售、降低店铺的经营风险，并且提高效率、促进销售、扩大市场占有率，给店铺带来源源不断的利润。

此外，好的客户关系能使客户对店铺抱有好感，那么客户就会降低对产品价格或服务价格的敏感度，使企业能够获得较高的利润。

4）以个性化的服务来提高客户的满意度与忠诚度

网店通过客户关系管理，掌握客户的第一手资料，就可以在第一时间发现客户需求，从而为客户提供个性化的服务或发现客户潜在需求的变化，从而使店铺可以及时推出深受广大客户喜爱的新产品，缩短新产品的开发周期。更重要的是，店铺甚至可以在客户明确自己的需求之前理解、发掘和满足他们的需求。客户关系管理还可以从客户的抱怨中发现自己的不足，及时调整或改进经营策略，从而不断提高客户的忠诚度，减少客户的流失。

☑ 3.4.2 客户关系管理的步骤

科学合理地管理客户关系，不仅能有效维护现有客户，增强现有客户的满意度和忠诚度，还可以通过口碑营销带来高价值的新客户。客户关系管理的步骤一般由以下几个部分组成。

1．收集客户数据资料

对于店铺而言，客户的资料是最为宝贵的财富。客户资料越多，网店可销售的渠道也就越多，销售的成功率也就越高。客户数据资料包括以下几个方面的内容。

（1）基本信息：姓名、籍贯、血型、身高、体重、出生日期、性格特征，家庭住址、电话、传真、手机、电子邮箱等。

（2）消费情况：消费的金额、消费的频率、每次消费的规模、消费的档次、消费的偏好、购买渠道与购买方式的偏好、消费高峰时点、消费低峰时点、最近一次的消费时间等。

（3）事业情况：以往就业情况、单位名称、地点、职务、年收入，所在单位的名称、地址、电话、传真，在目前单位的职务、年收入、对目前单位的态度，对事业的态度、长期事业目标、中期事业目标等。

（4）家庭情况：已婚或未婚、结婚纪念日、如何庆祝结婚纪念日，配偶的姓名、生日、血型、教育情况、兴趣专长及爱好，有无子女，子女的姓名、年龄、生日、教育程度，对婚姻的看法、对子女教育的看法等。

（5）生活情况：既往病史、目前的健康状况，对生活的态度，休闲习惯、度假习惯，喜欢的运动，喜欢聊的话题，喜欢的媒体等。

（6）教育情况：最高学历、所修专业等。

（7）个性情况：曾参加过的俱乐部或社团、目前所在的俱乐部或社团，是否热衷政治活动，宗教信仰或态度，喜欢看哪些类型的书，忌讳哪些事、重视哪些事，待人处事的风格等。

2．运用数据库管理客户信息

客户数据库是商家运用数据库技术，收集现有客户、目标客户的综合数据资料，掌握他们的情况、需求和偏好，并且进行深入的统计、分析和数据挖掘，而使商家的营销工作更有针对性的一项技术措施，是商家维护客户关系、获取竞争优势的重要手段和有效工具。

客户数据库能反映每个客户的购买频率、购买量等重要信息，并保存每次交易的记录及客户的反馈情况，通过对客户进行定期跟踪，可使商家对客户的资料有详细而全面的了解，利用"数据挖掘技术"和"智能分析"，商家还可以发现盈利机会，继而采取相应的营销策略。

对网店而言，一般会采用第三方 CRM 软件进行数据管理，也可以采用建立客户数据信息表的形式进行管理。

3．客户分级

多项数据表明，网店利润的 80% 来源于 20% 的客户的购买行为。店铺若是想维护 100% 的客户是行不通的，因此必须学会抓住最有价值的 20% 的客户，那么首先要学会区分客户的等级。

1）划分优质客户和劣质客户

对客户等级的划分的主要依据有可量化的客户价值和不可量化的客户价值。可量化的客户价值自然是着眼于客户在店铺的消费情况，消费得越多、越频繁，客户所创造的利润价值越高，自然级别也越高；不可量化的客户价值可以理解为客户乐于宣传和分享，通过

QQ、微博、微信等新兴传播工具,吸引更多的客户前来购买。这里主要介绍可量化的客户价值的等级划分,一般网店的客户分级依据如表 3-1 所示。

表 3-1 一般网店的客户分级依据

客 户 等 级	客 户 特 征
沉睡客户	在店铺至少有过一次购买经历,但由于某些原因暂时或不再光顾店铺
潜在客户	访问过店铺或咨询过客服,但还没有产生实质性的交易
新客户	在店铺刚产生第一笔交易,是店铺成长的新生力量
老客户	在店铺中有多次购买经历
大客户	购买的次数不算太多,但每次的购买数量和消费金额都是巨大的
忠诚客户	很清楚店铺的上新时间、产品性能,与客服人员非常熟悉

2)设置 VIP 客户

客服的重点服务对象就是那些具有高价值的优质客户,将这类客户设置为 VIP 客户。VIP 指的是店铺的重要客户,这类客户给网店带来了持续的利益,对网店的发展做出了一定的贡献。

网店为了回馈和维护这样的客户,会设置一定的优惠作为感恩,但最根本的目的还是希望通过让利获得客户更多的购买行为。尽管各家店铺所出售的商品和设定的商品价格是不同的,划分 VIP 客户的标准也是不同的,但大多会按购买价格、购买数量、购买频率等设置等级。

在设置会员等级时可按照 RFM 模型来确认,RFM 模型是衡量客户价值和客户创利能力的重要工具和手段,主要由 3 个指标组成。

- R(Recency),此处表示最后一次消费,是指客户最近一次购买的时间有多远,距离上一次消费时间越近的客户所具备的创利潜力越强。
- F(Frequency),此处表示消费频率,是指客户在最近一段时间内购买商品的次数,购买频率越高的客户对于店铺发展更有推动力。
- M(Monetary),此处表示消费金额,是指客户在最近一段时间内购买商品所花费的金额,一般来说,对于消费金额越高的客户越应做好维护工作。

了解了这 3 个指标的定义,客服需要找准客户的这 3 个指标的数据,然后将这些数据分别进行横向的统计对比,再将这 3 个指标与店铺的均值进行对比,将客户类型分为 8 类,最后根据这 8 类客户来进行 VIP 等级设定,如表 3-2 所示。

表 3-2 VIP 等级设定

Recency	Frequency	Monetary	客 户 类 型	VIP 设置
↑	↑	↑	重要价值客户	至尊 VIP
↑	↓	↑	重要发展客户	至尊 VIP
↓	↑	↑	重要保持客户	VIP 会员
↓	↓	↑	重要挽留客户	VIP 会员
↑	↑	↓	一般价值客户	高级会员
↑	↓	↓	一般发展客户	高级会员
↓	↑	↓	一般保持客户	普通会员
↓	↓	↓	一般挽留客户	普通会员

3）坚决淘汰劣质客户

实践证明，并非所有的客户关系都值得保留——劣质客户吞噬、蚕食着网店的信誉与利润。如目前电商行业存在"差评师"，一味地去维护该部分人群的关系对网店长期的成长无疑是毫无意义的。因此，适时终止没有价值、负价值或前景不好的客户维护，网店才能节省有限的资源去寻找和服务于能够更好地与店铺的信誉、利润、成长和定位目标相匹配的新老客户。

4．打造客户忠诚度

在网店交易中，常常可以发现一种有趣的购买现象，就是相当一部分的客户在选择上具有重复性，即在一段时间内甚至很长时间内重复选择一家或少数几家网店，很少将购买范围扩大到其他同类网店。例如，某位客户在购买化妆品时，出于对网店的信任和满意，只会在同一个网店进行购买，客户这种在同一店铺重复购买商品的趋向叫作客户忠诚度，网店在着力经营客户关系的过程中要致力打造客户忠诚度。

1）从满意度到忠诚度

电子商务最理想的发展模式便是客户获得了自己满意的商品，网店赢得了自己的商品利润，并以此良性模式循环发展。卖家获得利润是必然的，那么如何让客户在整个购物环节中获得最满意的感受呢？这就需要网店重视用户体验，提高客户满意度。

客户关系管理中有一个著名的定律："客户满意度=客户体验-客户期望值"。客户的感知价值不仅来源于产品的实物价值，而且来源于产品的精神价值，因此，提高客户满意度主要有以下几点措施。

（1）把握客户期望。

如果客户期望过高，一旦商家提供给客户的产品或服务的感知价值没有达到客户期望，客户就会感到失望，进而导致客户的不满。那么，该如何把握客户的期望呢？

- 以当前的努力培育良好的客户期望。商家应认真做好当前的工作，从身边的事情做起，从小事做起，从细节做起，努力使客户得到满意的产品或服务，长此以往、坚持不懈，就能够使客户逐渐形成对店铺的良好印象与口碑，进而使客户形成对店铺的良好期望。
- 不过度承诺，留有余地地宣传。在一定的感知水平下，如果商家承诺过度，客户的期望就会被抬高，从而会造成客户感知与客户期望的差距，因此降低客户的满意水平。如果商家在宣传时恰到好处并且留有余地，或者干脆丑话说在前头，使客户的预期保持在一个合理的状态，那么客户感知就很可能轻松地超过客户期望，客户就会因感到物超所值而喜出望外。
- 通过价格、包装、有形展示等来影响客户期望。如果试图使客户形成高期望，就可以确定高价格、设计精美豪华的包装、展示美观的店铺页面等。

（2）让客户的感知价值超越客户期望。如果店铺善于把握客户期望，然后为客户提供超期望的感知价值，就能够使客户产生惊喜，这对于提高客户满意度将起到事半功倍的作用。

提高客户的感知价值可以从两个方面来考虑：一方面，增加客户获得的总价值，包括商品价值、服务价值、人员价值、形象价值；另一方面，降低客户付出的总成本，包括货币成本、时间成本、精神成本、体力成本。商家要使客户获得的总价值大于客户付出的总成本，这样才能提高客户的感知价值。

2）培养客户忠诚度

对商家而言，忠诚的客户是商家竞争中最有力的武器。如何维系在日常交易及大促中沉淀下来的客户忠诚度，如何让客户再次产生购买行为以把客户忠诚度变现，都是客户关系管理的关键。只有不断地给客户提供优质的产品、舒适的服务从而提升客户的满意度，最终才能达到客户与商家的双赢结果。

培养客户的忠诚度可从客户关怀和特权体验两个方面来实现。

（1）客户关怀。客户关怀理念最早由克拉特巴克提出，他认为：客户关怀是服务质量标准化的一种基本方式，它涵盖了公司经营的各个方面，从产品或服务设计到如何包装、交付和服务。

对老客户的关怀，可以提升客户的满意度；当客户回购时，因为信赖商品及服务，从而更加愿意尝试高价商品，并推广其口碑。越忠诚的客户，越追随品牌，越对价格的波动不敏感；相反，流动的客户，往往关注的是产品本身或价格而非品牌。

目前，常用的关怀工具有短信、电话、邮件等。

● 短信关怀。

短信关怀的优势有覆盖面广、收费低、可群发；劣势有字数有限、无表情、容易被忽略。如果商家采取这种方式，应注意短信的发送时间和内容。

● 电话关怀。

电话关怀的优势有实时性高、沟通效果好、客户记忆深刻；劣势有成本高、对沟通人员能力要求高、效率低、骚扰度高。电话关怀的时间段不宜过早或过晚，关怀内容中不适合推送促销信息，更适合关怀客户对使用产品的感受，如果客户表示不愿意接到类似的电话时，应及时致歉并在该客户标签中备注留档。

● 邮件关怀。

邮件关怀的优势有可群发、可制作精美的版面与图文；劣势有容易被当作垃圾邮件、时效性差。

商家关怀客户的方式是多样性的，关怀的时间也是需要注意的，常见的适宜时间有售后关怀、情感关怀、节日关怀及促销推送。

● 售后关怀。

当客户下单付款后，商家发货时通常会给客户发送短信，告知发货时间、使用的快递等。如果因为天气或其他不可抗力情况导致物流不能按时到达时，商家也应当及时告知客户。

售后关怀能够帮助客户清楚地知道自己所购买商品的物流情况，从而提高客户的购物体验，提升满意度。值得注意的一点是，除了发货关怀、签收关怀，还有最重要的一项是使用关怀。绝大多数商家都只做了前两项关怀，而忽略了使用关怀，但使用关怀恰恰是最能让客户印象深刻的，客服应在客户收到产品后一周左右时，询问客户使用产品的感受，听取客户的意见。这样不但能够让客户认为商家注重客户体验，还能够了解客户的真实想法，从而改进商家的商品或服务。

● 情感关怀。

商家做 CRM 的目的是培养客户的忠诚度与满意度，除资金投入外，还离不开感情投入。尽管很多时候，商家会选择用软件替代人工关怀，但是客户不喜欢与一台机器对话的感觉，而是更喜欢有感情、重细节的关怀方式，这就需要客服在与客户沟通时更人性化，更注重客户的情绪，而不是一味地使用快捷短语或自动回复。当到了客户生日、重要纪念日时，商家可以发送短信祝福，对于重要的客户甚至可以寄上一份礼物。

- 节日关怀。

在节日来临前，客服通过短信或旺旺对客户进行关怀，并适当推送促销信息，也会达到不错的效果。

- 促销推送。

当商家发布新品、店铺庆典、日常促销时，通常会提前给客户发送优惠券或红包，客服应及时告知客户活动相关信息。但此类信息不宜频率太高、语言太直白，否则容易引起客户的反感。

（2）特权体验。特权体验主要是让客户感受到一种专项服务，专项服务也叫独享服务，顾名思义，指商家所做的服务工作、商家所开放的优惠权限不是针对所有客户，而只针对极少的客户。这使客户在身份地位上显得"高人一等"。专项服务的开展可以通过店铺的专享折扣和客服的一对一服务等方式让客户真正感受到自己的独一无二。

专项折扣是只针对部分客户才有的优惠，如大多数客户享受 8.8 折，而部分客户享受的是 6.8 折，这样的专属价格必然会在一定程度上留住客户。

总而言之，客服工作忙碌而繁重，客服在同一时间内往往要接待好几位客户，若是客服为部分客户提供一对一的服务，最及时、最快捷的回复效率往往能让客户对店铺心生好感并保持忠诚度。

3.5　网店物流管理

在经营店铺时，有效的物流与配送管理对于提高网店整体服务水平并为买家提供较好的购物体验起着至关重要的作用。做好网店仓储管理、规范商品物流包装、研究物流配送、提出行之有效的网店物流方案，是网店成长、发展的主要助力。

3.5.1　仓储管理

仓储管理是指对仓库及仓库内的物资进行的管理。一般情况下，网店在日常运营的同时，还需要对商品入库、保管、出库的流程进行基本的了解，这样才能为网店中商品的销售提供一个强大的后备力量，不至于等到商品缺货的那一刻，才发现已经没有商品可出售；或者没有及时调整进货数量，造成某一款商品大量积压。因此，网店的仓储管理可以说是网店物料配送的一个重要环节，如何充分利用仓储资源以提高服务质量、增加客户满意度，是网店运营和管理所面临的一个重要课题。对于一般网店来说，仓储管理分为以下几个部分。

1．入库检验

在商品入库之前，必须由店主或专门担任收货工作的人员，对全部货物进行严格认真的检查。检验商品的外包装是否完好，是检验货物的基本步骤。一旦商品的外包装出现破损，或有效日期已经临近，就应该拒绝接收货物，并及时向上级主管部门报告。

除对货物外包装进行检查外，还应该按照订货单和送货单核对商品的品名、等级、规格、数量、单价、总价、有效期等内容，还要仔细检查包装内的商品是否有破损、污渍，以及对数量、规格、品种进行核对。确定以上几点准确无误之后，才能将商品入库保管。

2．编码保管

为了方便查找和控制数量，应该为每一款入库的商品确定一个商品编码。有了商品编码，无论是在仓库中找货还是盘货，都非常方便，大大地提高了仓储管理的效率。具体商品编码可参考本项目 3.1.3 的相关内容。

3．登记入库

在入库之前，还要对商品的名称、数量、规格、入库时间、凭证号码、送货单位、验收情况等进行详细登记，才能将商品入库。入库要做到以下几点。

- 有效提高储位的利用率。
- 体现码放规则，不能随便乱放。
- 对于一些对时间有要求的产品，要方便其先进先出。
- 尽量方便拣货人员的拣货。通常一起出货的商品应该设置得比较临近，别让拣货员满仓库跑；频繁进出的商品，要放在便于拣货的地方。

4．妥善保管

商品入库后，不能杂乱无章地摆放在库房中，而是要根据商品的不同种类、属性、材质、功能等进行分类，分别放入专门的区域（仓库通常分存储区、拣货区、打包区、发货区、报损仓），为日后在库房中查找和盘点商品提供方便。同时，要做好防潮、防水和防火的措施，如食品类商品还要准备专门的冰箱，防止食品变质。

对于商品入库后的库房管理，最重要的是做好"6S"管理。"6S"就是整理、整顿、清扫、清洁、素养、安全 6 个项目，因这些项目的罗马音均以"S"开头，故简称"6S"。"6S"起源于日本，通过规范现场、现物，营造一目了然的仓库环境，培养员工形成良好的工作习惯。

5．凭单发货

商品出库时也要做好详细的登记，遵守商品出库制度，凭订单发货，防止出现差错。无论是否已经有订单交易，网店中的仓储与管理工作都要时刻进行。这是网店销售中的基本环节，尤其是对一些企业卖家来说，仓储系统是不可或缺的子系统。出库流程如下。

（1）订单消息处置。出售订单转化为出库单，出库单包括货物明细和数目，同时把快递单打印好。

（2）分拣。依据出库单进行分拣，贴产品条形码。制定灵活且可配置的拣货、复核流程。

（3）包装。包装时要考虑把快递单同时贴上。

（4）快递单处置。不论是手写的还是打印的快递单，均有一定的出错概率，所以专职这个岗位的员工必须要仔细并且责任感强。

（5）出货。联络快递公司出货。挑选快递公司的准绳：一看效率，二看价钱。效率高、价钱低的快递公司是首选。

3.5.2 物流包装

1. 包装材料

物流包装是网店物流管理当中的一个重要环节，将不同的货物分类包装，不仅显示了物流工作的合理性，在一定程度上还能增加物流的安全性。包装材料和重量不同，物流成本也会有所不同，通常在保障货物安全的情况下卖家会采用最合适的包装以节省成本。

通常用到的内包装有 OPP（定向聚丙烯）透明胶袋，它具有非常高的拉伸强度和良好的透明性；还可以采用 PE（聚乙烯）材质胶袋，无毒无味，柔韧性好。

外包装材料通常有以下几种。

1）快递袋

不同材质的包装适用于不同类型的商品。一般情况下，快递费用已经包含了快递袋的成本，卖家可以找快递公司索取。建议将快递单粘贴于快递袋自粘胶封口位置。其主要适用商品类别为服装、小型家纺等。

2）单瓦楞纸箱和双瓦楞纸箱

小型纸箱可以用单瓦楞（三层），中型纸箱则需要用双瓦楞（五层）。纸箱配以透明胶进行封口，再用切割器进行透明胶分割。纸箱包装适用于大部分商品类别。如纸箱比较薄，则可在纸箱外再套一层快递袋。很多标准化包装的商品本身已经有结实的纸箱外包装，只需在外面加套塑料袋或单瓦楞薄纸箱保护即可。

3）编织袋

编织袋封口需要用粗线进行手工绞包或电动封口，其主要适用的商品类别为毛绒玩具、家纺产品等。

4）木架箱

对于体积较大、容易破损的商品需要打木架箱进行专门保护。需用到的原料、工具有木线条、气泵、木工射钉枪、射钉等，其主要适用的商品类别为电器、灯具、瓷器等。

在包装某些易碎或贵重物品时，需要在其周围加上填充物，防止在运输过程中产生严重震荡造成产品受损。填充物主要选择废旧报纸，也可以选购专门防震的填充物，填充物以体积小、重量轻为最佳。在装箱时，产品要和纸箱之间空出一定的距离，方便放置填充物。

2. 打包流程

1）商品确认

物流包装人员在包装前需检查打包台面是否整洁，除在包装过程中需要用到的工具外，不得置放其他物品。打包人员从储物框内取出商品与销售单据，先检查销售单据与商品是否一致，如果不一致则返回给销售部负责人，商品破损、条形码不清楚的必须退回质检部处理，检查无误后使用扫描器正常扫描销售单和商品标签，等到系统确认完成再进行正式包装。

2）选择包装

包装人员要根据产品的大小、种类等特性选用合适的包装物进行初步放置。一些表面不规则的散装产品，买家在订购时可能会订购多个，此时可以使用较大的纸箱打包。在封装前，需要打包人员检查商品有无遗漏、订单有无放入包装物内。

3）用胶带缠绕货物

用塑料袋包装的物品，须用胶带在塑料袋外缠绕成"十"字形，防止物品遗失；对于拼袋（或拼箱）的物品，除用胶带缠绕成"十"字形外，还要用胶带封合接口，防止物品遗失；液体类物品（如蜂蜜等）须加贴"易泄易漏"标志和"此面向上"标志；易碎品须加贴"易碎"标志。纸箱包装的物品，箱体上下对缝必须封合，胶带缠绕不少于两周，左右侧缝用胶带缠绕封合。

4）加贴标签

包装完成后加贴标签及打印机打印的地址面贴，地址面贴应保持平整，以便于在下个流程进行扫描，最后将包装完好的商品放置于绿色流水线上，物流包装完成。

✅ 3.5.3 物流配送

由于网上店铺是在网络上进行销售，针对的消费者身处全国各地甚至是全球，所以网店店主需要通过物流公司把商品邮寄给购买者，这里就必然涉及物流问题，物流方式的选择也是网上店铺是否能够迅速成长最重要的一环。

物流方式的选择很重要，既影响网店买家对卖家的综合客户服务水平的评价，又决定网店卖家是否可以从物流这个环节赢取一定的利润。

1．常用物流业务介绍

目前，网上购物常用的物流方式有平邮、EMS 和快递 3 种，其中，快递是最主要的物流方式。快递的业务分类有同城快递、国内速递、国际快递等。

1）平邮

平邮又称邮局绿单，适合范围为中国大陆地区，按中国邮政普通包裹资费标准执行（实际费用=包裹资费+3 元挂号费+保价费+0.5 元单据费），订购该服务时系统显示费用为实际费用，包裹首重 500g 为一个计算单位，续重以每 500g 为计算单位，不足 500g 的按 500g 计算。

优点：适用范围为中国大陆地区，价格便宜。

缺点：速度慢，一般为 15 天左右，具体时间不一定，且无法网上跟踪邮件下落，邮局工作人员不负责派送，必须自己带上身份证到指定的邮局取件。

2）EMS

EMS 是"Express Mail Service"的简称，指邮政特快专递服务。它是由万国邮政联盟管理的国际邮件快递服务，是中国邮政提供的一种快递服务。主要采取空运方式加快递送速度，根据地区的远近，一般 1～8 天到达。该业务在海关、航空等部门均享有优先处理权。

EMS 的优点包括以下几个方面。

（1）投递范围广：EMS 可以说是目前中国投递范围最广的快递服务，到全国各大中城市均为 3～5 天，到县乡时间较市区稍长，4～7 天可到达。

（2）网络强大：在全国有 2000 多个自营网点。任何地区都能到达。

（3）速度快：EMS 限时速递，到货快。数百个城市之间的速递。能送货到手，但要加价。

（4）丢失率低：EMS 的货物丢失损坏率一直维持在 1‰以下，安全性高。

（5）服务时间长：EMS 为了保证客户服务质量，法定节假日均保持营业，365 天无休配送。

3）快递

（1）同城快递。同城快递服务是同城快速收寄、分发、运输、投递（派送）单独封装的、具有姓名地址的信件和包裹等物品，以及其他不需要储存的物品，按照承诺时限递送到收件人或指定地点，并获得签收的寄递服务。这里"同城"概念下的服务范围较之以往扩大了，它以中心局所辖各市县为范围，在此范围内的邮件称为同城快递邮件，超出一县、一市、一地区的概念。

优点：根据同城快递邮件的时限及当前市场情况，它的要求较之其他快递邮件的要求要高得多，主要包括：快捷性、安全性、灵活性、低成本。

（2）国内速递。国内速递是指在国内进行的快递、物流业务。在中国，开展国内速递业务的企业有中国邮政旗下的中国邮政速递物流股份有限公司及其他民营公司。无论是国有企业还是民营企业，在快递服务品质上都各有优劣。国内速递可以提供"门到门"的快递服务，采用标准定价、标准操作流程，各环节均以最快速度进行发运、中转、派送，并对客户进行相对标准承诺，可以提供 12 小时次晨达、24 小时次日达、36 小时隔日上午达、48 小时隔日达等特色服务。

（3）国际快递。国际快递是指在两个或两个以上国家（或地区）之间所进行的快递、物流业务。

2. 国内常用快递公司介绍

1）中国邮政速递物流

中国邮政速递物流股份有限公司（简称中国邮政速递物流）是经国务院批准，中国邮政集团于 2010 年 6 月联合各省邮政公司发起设立的国有股份制公司，是中国经营历史最悠久、规模最大、网络覆盖范围最广、业务品种最丰富的快递物流服务提供商。

中国邮政速递物流在国内 31 个省（自治区、直辖市）设立全资子公司，并拥有邮政货运航空公司、中邮物流有限责任公司等子公司。公司注册资本 80 亿元人民币，资产规模超过 20 亿元，员工近 10 万人，业务范围遍及全国 31 个省（自治区、直辖市）的所有市、县、乡（镇）和港、澳、台地区，通达全球 200 余个国家和地区，营业网点超过 45 万个。

中国邮政速递物流主要经营国内速递、国际速递、合同物流等，拥有享誉全球的"EMS"特快专递品牌和国内知名的"CNPL"物流品牌。国内主要业务有次晨达、跨区域次晨达、国内特快专递、国内经济快递、国内代收货款等。

2）申通快递

上海盛彤实业有限公司成立于 1993 年，公司注册商标为"STO 申通"。公司总部位于上海市青浦区，主要承接非信函、样品、大小物件的速递业务，是一家以经营快递为主的国内合资（民营）企业。

申通快递是国内最早经营快递业务的快递公司之一，目前申通公司拥有 247 个独立城市营业所、179 个营业厅、1220 个操作点。快递送达范围基本覆盖全国地市级以上城市和发达地区地市县级以上城市，尤其是在苏浙沪地区，基本实现了派送无盲区。

申通快递主要提供跨区域快递业务。随着国内快递需求的多样化，申通在继续提供传统快递服务的同时，也在积极开拓新兴业务，包括电子商务物流配送服务、第三方物流和仓储服务、代收货款业务、贵重物品通道服务等。

3）圆通速递

圆通速递创建于 2000 年 5 月 28 日，经过 16 年的发展，已成为一家集速递、航空物流配送、电子商务物流配送等业务为一体的大型企业集团。

圆通速递立足国内、面向国际，主营 50kg 以内的小包裹快递业务。其针对国内大陆地区的业务有 8 小时当天达、12 小时次晨达、24 小时次日达、36 小时隔日上午达、48 小时隔日达等时效件和到付件业务；还有代收货款、签单返还、代取件业务、仓配一体等多种增值服务。圆通已经开通港澳台快递专线，有香港件专递业务。

圆通速递面向国际的业务有国际件，以及为客户提供供应链个性化解决方案。目前圆通已经开通东南亚、中亚和欧美快递专线，并开展中韩国际电子商务业务，将圆通的服务网络延伸至全球。

圆通速递目前在全国范围拥有自营枢纽转运中心 60 个，终端网点超过 24000 个。圆通速递快递服务网络覆盖全国 31 个省（自治区、直辖市）。地级以上城市已实现全覆盖，县级以上城市覆盖率达到 93.9%，覆盖城市 101 个。同时，圆通速递与铁路部门合作拓展运能，并成为国内仅有的 2 家拥有自有航空公司的民营快递企业之一。

4）中通快递

中通快递创建于 2002 年 5 月 8 日，是一家集快递、物流、电商、印务于一体的大型集团公司。

中通公司的服务产品有国内快递、国际快递、物流配送与仓储等，提供"门到门"服务和限时（当天达、次晨达、次日达等）服务。同时，中通公司开展了电子商务配送、代收货款、签单返回、到付、代取件、区域时效件等增值业务，为客户提供"售后宝"主动服务。中通快递现有员工超过 25 万名，转运中心 72 个，服务网点超过 1 万家。目前，中通快递已开通全国 97% 的区县网点和超过 50% 的乡镇网点，至"十三五"后期，将开通国内所有区县网点和 80% 的乡镇网点，通达全球 100 多个国家和地区。

5）韵达快递

"韵达快递"品牌创立于 1999 年 8 月，总部位于上海，现已成为集快递、物流、电子商务配送和仓储服务为一体的全国网络型快递企业。韵达快递的服务范围覆盖国内 31 个省（自治区、直辖市）及港澳台地区。2013 年以来，韵达快递先后与物业、超市、社区、便利店开展合作，设立快递便民服务站，方便广大社区居民、市民随时收件和寄件，保证快件"最后一千米"的投递和揽收质量，让更加便利、贴心、周到的"一站式"服务深入末端，融入市民的日常生活。除此之外，韵达快递同时开启了国际化发展步伐，相继与日本、韩国、美国、德国、澳大利亚等国家和地区开展国际快件业务合作，逐步走出国门，为海外消费者提供快递服务。

目前，韵达快递在全国建设了 70 余个分拨中心，在各分拨中心安装了能够进行全天候、全方位进行快件安全监控的视频监控系统，实时监控快件操作、分拨和转运情况，确保快件分拨转运的安全和时效。在全网络分拨中心推广应用机械化分拨、操作设备，提高了快件分拨操作的质量和效率。

6）顺丰速运

顺丰速运（集团）有限公司（简称顺丰）于 1993 年 3 月 26 日在广东顺德成立，总部设在深圳，是一家主要经营国内、国际快递及相关业务的港资快递企业。

目前，顺丰全国建立了大量的信息采集、市场开发、物流配送等业务机构，建立服务客户的全国性网络。同时，积极拓展国际件服务，已开通新加坡、韩国及马来西亚业务。截至 2015 年年底，顺丰已拥有 1.5 万台营运车辆，以及遍布全国的近 13 万个营业网点，搭建了以深圳、杭州为双枢纽、辐射全国的航空货运网络，投递速度快。

7）宅急送

宅急送创建于 1994 年 1 月 18 日，总部位于北京，是一家国内的物流公司。宅急送经过十几年的快速发展，已有员工逾 2 万人，车辆 2000 余台。全国共有 30 个分公司、7 个空运中心、247 个独立城市营业所、40 个市内营业所、179 个营业厅、220 个操作点、705 个外网，共计网络机构 2440 个，其网络已覆盖全国地级以上城市。

目前，宅急送还提供"云仓"服务。"云仓"是指定位于销售物流，运用信息化集成技术、全网仓储协同、全网干线协同，并附带增值服务的配送服务，它为企业客户提供订单一体化物流解决方案。目前宅急送公司拥有 40 个配送中心和 51 个地址仓，仓储面积合计 50 万平方米，1000 人以上的专业从业人员遍布全国 32 家分公司。"云仓"还与国内大型电商平台（京东、淘宝网、天猫商城等）无缝对接，实现订单时时处理，为客户提供免费的仓储服务系统。

3．选择快递公司的技巧

在选择快递公司之前，需明确"地区"这个概念。如从上海发往杭州和从上海发往新疆的快递费用有翻倍的差距，如果不分地区而进行运费统一定价，那么最终会使网店补贴大量运费，造成损失。因此，除非客户要求指定某家快递公司进行发货，网店一般会选择一个主要合作的快递公司，取得这些公司在本地区的内部报价，网店根据报价表为商品指定不同的物流费用。

选择适合自己网店的快递公司有以下几个技巧。

1）尽量使用通过总公司开设分公司的方式拓展网络的快递公司

快递公司拓展网络的方式主要有 3 种：

（1）通过总公司开设分公司的方式来拓展网络。这种形式虽然使其公司发展得比较慢，但管理方式比较规范，下面站点不易做出有损总公司形象和信誉的行为。通过这种方式拓展网络的快递公司主要是北京的宅急送、广东的顺丰等。

（2）通过加盟的方式来拓展网络。具体表现为总公司下面的很多站点都是在符合总公司规定的条件后被允许加盟的，而不是总公司自己开设的。这种方式虽然能够让快递公司发展得很快，但存在两方面的风险：一方面如果总公司急于拓展网络而对加盟的条件定得比较宽松或对下面加盟站点的管理不够规范，那么就很难避免有一些图谋不轨或信誉较差的站点混入其中，从而很可能出现下面站点的人卷走客户的钱款或下面站点做出有损公司信誉的行为的情况；另一方面如果总公司发展得好，知名度越来越高，那下面的站点就发展得比较快，从而进入良性循环，但总公司一旦有什么负面消息，可能下面的站点很快就会另立门户了，这对卖家的货物是很危险的。

（3）开设分公司与加盟模式混合使用。这种情况下，卖家寄件的时候最好是选择他们的自设分公司。目前有很多快递公司都采用这种方式。

2）尽量使用网点比较多的快递公司

网上开店，买家遍布全球各地。如果选择的快递公司的网点不够多，很多偏一点的地方都送不了或要转到 EMS 和其他快递公司的话，就可能会造成价格偏贵、送件延误和丢件等问题的出现。

3）尽量根据不同的情况选择不同的快递公司

北京的宅急送价格较高但操作规范、信誉良好；上海的申通、圆通、中通、韵达主要的缺点是公司运作不够规范，但是价格普遍比较低、快递网点遍布全国；广东的顺丰价格高，但送货效率高、操作规范、服务专业、信誉良好。

同步实训

实训 3.1 对店铺内的商品进行分类并编码

实训目的

掌握商品分类的方法，结合店铺商品制定编码规则。

实训要求

1. 对店内商品进行分类。
2. 制定店铺编码规则。
3. 对店铺商品进行编码。

实训 3.2 制订维护店铺客户关系的方法

实训目的

掌握客户数据采集的内容，按照标准对不同的客户进行分级，并采取不同的措施维护客户关系。

实训要求

1. 设计客户数据信息采集表。
2. 区分客户等级。
3. 针对不同等级的客户制订相应的客户关系维护方法。

项目小结

网店运营包括网店商品管理、店铺优化管理、网店客服管理、网店客户关系管理及网店物流管理。

网店商品管理主要从商品展示、已售商品、商品分类编码等角度进行管理，及时了解店内商品现状，发现并处理存在问题的商品。

店铺优化包括店铺的转化率优化、客单价优化、信誉度优化，主要目的是能够让店铺呈良性循环，实现长远发展。

客服包括售前、售中、售后客服，不同岗位的客服职责不同，工作流程也不相同，应结合店铺的实际情况具体分工合作。

网店客户关系管理是网店运营的重要组成部分，良好的客户关系管理不仅能节省大量的运营推广成本，还可以提高网店的信誉度，网店在日常管理中应结合实际来制订客户关系管理的方法。

商品不同，物流包装也应有所区别，网店应根据具体需求选择恰当的物流包装，并根据商品的不同、消费者目的的不同而选择相应的物流渠道、快递公司。

同步测试

1．关键概念

（1）转化率

（2）客单价

（3）DSR

（4）客户关系管理

（5）RFM

2．判断题

（1）任何一件商品都有自己的生命周期。 （ ）

（2）商品已售并不意味着商品销售服务的终结，良好的已售商品管理不仅能够对店铺进行有序的管理，还能带给消费者良好的体验。 （ ）

（3）发货信息的核实主要是核对买家的收货地址与发货前的商品质量，以避免后期不必要的争议出现。 （ ）

（4）网店产品的价格即产品的销售价格。 （ ）

（5）关联产品的选择维度可以是互补品、相似品、店铺爆款、形象款、准备打造的爆款、利润款等。 （ ）

（6）合格的客服人员除掌握产品相关知识外，还应掌握产品的物流知识。 （ ）

（7）成功的客服除了做到有问必答，还应注重回答的精准度。 （ ）

（8）发现影响二次销售则不能进行退货。 （ ）

（9）客户完成付款离店后，在客户等待收货期间，会对物流产生系列问题。 （ ）

3. 单项选择题

（1）对于过季或暂时断货的商品，需要（   ）。

A．上架　　　　　　　　　　　　B．下架

C．重新编辑　　　　　　　　　　D．删除

（2）卖家若在（   ）天内未响应退款申请，淘宝网会通知支付宝退款给买家。

A．5　　　　　　　　　　　　　　B．7

C．10　　　　　　　　　　　　　 D．15

（3）某皮鞋店铺将所售皮鞋分为牛皮鞋、猪皮鞋、羊皮鞋、人造革皮鞋，其分类标志是（   ）。

A．商品的用途　　　　　　　　　B．商品的原材料

C．商品的生产加工方法　　　　　D．商品的特殊成分

（4）超低折扣吸引流量、限时限量刺激购买行动力的促销方法是（   ）。

A．满就送　　　　　　　　　　　B．搭配套餐

C．限时折扣　　　　　　　　　　D．店铺优惠券

（5）以下不属于店铺服务优化内容的是（   ）。

A．7天无理由退货　　　　　　　 B．运费险

C．货到付款　　　　　　　　　　D．服务热情

（6）以下不属于客户数据资料收集的是（   ）。

A．消费情况　　　　　　　　　　B．家庭情况

C．恋爱次数　　　　　　　　　　D．教育情况

4. 多项选择题

（1）商品进行分类的过程中，应坚持以下哪几条原则？（   ）

A．科学性原则　　　　　　　　　B．系统性原则

C．实用性原则　　　　　　　　　D．可延性原则

E．兼容性原则

（2）商品编码主要有以下哪几种？（   ）

A．数字型编码　　　　　　　　　B．字母型编码

C．混合型编码　　　　　　　　　D．条码

（3）影响店铺客单价的因素有（   ）。

A．关联销售

B．优惠券的应用

C．客件数的多少

D．客服的服务

（4）提高店铺动态评分的方法有（   ）。

A．利用小赠品使买家惊喜

B．选择口碑好的快递

C．不隐藏缺点，不夸大宣传

D．优化店铺主推款的选择与描述

（5）网店客服工作人员需要掌握以下哪几项基本知识？（　　　　　）

A. 商品质量　　　　　　　　　　　B. 商品尺寸

C. 商品注意事项　　　　　　　　　D. 商品周边知识

5. 分析题

（1）分析售后客服工作流程。

（2）分析提高忠诚度的方法。

项目 4

网店推广

重点难点

网店推广的意义在于通过推广店铺或商品寻找需求或潜在客户，增加店铺的流量，提高客户的黏性。本项目的重点与难点是网店推广的步骤和渠道，选择合适的网店推广的工具和途径，运用网店推广的策略和技巧，通过对市场、产品和渠道的分析打造网络热销商品。

项目导图

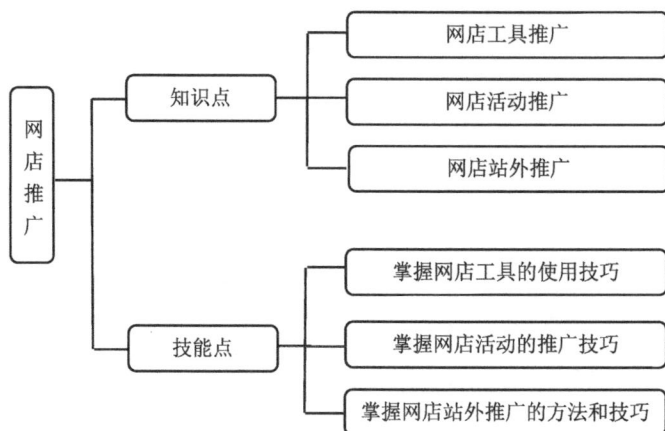

引例

韩都衣舍（HSTYLE）品牌在 2008 年创立，目前有超过 200 万的会员。2009 年 4 月，经过了一年的探索和人员培养，韩都衣舍转型为互联网自有品牌，并开始了对"基于产品小组制为核心的单品全程运营体系"这一独特商业模式的探索。2011 年，韩都衣舍由淘宝网上的个人网店转变为企业，2012—2016 年，在国内各大电子商务平台，连续五年行业综合排名均排第一。通过内部孵化、合资合作及代运营等，韩都衣舍目前品牌集群达 70 个，包含女装品牌 HSTYLE、男装品牌 AMH、童装品牌米妮·哈鲁、妈妈装品牌迪葵纳、文艺女装品牌素缕、美国户外品牌 Discovery 等知名互联网品牌，涉及韩风系、欧美系、东方系等主流风格，覆盖女装、男装、童装、户外等全品类。韩都衣舍图片如图 4-1 所示。

图 4-1　韩都衣舍图片

韩都衣舍立足国内电子商务的广阔市场，发展迅速，可以说是一家完全靠着淘宝而出名的品牌，是一个非常成功的互联网电商案例。2010 年，韩都衣舍获得了"全国十大网货品牌""最佳全球化实践网商""全球网商 30 强"等荣誉称号。2011 年，韩都衣舍又入驻了京东、凡客诚品、当当、麦考林等各大电子商务平台，确立了"互联网韩风快时尚"第一品牌管理的行业地位，并获得了国际知名风险投资公司 IDG 集团及韩国 KIP 集团的投资。

引例分析

韩都衣舍能靠着淘宝网发展到现在的规模，除了它的"单品全流程运营体系"，也离不开它的网店推广策略。韩都衣舍对于网店推广工具、网点活动及站外推广渠道的组合使用，给店铺带来了巨大的流量。店铺流量中，来自搜索的免费流量占 30%，通过淘宝客、直通车和钻石展位等付费推广方式获得的流量占 30%，来自老客户的流量占 30%，其他碎片化的流量占 10%。

4.1 网店工具推广

在网店推广过程中，想要让别人找到你的商品，就必须进行推广引流，淘宝网本身有很多的网店推广工具可供选择，最常见的有直通车、钻石展位、淘宝客等。

4.1.1 直通车推广

1. 直通车推广概述

淘宝网直通车是淘宝网为广大卖家量身定制的一款推广工具，主要通过设置与推广商品相关的关键词获得流量，按照获得的流量多少（点击量）付费，从而进行商品的精准推广。

淘宝网直通车推广在提高商品曝光率的同时，其精准的搜索匹配也给商品带来了精准的潜在客户。淘宝网直通车推广，仅用一次点击，就可以让买家进入你的店铺，产生一次甚至多次的店铺内跳转流量。这种以点带面的关联效应可以降低整体推广的成本，提高整个店铺的关联营销效果。

同时，淘宝网直通车还给用户提供了淘宝网首页热卖单品活动、各个频道的热卖单品活动及不定期的淘宝网各类资源整合的直通车用户专享活动。

2. 直通车的好处

1）提高曝光率

开通了直通车推广的商品，只要买家在淘宝网搜索其同类商品，就都能显示在网页上，大大提高了商品的曝光率。

2）针对性强

直通车推广针对搜索同类商品的买家，因此它带来的点击都是有购买意向的点击，而它带来的买家也都是具有购买意向的买家。

3）增加人气

直通车推广能给整个店铺带来人气，虽然它推广的是单个商品，但很多买家都会顺势进入该店铺浏览其他商品，一个点击带来的可能是几笔成交量，久而久之整个店铺的人气自然会涨起来，这种整体连锁反应是直通车推广的最大优势。

4）活动权限更高

卖家开通直通车推广后可以拥有更多淘宝网促销活动的参与权限，如不定期的直通车用户专享活动、淘宝网单品促销活动等。

5）性价比高

直通车推广的广告是按点击量付费（CPC）的，即当别人搜索到该广告点击进去后才收取费用。直通车第一次开户时需要预存 500 元，全部是广告费，当店铺开始推广后，点击费用就从预存款中扣除，除此之外无须任何的服务费用。

6）广告位极佳

淘宝网直通车的广告展示位极佳，直通车在淘宝网搜索商品结果页面的右侧有 16 个广告位，在商品结果页的下端有 5 个广告位，如图 4-2 所示。

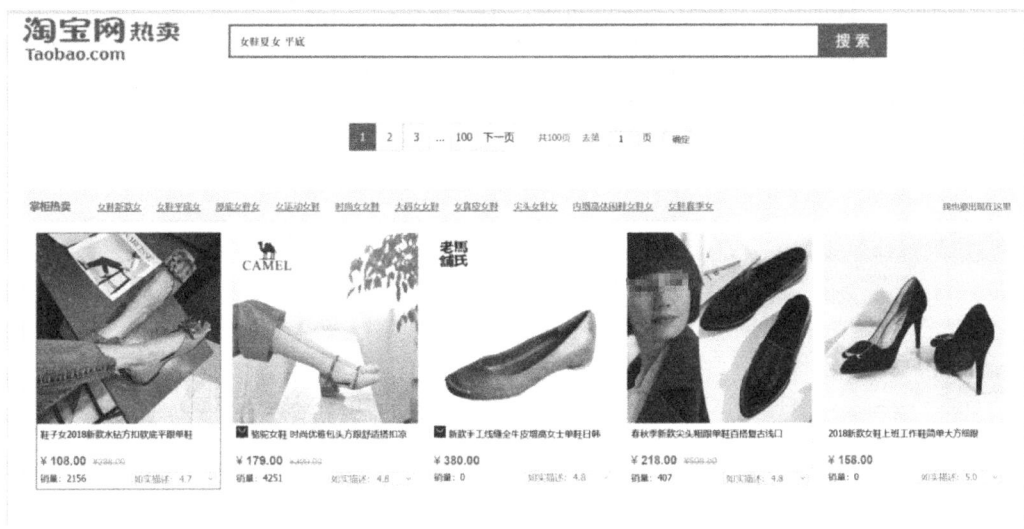

图 4-2　淘宝网商品结果页下端 5 个广告位展示区

3．直通车推广设置

1）开通淘宝网直通车

步骤 1：用户在淘宝网首页登录后单击"卖家中心"菜单中的"我是卖家"选项，然后在左侧列表的"营销中心"栏下单击"我要推广"链接，再单击"淘宝网/天猫直通车"图标，如图 4-3 所示，即可进入直通车。

图 4-3　直通车入口

169

步骤 2：初次使用时，系统会自动弹出淘宝网直通车软件服务协议界面，请仔细阅读，确认没问题后单击"同意"按钮，接受协议。接受协议后进入直通车页面，此时用户已加入淘宝网直通车但是还不能使用它，需要先充值来激活它。开通直通车要求第一次充值 500 元作为预存款，且预存款只能作为推广资金，不能退还。

步骤 3：单击"我要充值"按钮，进入充值界面，输入充值金额"500"，单击"立即充值"按钮，如图 4-4 所示，系统自动链接到支付宝界面，输入自己的支付宝账户及密码后完成充值。这样淘宝网直通车就正式开通了，以后账户续费时，充值金额 200 元起。

图 4-4　直通车充值页面

2）直通车推广计划设置

开通淘宝网直通车后，如何利用直通车来推广商品呢？在创建并设置一个淘宝网直通车标准推广计划的基础上，我们要精心挑选自己店里有代表性的图片和宣传效果好的、能吸引人的商品；直通车推广的标题和描述也要有创意，因为标题最多只能有 20 个汉字，所以要精心挑选字词以调动买家的购买欲望；还需要确定匹配的关键词和适宜的出价，提高推广的性价比。

步骤 1：在卖家中心的后台"营销中心"栏中单击"我要推广"选项，进入"营销入口"页面，单击"淘宝网直通车"按钮，进入淘宝网直通车首页。单击页面左边的"推广计划"栏中的"标准推广"链接，然后单击"+新建推广计划"按钮，如图 4-5 所示，填写推广计划名称，单击"提交"按钮，一个新的推广计划就创建完成了。

图 4-5　新建推广计划

步骤 2：创建好推广计划后，要设置和管理此计划，单击"设置和管理标准推广计划"链接，选择"我的推广计划"中的项目，进入设置和管理界面，如图 4-6 所示。

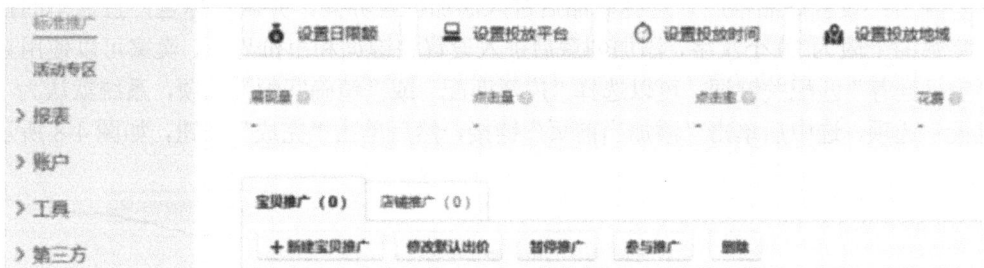

图 4-6　设置和管理页面

步骤 3：设置日限额。日限额可以控制推广成本，卖家也可以根据预算调整日限额。通过开关按钮选择"不设置日限额"或"设置日限额"选项进行设置。选择"设置日限额"选项后，可以为推广计划设置每日扣费的最高日限金额。输入日限额具体金额后，选择"标准推广"或"智能化均匀投放"选项。在标准投放的模式下，系统会根据卖家的投放设置正常展现商品的推广，但也可能会因为过早到达日限额而提前下线。在智能化均匀投放的模式下，系统会根据网站的流量变化及设置的日限额，在设置的投放时间内均匀展现商品的推广，尽可能地避免因为过早到达日限额而错过晚些时候的流量。

步骤 4：设置投放平台。淘宝网直通车目前有淘宝网站内和淘宝网站外两个投放平台，每个平台里面都有 PC 端和移动设备端。淘宝网站内指在淘宝网内投放，是必选的投放平台，淘宝网站外指与淘宝网合作的推广网站，卖家可根据自己的预算决定是否开通。

步骤 5：设置投放时间。投放时间是指在卖家设置的特定投放时间内，在淘宝网推广相关的商品。卖家可以根据自己的整体安排和在线安排选择投放的时间段。时间段投放的最小单位是半小时，但可以预设 1 周的投放时间。如果是新手，可选择"行业模板"进行设置，如图 4-7 所示。

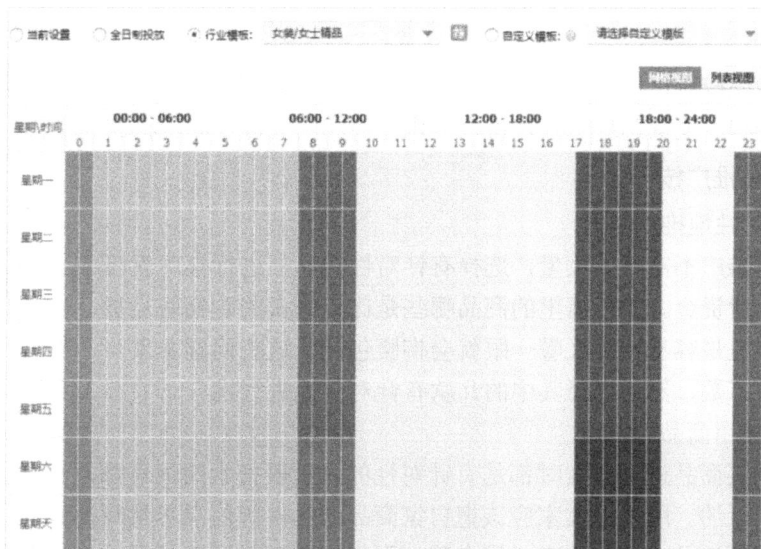

图 4-7　设置投放时间

步骤 6：设置投放地域。投放地域是指只有在投放地域内的买家才能看到卖家推广的商品信息，不在投放地域的买家看不到相关信息。

步骤 7：设置商品推广。选择商品后进入添加创意界面，并确认标题，直通车的推广标题字数的上限为 20 个汉字，添加创意后进入设置关键词和出价界面，卖家可以使用系统的"宝贝推荐"匹配关键词，可以选择"广泛匹配"或"精确匹配"选项，系统默认为"广泛匹配"选项，选中后单击"添加当前页"链接，然后单击"完成"按钮，如图 4-8 所示。

图 4-8　设置关键词和出价

以上步骤完成后，一个新的商品推广计划基本就设置完成了，后期可以继续优化，如根据搜索排名和展现量、点击量、点击率等调整商品的关键词和价格。

4．直通车推广技巧

1）有针对性地推广商品

用直通车推广不需要太大量，选择有针对性的商品进行推广就可以了，以免浪费资金。自己店里的商品哪些是比较好卖的？哪些是货量多的？哪些是最容易让客人看一眼就会掏腰包的？这些问题卖家一定要做到心中有数，然后选择其中的几款有针对性地进行推广。

2）合理使用商品关键词

买家在购买商品进行搜索时都是有针对性的，一般搜索的词语都是与自己想要购买的产品相关或相近的。所以，卖家应该把自家商品的属性等信息尽量写得详细、具体，倘若描述得风马牛不相及，即便搜索时排在第一页，也起不到显著效果。卖家在关键词的选择上一定要谨慎，要尽量贴近自家商品的特质，这样有购买意向的买家点击进去后购买的概

扫一扫

知识链接：新手开通直通车温馨提示

率才会大。

3）排名不一定要居首位

说到排名，这里面有很多省钱的窍门。很多人认为排到第一页，推广效果理所当然是最好的，其实不然，一般来说，以大多数买家平时购物的经验看，基本上都会浏览前三页，除非第一页就有一眼看中的商品，所以，卖家不必非要争取在第一页显示，非要排名在第一。当然，排在第一是最好的，但是为了省钱，排名竞价在第 15 位左右比较理想。

4）推广要有连续性

持续的推广有助于质量得分的提升。推广时间越长，直通车的质量得分就越高，直通车最好一天 24 小时持续开通着，这对于提升直通车账户的质量是有好处的。可能有些卖家担心夜间没有客服值班，开通直通车会比较浪费，其实将分时折扣设置为 30%就可以解决这个问题。

5）分析数据进行优化调整

1～2 周后，可以根据前期的效果进行数据对比，然后进行适当的优化调整，降低一些劣质流量，保留和提高优质流量，控制成本，从而提高投资回报率。

✅ 4.1.2　钻石展位推广

1. 钻石展位概述

钻石展位，简称钻展，是淘宝网图片类、文字类、视频类广告位竞价投放平台，是为淘宝网卖家提供的一种广告产品。具体来说，钻石展位就是花钱在淘宝网首页或其他位置做广告，它依靠图片、文字或视频创意吸引买家点击，获取巨大流量。

2. 钻石展位的优势

1）超低门槛

只要卖家的预算大于 300 元就可以做钻石展位，而且只要设置得当，即使花很少的钱也可以在全网最有价值的展示位上发布信息。

2）超大流量

钻石展位覆盖了全国 80%以上的网购人群，聚集了几十亿的流量。

3）超炫展现

钻石展位的展现形式包括图片、视频、文字等，展现位置更加多样化，展现效果更好。

4）超准定向

钻石展位支持向特定人群展现，目标定向性强，细分各种购物人群，投其所好，更加精准，提高订单转化率。

5）超优产出

钻石展位是按照展现次数收费，不展现则不收费，卖家可以自由组合信息发布的时间、位置、定向、花费，实现最优投产比。

3. 钻石展位的资源位

钻石展位现有全网共 700 余个资源位，包括淘宝网首页、天猫网首页等大部分的图片类广告位，具体情况可以在钻石展位后台"资源位列表"中查看。"资源位列表"内容覆盖分 19 个行业，如图 4-9 所示。

图 4-9　钻石展位资源位列表

淘宝网站外资源位包括门户、视频、社交、垂直行业等数十个行业的媒体。

淘宝网站内资源位包括淘宝网和天猫商城的首页，以及各个频道大尺寸展位、淘宝网无线端等。其中天猫网资源位属于邀请制，不支持自主申请。

（1）淘宝网首页焦点图（PC 端、App 端、H5 触屏端），如图 4-10 所示。

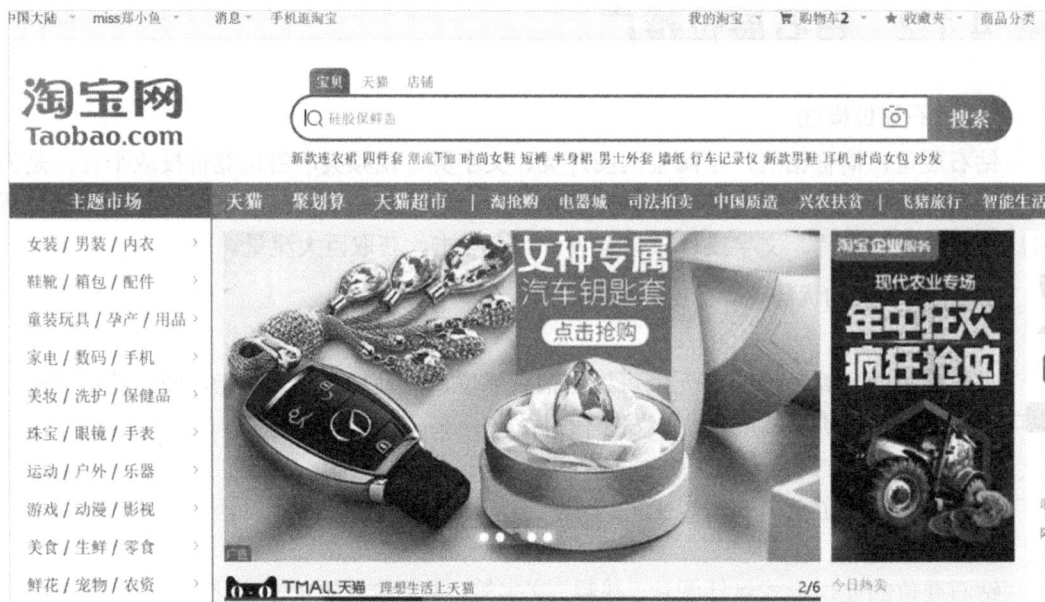

图 4-10　淘宝网首页焦点图

（2）淘宝网垂直频道，如淘宝网女装、家居商品等，如图 4-11 所示。

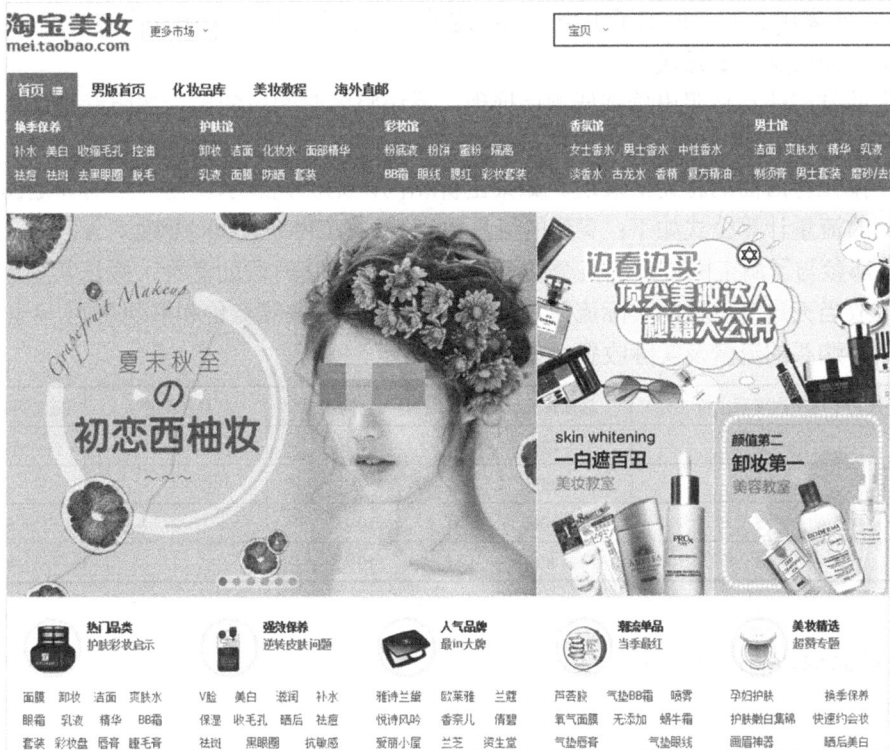

图 4-11　淘宝网垂直频道

（3）淘宝网收藏夹底部展位，如图 4-12 所示。

图 4-12　淘宝网收藏夹底部展位

4．钻石展位的收费规则

钻石展位是通过竞价排序，按照展现次数来计费的，计费单位是 CPM。CPM（Cost Per Mille）是指卖家选择的展示位所在的网页被打开 1000 次所需支付的费用。

例如，卖家用 8 元竞拍到了 1 个 CPM，这就意味着卖家的推广图片将被展现 1000 次，展现后卖家需要支付 8 元钱。

卖家的推广信息按照出价高低顺序展现。系统将各时间段的出价按照竞价高低进行排名，价高者优先展现，出价高的预算消耗完后轮到下一位，以此类推，直到该时段流量全部消耗，排在再后面的将无法展现。如果出价相同，则优先展示创建更早的计划图片。卖家购买到的流量计算公式如下：买到的流量数=总预算/CPM×1000。例如，A、B、C、D 这 4 位卖家都参与了淘宝网首页的某个展示位 10:00—12:00 时段的竞价，假设其竞价和预算情况及投放当天这个位置的实际流量是 40 个 CPM，那么按照竞价和展现规则，4 位卖家的展现顺序、购买的流量及实际收费，如图 4-13 所示。

客户	CPM 每千次展示出价（元）	总预算（元）	购买到的流量	展示顺序	淘宝网收费（元）
A	6	1200	20W	2	1200
B	2	600	0	4	0
C	5	1000	10W	3	500
D	8	800	10W	1	800

图 4-13　竞价收费

5. 钻石展位的投放流程

步骤 1：开通钻石展位并充值。用户在淘宝网首页登录后单击"卖家中心"菜单中的"我是卖家"选项，然后在左侧列表的"营销中心"栏下单击"我要推广"链接，再单击"钻石展位"图标，如图 4-14 所示，即可进入钻石展位。开通钻石展位权限后，卖家需向钻石展位账户充值 1000 元，才能使用钻石展位常规功能。

图 4-14　钻石展位入口

步骤 2：新建营销计划。单击"+新建营销计划"按钮后，首先要选择展示的方式，如图 4-15 所示，具体包括展示网络、明星店铺、视频网络 3 种方式。展示网络是最普遍的一种方式，是可对定向人群进行图片展示的标准营销工具；明星店铺是"搜索+展示"型广告，当搜索店铺关键词时展现在搜索结果顶部；视频网络是品牌营销工具，可以通过视频传播快速提升店铺品牌的知名度和影响力。卖家应结合自身的需求选择展示方式。

图 4-15　钻石展位的展示方式

步骤 3：填写计划基本信息。选择图 4-15 中的"展示网络"，单击"立即创建"按钮进入"计划基本信息"的填写页面，填写一个便于识别的计划名称，每日投放预算必须不低于 300 元且小于 1000 万元，如图 4-16 所示。

图 4-16　填写计划基本信息

在填写计划基本信息时，卖家可根据自身需求进行高级设置，选择投放地域、投放时段和投放方式，如图 4-17 所示。

扫一扫

知识链接：如何设置投放地域、时段和方式

177

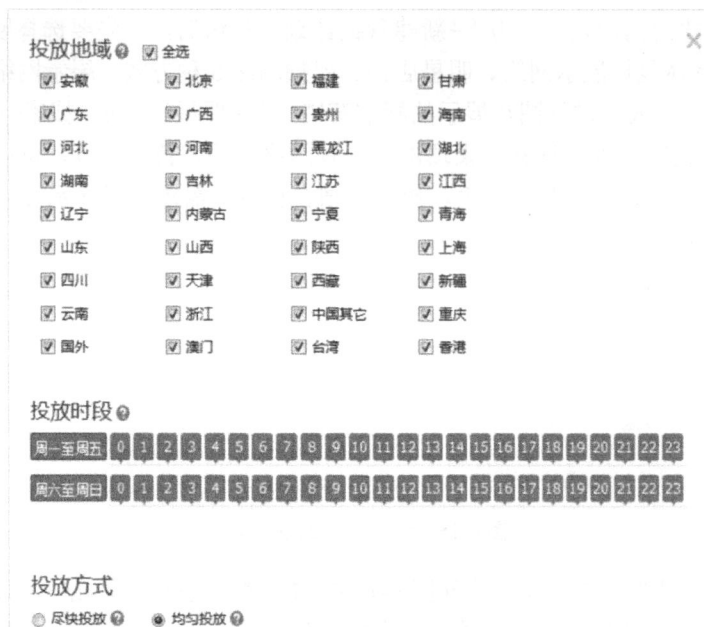

图 4-17　信息高级设置

　　步骤 4：设置推广单元。编辑好计划基本信息后，就要开始对推广单元进行设置，主要的任务是选择展示位及对展示人群进行定向设置。一个推广计划中可以添加多个推广单元，每个推广单元可以设置不同的展示人群和展示位，但共享推广计划的设置。选择定向人群即选择要向哪些人群展示钻石展位的广告，定向的方法包括通投、DMP 定向、访客定向、兴趣点定向、视频主题定向、群体定向，单击各定向方法后的"设置定向"按钮即可进行相应的设置。例如，可以在群体定向设置中输入你店铺的名字，然后系统会向你推荐类目+价格。如果你是卖服装的，那么就是服装价格有低、中、高。关于价格，选择哪个比较合适，根据你的客单价来选择，在你的类目里面，如果你的客单价特别高，那么价格就选择中或高，如图 4-18 所示。

图 4-18　群体定向设置

　　定向人群选择完成后便可进行投放资源位的选择，完成人群定向设置和资源位选择后，便进入设置出价环节。首次出价时，可选择系统建议出价。出价是实时生效的，也会实时反馈数据，因此卖家可以根据实时投放数据来调整价格。如果投放一段时间后没有展现，则可以适当提高出价。

步骤 5：添加创意。设置完成推广单元后，就要进行创意的添加。系统会显示所选资源位的创意尺寸及等级要求等，卖家可根据创意要求通过在线制作、创意库选择、本地上传 3 种方式添加创意。卖家也可以在钻石展位首页单击"创意"按钮进入创意的管理页面，借助创意实验室进行创意设计。创意实验室提供简单的基础模板，只要上传卖家的产品图、修改模板的文字和颜色，即可生成自己的创意。卖家也可以根据要求自行设计，然后选择本地上传。

6. 钻石展位推广技巧

多数卖家在刚做钻石展位时，都会困惑于怎么选展位、做什么计划、素材怎么设计才有吸引力、预算和 CPM 出价多少合适、选谁做定向等问题。这些问题如果把握不好，钻石展位推广就无法实现引流效果。因此，需要注意以下方面。

1）合理选择展位

钻石展位现在全网共 700 余个资源位，不同资源位的流量和投放效果各不相同。卖家在投放钻石展位时要合理选择展示位。

- 选择流量资源足够的展位。只有尽量选择流量资源足够的展位，才能获得流量。
- 选择性价比更高的展位。参考近期浏览量和点击量，选择性价比更高的展位。
- 结合活动策略调整投放广告位。对于促销活动（如清仓上新、打折促销、限时活动、阶段性活动），应选择流量大的展位，引进大流量；对于日常投放，应选择性价比较高的展位，作为稳定的流量来源。
- 综合卖家自身经营情况选择展位。卖家在做钻石展位时，要综合考虑自身的经营类目、预算、营销活动等因素，选择合适的展位。例如，一位女装卖家对一款连衣裙进行限时 6 折包邮促销活动，则可以选择女装频道二屏通栏，这一展位的优点是对应频道广告位，针对性强、性价比高，但流量较小；另可选择首页二屏大图，能满足大流量需求，结合使用人群定向和店铺定向可锁定精准流量。

2）多做计划、多设置推广单元、多时段投放

买家喜欢看的图片在不同的时段是有区别的，甚至同一张图，只是改换了一下背景颜色，其点击率也会有所区别。为了尽可能地迎合买家的喜好，卖家只有多做计划、多设置推广单元、多设置推广时段投放钻石展位，不断地测试，才能选出最优的计划，实现在有限的预算内获得最大的流量。

另外，卖家在做钻石展位时为了获得精准流量，可以进行店铺定向。但是一个计划或一个推广单元所能定向的店铺数量是有限制的。这种流量对于卖家来说是远远不够的。为了解决这一问题，卖家可以通过多做计划、多设置推广单元，把尽可能多的相关卖家的店铺都做定向。

3）设计适合的创意

钻石展位创意是钻石展位推广的灵魂，它的好坏直接决定了钻石展位投放的效果和付出的成本，因为买家是被创意所吸引而进入的。

但是精美的创意，如果不能符合客户群体的要求，其点击率仍然会很低。因此钻石展

位的创意不是追求精美，而是要做到适合。设计适合的创意需遵循以下几点。

- 主题突出。钻石展位的创意一定要做到主题突出，让消费者一看便知卖家所卖的产品是什么及卖家所要表达的是什么。
- 卖点鲜明。卖家如果有很大的折扣力度，或史无前例的低价，或包邮等卖点，一定要在钻石展位创意上鲜明地表现出来。
- 具有视觉冲击力。钻石展位创意如果想为卖家带来流量和点击量，那么它必须能够引起顾客的注意，这也就意味着它必须具备某种视觉冲击力，否则没有人会有耐性看下去。

4）做好落地页，提高转化率

钻石展位的落地页即买家单击钻石展位创意后链接进去的页面。钻石展位创意是吸引买家进店的，而落地页是促使买家掏钱购买的。所以落地页的好坏直接决定着钻石展位的转化率。

钻石展位落地页大致包括首页、活动页/专题页、单品页、无线端首页、无线端单品页、聚划算品牌团等。卖家要结合自身投放钻石展位的目的选择做好落地页，如卖家投放钻石展位是为了打造爆款，则应选择单品页作为落地页；若卖家是为了活动引流，则应选择活动页/专题页作为落地页。

5）预算充足，合理出价

前面已经说过，钻石展位的展现逻辑是，卖家的推广信息按照出价高低顺序展现，系统将各时间段的出价按照竞价高低进行排名，价高者优先展现，出价高的预算消耗完后轮到下一位，以此类推，直到该时段流量全部消耗。基于这一展现逻辑，如果卖家出价很高，自然可以优先展现，但是如果预算较少的话就会很快消耗完，那么能展现的时间非常有限；但是如果卖家出价很低，那么很可能连展现的机会都没有。

卖家最好能保证充足的预算，并在实践中多设置推广单元，不断进行出价测试，找到一个能展示出来的时间段，且流量较大、价格较低。

6）根据投放目的选择定向

- 以日常流量为目的的定向选择。日常流量计划，是店铺日常除直通车、淘宝客、自然搜索之外的一个流量补充。日常流量计划的目的应该是精准、稳定、转化率高。钻石展位日常流量的目标，应该是不求最多，只求更精准，所以可根据主推（热销）商品的基础属性，以兴趣点定向为主来获取比较精准的、有针对性的展现。
- 以店铺促销为目的的定向选择。店铺促销的目的主要有推广多款促销商品、产生更高客单价、产生更多关联销售、清仓尾款。为了实现这些目的，钻石展位应以兴趣点和访客为定向。
- 以品牌推广为目的的定向选择。品牌推广的目的在于增加消费者认知，增加品牌在目标消费人群中的曝光频次，使目标消费人群能对品牌产生熟悉感，提升认知度。以此目的投放钻石展位时在定向上可遵循以下原则：主营是一级类目的卖家，如女装、男装、护肤品可采用"群体+访客+兴趣点"定向；主营是二级及以下类目的卖家，可采用"访客+兴趣点"定向。
- 以爆款打造为目的的定向选择。爆款打造时的流量瓶颈：当店铺某款商品爆款趋势已经形成，销量正在逐渐攀升时，很多卖家会发现仅通过自然流量和直通车及第三方活动已经不足以支撑引爆销量，这时就需要适时通过钻石展位引进相对精准的流量，来为爆款的打造添上一把火，去推进爆款更快形成。以此目的投放钻石展位的定向方法是"访客+兴趣点"。在访客定向的选择上，应是"自己店铺+同样主推同类商品的店铺"去选择定向；在兴趣点定向的选择上，应是单品 IP 定向精准兴趣点，再加上此商品关联性比较高的兴趣点，如补水类化妆品，可以选择补水面膜、补水化妆水等；男装 T 恤，可以选择青少年 T 恤、翻领 T 恤、商务 T 恤等；女式凉鞋，则可以选择休闲凉鞋、坡跟凉鞋及和主推款基础属性相同的其他兴趣点，如圆头低帮、平跟或中跟等。

- 以官方活动流量补充为目的的定向选择。官方活动，如淘宝网周年庆、天猫商城周年庆、"双十一"、"双十二"及聚划算等，其特点在于一个落地页面上会有多家店铺去平分，官方流量绝大部分为通投流量。而目标消费群本就是冲着活动来购买商品，不买你的商品，就一定会买别人的。所以卖家在这个时候，只有尽可能地增加曝光频次，去展示给目标消费人群，才能吸引更多的访客。

以此目的做钻石展位，卖家做通投计划必不可少，同时在群体定向中应将相关联的类目纳入定向中。例如，女装类目，不仅要选择女装，也要考虑美容、女鞋等相关类目的同价格区间的群体；在访客定向中，除将自己店铺或同行大店作为种子店铺外，还应尽可能地筛选出更多同行的店铺作为访客定向选择，以获取竞争者的客户群体；在兴趣点定向中，可直接通过自己店铺或同行大店的 ID，选出所有相关的一级及二级类目兴趣点去全面覆盖，力争将网撒得更广。

7）依据报表数据，适时优化计划

钻石展位后台有 3 处可以查看报表：首页、计划管理、报表。钻石展位投放后，卖家要及时通过以上方式关注各种报表，随时关注预算、消耗、竞标出价、点击量等数据，从报表数据中查看投放效果并进行适时的优化。

✅ 4.1.3 淘宝客推广

1. 淘宝客推广概述

淘宝客推广是一种按照成交量来计费的推广模式，由淘宝客帮助淘宝网卖家推广商品，买家通过推广的链接进入并完成交易后，淘宝网卖家支付一定比例的佣金给帮助推广的淘宝客。

淘宝客是指帮助淘宝网卖家推广商品，推广的商品成交后从中获得一定佣金的个人或网站。淘宝客主要有个人和网站两大类：个人淘宝客有博客主、论坛会员、聊天工具使用者、个人站长等；网站淘宝客有博客、门户、资讯、购物比价、返利网、购物搜索等网站。

在淘宝客推广中，有淘宝联盟、卖家、淘宝客、买家 4 个不可或缺的角色，其关系如图 4-19 所示。

1）淘宝联盟

淘宝联盟是一个推广平台，帮助卖家推广产品，帮助淘宝客赚取利润，从每笔推广的交易中抽取相应的服务费用。

2）卖家

卖家是佣金支付者，他们提供自己需要推广的商品到淘宝联盟，并设置每卖出一件商品愿意支付的佣金。

3）淘宝客

淘宝客是佣金赚取者，他们在淘宝联盟中找到卖家发布的商品，并且推广出去，当有买家通过自己的推广链接成交后，就能够赚到卖家所提供的佣金。

4）买家

单纯的购买者，网购者。

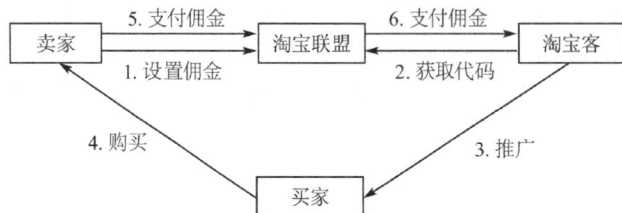

图 4-19　淘宝客推广关系

2．淘宝客推广模式

用户在淘宝网首页登录后单击"卖家中心"菜单中的"我是卖家"选项，然后在左侧列表的"营销中心"栏下单击"我要推广"链接，再单击"淘宝客"图标，如图 4-20 所示，补全相关信息，即可开通淘宝客。

图 4-20　淘宝客入口

开通淘宝客后，如何利用淘宝客来推广商品呢？淘宝客现在主要有 3 种推广模式，分别是通用计划推广、如意投计划推广、定向淘宝客计划推广。下面一一介绍这 3 种推广模式及其设置方法。

1）通用计划推广

通用计划推广是淘宝客最常见的一种推广方式，也是默认的一种推广方式。这种模式不设定任何门槛，所有淘宝客都能参加并推广。建议新店设置类目的佣金比，其佣金比一般是 1%～5%，主推商品 30 款，不能删除，但能修改。佣金比最高可以设置成 50%，佣金比修改之后次日生效，此计划无须申请，且佣金比不宜过高，针对这种默认推广，建议设置最低佣金比。

步骤 1：进入卖家中心后台，单击"营销中心"栏下的"我要推广"链接，在"营销入口"选项中单击"淘宝客推广"图标，进入淘宝客页面。

步骤 2：单击"推广计划"栏中的"通用计划"链接，进入通用计划界面，如图 4-21和图 4-22 所示。

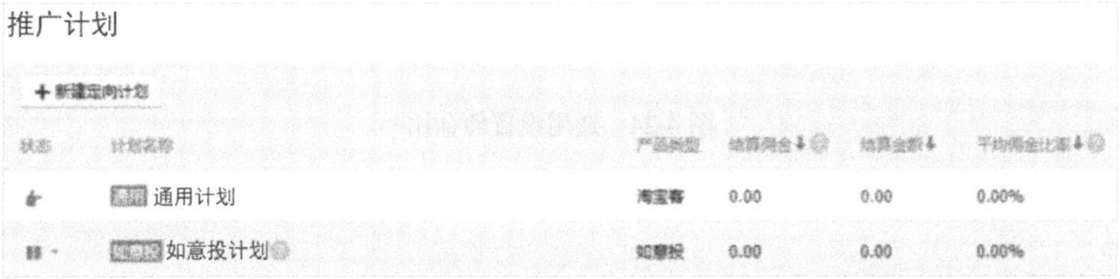

图 4-21　推广计划栏

图 4-22　通用计划界面

步骤 3：在通用计划界面中，单击"佣金管理"栏中的"+新增主推商品"按钮，选择要主推的商品，并完成添加，如图 4-23 所示。

图 4-23　通用计划新增主推商品

步骤 4：新增主推商品后，单击"编辑佣金比"按钮，卖家可以在此范围调整佣金比，如图 4-24 所示。

图 4-24　通用设置佣金比

完成以上步骤后，一个通用计划的推广设置就完成了，接下来就等待淘宝客来推广这个商品了。

2）如意投计划推广

如意投计划推广是为淘宝网卖家量身定制的，是帮助卖家快速提升流量的，按成交量付费的精准推广营销服务。展示位置：爱淘宝网（原淘宝网特卖）、中小合作媒体的橱窗推荐、热卖单品等，分为 PC（个人计算机）和无线两大块。卖家只要开通了如意投计划即可，没有太多的技巧，高佣金和高质量的产品会优先展示。

步骤 1：单击图 4-21"推广计划"栏中的"如意投计划"链接，初次使用会弹出如意投软件服务协议界面，单击"确定"按钮，即可开通如意投计划。

步骤 2：在如意投计划设置界面中，单击"佣金管理"栏中的"+新增主推商品"按钮，选择要主推的商品，并完成添加。

步骤 3：添加了主推商品后，如果想调整佣金比，卖家可单击"编辑佣金比"按钮，在规定范围调整佣金比，如图 4-25 所示。

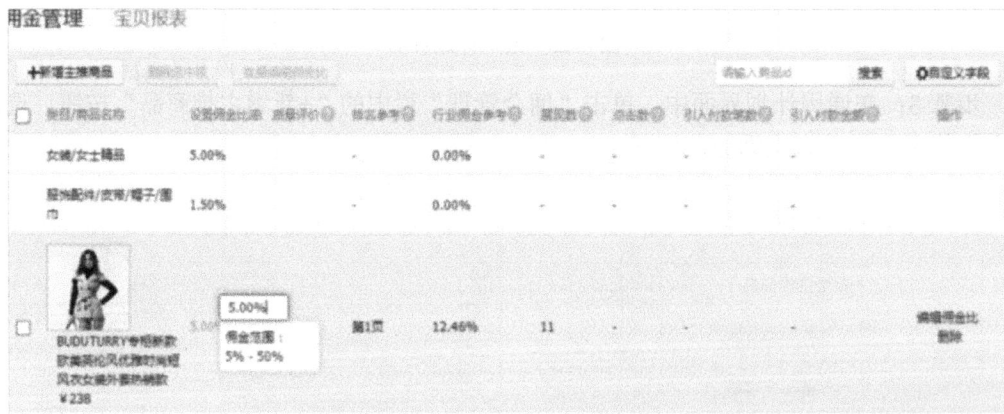

图 4-25　设置如意投计划的佣金比

3）定向淘宝客计划推广

定向淘宝客计划推广是由卖家自己定义的，卖家可以公开，也可以不公开，可以选择需要审核或者不需要审核。这种推广模式可以避免浏览器阻截，防止出现买家自己购买产品自己推广赚取佣金的情况。所以卖家可以把这个计划的佣金设置得高一点，只有通过卖家审核的人才能推广。

步骤 1：在淘宝客管理页面，单击图 4-26 中的"+新增定向计划"按钮，弹出新增定向计划推广界面，分别设置计划名称、计划类型、审核方式、起止日期、类目佣金，然后在"推广描述"文本框中输入相关的内容。

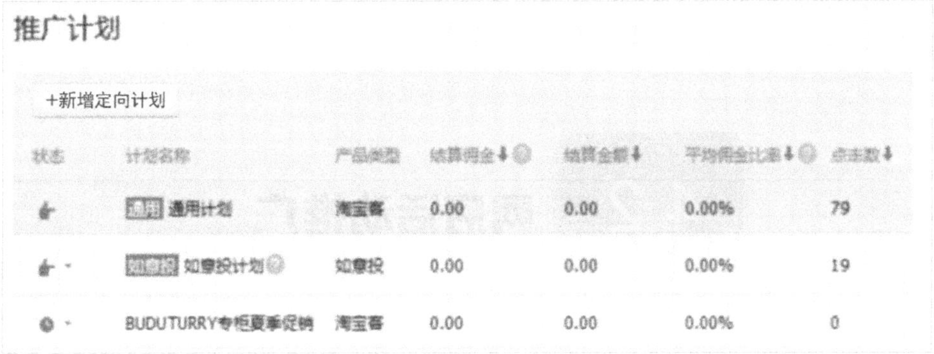

图 4-26　定向推广计划创建

步骤 2：单击"创建完成"按钮，淘宝客定向推广计划创建完毕。

3. 淘宝客推广技巧

1）调高佣金比例

卖家可以设置所有在阿里妈妈投放的商品佣金比例都超过 15%，甚至最高的佣金比例达到 50%。这样高的佣金比例对淘宝客来说具有非常大的吸引力。只有在众多商品中脱颖而出，才能吸引了淘宝客的目光，才能带来好的销量。

2）挑选有竞争优势的商品

进行淘宝客推广的商品应有一定的销量，且图片和商品描述必须有吸引力。因为在互联网中，买卖双方不能面对面地交流，所以商品描述和图片应能够直观地展现出售的商品。在淘宝客推广中销售最火爆的商品都会有客户好评、交易记录等图片来说明该商品的优势。只有诱人的销售记录和极具说服力的标题、图片，才能增加淘宝客和买家的信心。

3）更新当季、适时的商品

关注淘宝客推广后台，当卖家忙于店铺更新换季时，不要忘记调整淘宝客推广上的商品，将阿里妈妈当作自己的第二间店铺，而且是一间面向全互联网销售的店铺。常换常新，根据效果来调整商品和设置，这样才能保证店铺有好的销量。

4）设置优秀的标题、简介

突出自己希望传达给买家的商品价值点，如某件商品正在做促销或有赠品，最好能在标题和简介里面明确地体现出来，确保能很快吸引淘宝客的目光。

5）设置额外奖励政策

如果希望有更多的优秀淘宝客帮助推广商品，还可以对淘宝客设置推广激励计划。例如，淘宝网卖家为了激励淘宝客帮其推广商品，除原定的佣金外，还出台了其他奖励政策，进一步调动了淘宝客的推广热情，达到了双赢的目的。

6）卖家自己做淘宝客

淘宝网卖家可以自己注册一个阿里妈妈账号，加入淘宝联盟成为一名淘宝客，这样自己就可以以淘宝客的身份来推广自己的商品了。如果卖家以前有百度推广或其他方式推广的计划，那么现在可以改用淘宝客推广为自己推广商品。因为商品只有不断地被淘宝客推广出去，才能吸引更多的淘宝客来推广。

7）加强与淘宝客沟通，建立淘宝客旺旺群

建立淘宝客旺旺群，将推广动态信息在第一时间与淘宝客沟通。例如，店铺的商品下架后第一时间告诉淘宝客，这样会让淘宝客感受到卖家合作的诚意，会更加愿意也更加放心地进行推广。

4.2 网店活动推广

店铺的推广引流，除了一些常规的推广工具，卖家还可以通过积极申报平台上的各项活动及店铺内的促销活动来提高商品和店铺的曝光率。

✅ 4.2.1 官方活动推广

淘宝网为卖家提供了很多扶持活动，官方活动可分为三大块：平台活动、渠道活动和类目活动。

平台活动最重要的是"两新一促一节"四大活动——3月或4月春上新；6月年中大促；8月新风尚；"双十一"狂欢购物节。除这些外，还有一些大的活动淘宝网周年庆、腊八年货节、新势力周、开学季、十月保暖季、99大聚惠等，以及传统节日促销活动——元旦、圣诞、春节不打烊、情人节、38女神节、中秋节、国庆出游等。

渠道活动主要有天天特卖、淘金币、淘抢购、免费试用、清仓、周末淘宝网、淘宝网众筹、最淘宝网、全民抢拍、每日首发、有好货、范儿、聚划算、淘特莱斯等。

类目活动主要包括类目频道和类目主题的活动。每个一级类目都有属于自己的类目频道，频道内会有固定频道活动，以及不定期的主题活动。想要知道不定期的活动可以提前与类目小二沟通。

聚划算是淘宝网主要官方活动之一，下面我们详细介绍一下其操作方法。

聚划算活动

聚划算是阿里巴巴集团旗下的团购网站。为了吸引买家流量，聚划算有十几个官方大流量入口，其中淘宝网首页是流量的聚集地，也是所有页面中流量最高的区域，如图4-27所示。聚划算商品团主要活动包括竞拍团、单品/佣金团、聚优品、全球精选、新人活动专区和聚晚市活动等。

图 4-27 淘宝网首页聚划算入口

1）聚划算活动优势

- 品牌曝光。聚划算设置品牌团栏目，为店铺推广品牌提供优质的展区服务。因此，放置在品牌团的店铺品牌和商品都拥有超高曝光率，为商家带来病毒式传播，不断吸引着更多买家来参与，如图 4-28 所示。

图 4-28 聚划算品牌团

- 流量与销量。聚划算一天的活动将带给卖家上万流量和上千单品销量，为店铺带来超高人气，并促进关联销售和后续的二次销售良性发展，如图 4-29 所示。

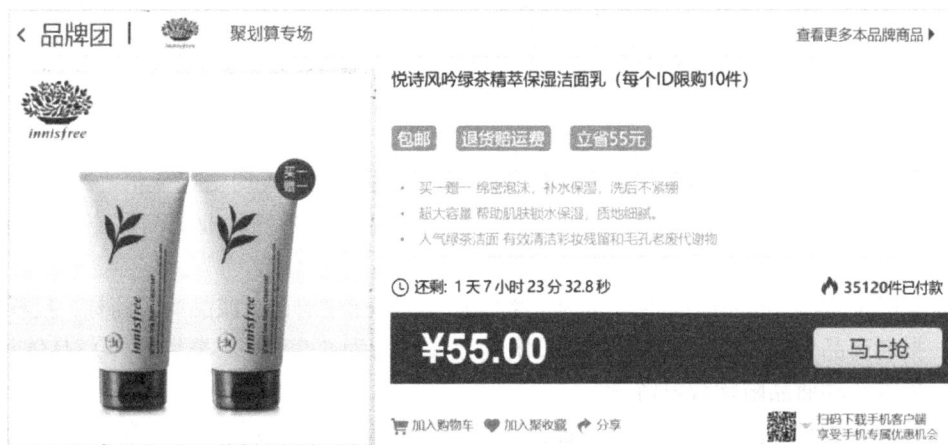

图 4-29 聚划算品牌团销量情况

- 快速成长。聚划算活动是对店铺整体的一次考验，客服的接待能力、仓库的发货和配货能力、策划的随机应变能力、设计的图片处理能力等都要经得起考验。经过聚划算活动，店铺会快速成长起来。
- 市场调研。经过聚划算活动后，卖家可以第一时间了解买家对商品的需求和反馈。聚划算可以作为品牌和店铺的新品发布平台，因为从中可以迅速得到目标买家的第一手信息，从而更有利于今后的二次营销，同时为商品的文案策划方面提供了很好的素材，如买家的使用感受、评价内容等。
- 组合营销。聚划算活动结束后，卖家可以结合店内促销、抽奖或线下创意的事件营销进行二次营销，并以买家分享和店铺达人分享等方式进行软性营销。

2）聚划算活动店铺要求

- 天猫旗舰店、天猫国际店铺要求开店时长在 30 天及以上，其他店铺的开店时长必须在 90 天及以上。
- 淘宝网店铺信用等级必须在 1 皇冠及以上。
- 店铺近半年宝贝与描述相符 DSR 须达 4.6 及以上。
- 店铺近半年服务态度 DSR 须达 4.6 及以上。
- 天猫国际商家近半年发货速度 DSR 须达 4.5 及以上；其他店铺近半年发货速度 DSR 须达 4.6 及以上。
- 天猫国际商家店铺近半年的有效评分数量必须在 50 个及以上，集市商家店铺近半年的有效评分数量必须在 200 个及以上，天猫商家店铺近半年的有效评分数量必须在 300 个及以上。
- 除主营类目为移动/联通/电信充值中心、手机号码/套餐/增值业务、网络游戏点卡、腾讯 QQ 专区、装修设计/施工/监理类目的卖家、主营类目为手机的天猫旗舰店，以及景点门票/实景演出/主题乐园、特价酒店/特色客栈/公寓旅馆、度假线路/签证送关/旅游服务类目的淘宝网旅行卖家外，其他店铺实物交易占比必须在 80% 及以上。
- 除特殊主营类目外，淘宝网/天猫店铺的近 30 天纠纷退款率必须小于 0.1%，天猫国际店铺必须小于 0.2%。特殊主营类目如下：家装主材类目近 30 天纠纷退款率小于 0.6%；住宅家具类目近 30 天纠纷退款率小于 1.3%；大家电类目近 30 天纠纷退款率小于 0.7%；笔记本电脑、平板电脑/MID、手机、3C 数码配件、数码相机/单反相机/摄像机、台式机/一体机/服务器近 30 天纠纷退款率小于 1%。

3）聚划算活动商品要求

报名聚划算的商品需符合如下要求。

- 报名商品的价格不得高于此商品在淘宝网/天猫的近 30 天历史最低价。
- 部分高危材质和特定类目的商品必须提供质检报告，特殊行业的商品应提供相应行业资质。具体可参见《聚划算质检规范》。
- 品牌（商标）商品应提供该品牌（商标）的《商标注册证》或品牌（商标）授权书。
- 报名商品必须设置商品限购数量，限购数量最高为 5 个（特殊类目除外）。具体见《聚划算活动商品限购数量解读》。
- 除特殊类目商品、特殊玩法商品外，其他报名商品必须支持包邮。特殊类目商品具体见《聚划算基础招商标准》。
- 报名商品必须设置为拍下减库存。

除以上要求外，报名商品还需符合所报具体业务活动的招商标准。

4）聚划算活动报名流程

聚划算为卖家提供了多种业务团，但卖家无论参与何种业务团都需遵循报名、审核、上团准备、上团及收尾这 4 个阶段的流程，如图 4-30 所示。不同的业务团在参团各阶段的具体工作略有差异，现以商品团为例，介绍卖家参与聚划算商品团的运作流程。

1	2	3	4
报名阶段 查看招商公告 选择合适活动 填写报名信息	审核阶段 一审 二审	上团准备阶段 信息完善/变更 费用冻结/发布/锁定 填写报名信息 备货 预热营销	上团及收尾阶段 活动跟进 费用结算 参聚总结

图 4-30　聚划算报名流程

步骤 1：登录聚划算后台（ju.taobao.com），单击右上角的"商户中心"按钮跳转到商户中心首页，单击"我要报名"按钮，如图 4-31 所示。

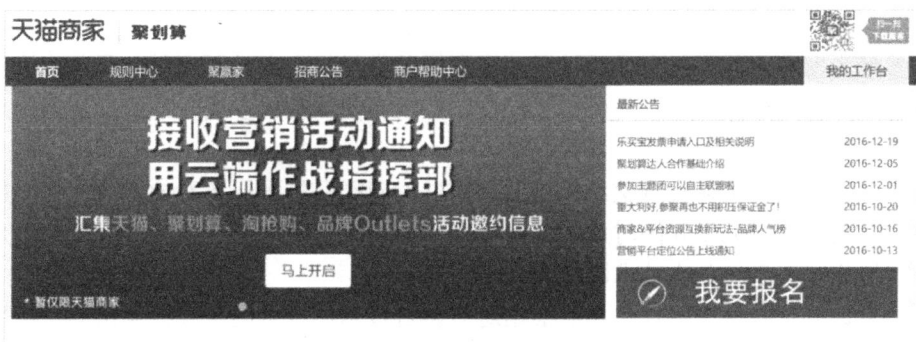

图 4-31　聚划算报名入口

步骤 2：选择相应活动，单击"查看详情"按钮，进行报名，如图 4-32 所示。在活动详情页面，卖家可以查看活动及费用介绍、坑位规划及报名要求。

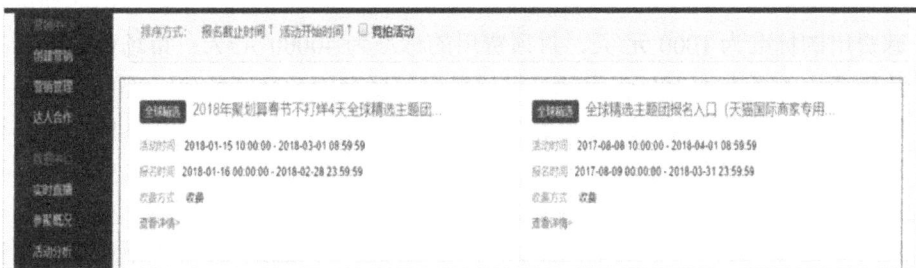

图 4-32　聚划算活动选择页面

步骤 3：选择符合机审规则的商品。

步骤 4：选择坑位。如果卖家的商品符合所有坑位的条件，系统将展示 6 周内所有坑位，单击"我要报名"按钮即可。若商品不符合条件，系统默认不展示不符合条件的坑位，卖家需要重新选择符合条件的商品。

步骤5：填写商品团购价格和数量。

步骤6：报名完成，等待审核。提交完成，提示"商品报名成功，等待审核"，此时商品报名已完成。如果商家准备好了参聚页面的内容，也可以单击"完善商品信息"按钮去完善参聚信息。如果没有准备好，可以等待商品审核通过后再完善参聚信息。

步骤7：提供质检报告。聚划算对部分商品有质检的强制要求，出售这类商品的商家报名参加聚划算活动须提交符合聚划算要求的商品质检报告或到聚划算指定的质检服务商处做专业检测，获取检测报告后提供给聚划算备案。如未提交，商品将无法审核通过。

扫一扫

知识链接：质检报告的提供方式

步骤8：审核通过后，聚划算要对参聚商家进行费用冻结、商品发布及锁定，同时商家还可以进行商品信息完善/变更、备货、预热营销等工作。商品审核通过获得排期后，商家可对报名商品的标题、主图、详情等相关信息进行优化，商品正式发布后不可再变更。

5）聚划算活动收费模式

（1）基础收费模式。即基础技术服务费（简称基础费用）、实时划扣技术服务费、封顶技术服务费（简称封顶费用）的组合模式。基础费用及封顶费用的标准均与天数相关，具体含义如下。

- 参聚商家在商品获得审核通过后，需要提前支付（定义见《支付宝服务协议》）一笔基础费用至其绑定的支付宝账户内。在所有商品正式参团时，基础费用将划扣至聚划算账户并不予退回。
- 当开团后累计确认收货交易订单金额根据对应类目技术服务费的费率计算出的技术服务费等于或低于开团时已扣除的基础费用时，系统将不会执行实时划扣技术服务费操作（即系统免收技术服务费）。
- 当累计确认收货交易订单金额根据对应类目技术服务费的费率计算出的技术服务费高于开团时已扣除的基础费用时，系统将对超出免扣技术服务费的成交额（免扣技术服务费成交额=基础费用/对应类目技术服务费的费率）部分实时划扣技术服务费，直至达到封顶费用时，系统停止扣费。
- 单品团基础费用的标准为2500元/天，封顶费用的标准为25000元/天；品牌团基础费用的标准为25000元/天，封顶费用的标准为50000元/天。市场营销活动单品团基础费用的标准为1000元/天，封顶费用的标准为40000元/天；市场营销活动品牌团基础费用的标准为10000元/天，封顶费用的标准为80000元/天。部分业务类型对基础费用及封顶费用有特殊规定的按其规定，具体详见商家所报名具体业务类型的活动所展现/公示的收费标准。

（2）特殊收费模式，具体包括以下3种。

- 实时划扣技术服务费的收费模式，即免除基础费用的缴纳要求，也不设置封顶费用，仅按照确认收货的成交额及对应类目的技术服务费费率实时划扣技术服务费，且部分业务或品牌按照对应类目的实时划扣技术服务费的费率的8折扣费，具体详见商家报名具体业务类型的活动所展现/公示的收费标准。
- 固定费用收费模式，即商家应在获得审核通过后提前支付一笔固定技术服务费（简称固定费用）至商家绑定的支付宝账户内，并于开团时由系统划扣至聚划算，开团后系统将不再实时监控确认收货成交额，商家也无须再缴纳实时划扣技术服务费。

- 竞拍费用收费模式，即商家在竞拍成功后提前支付一笔排期技术服务费（简称竞拍费用）至商家绑定的支付宝账户内，并于开团时由系统划扣至聚划算账户并不予退回。当开团后累计确认收货交易订单金额根据对应类目实时划扣技术服务费的费率计算出的实时划扣技术服务费等于或低于开团时已扣除的竞拍费用，系统将不会执行实时划扣技术服务费的操作（即系统免收实时划扣技术服务费）；当累计确认收货交易订单金额根据对应的实时划扣技术服务费的费率计算出的实时划扣技术服务费高于开团时已扣除的基础费用，系统将对超出免收实时划扣技术服务费的成交额（免收实时划扣技术服务费成交额=竞拍费用/对应实时划扣技术服务费的费率）部分实时划扣技术服务费，实时划扣技术服务费不设置封顶费用。具体详见商家报名具体业务类型的活动所展现/公示的收费标准。

费用冻结完成后，系统会在商品展示时间前两个工作日（不包括周六、日）15:00 开始进行商品的发布，直至展示时间为止。系统会在开团前两个小时进行商品的发布锁定，届时将不可对商品进行修改操作。

参团结束 30 天，聚划算平台将与商家进行保证金、佣金、竞拍费等费用的结算。商家可以在聚划算页面，单击"商家报名"按钮进入商家报名页，单击"收费管理"中的"我要开票"按钮进行发票开具。

6）聚划算活动推广技巧

聚划算具有活动时间短、流量大、成交快等特点。对于商家而言，参与聚划算活动是机遇与挑战并存。因此，要利用好聚划算这一推广工具，商家除了要熟知聚划算参与流程，还必须掌握聚划算推广的技巧。

（1）遵循聚划算运作规律。聚划算具有活动时间短、流量大、成交快等特点，这就决定了聚划算更多的工作是在筹备前期完成的。因此商家在策划聚划算活动时需遵循聚划算运作的"811 法则"，即 80%的工作在前期运作，10%的工作在活动当天运作，10%的工作在活动过后运作。

（2）总体规划、注重细节。聚划算涉及的实际工作和细节非常多，它既考验商家的总体规划及各个部门的协作执行能力，也考验细节处理能力，所以商家在筹备聚划算活动过程中要做好总体规划及人员的分工、培训，责任落实到位，细节执行好，以达到理想的效果。

（3）做好商品选款。聚划算推广效果的好坏取决于参聚商品的质量，所以商家在正式报名聚划算前，要做好商品的规划选款，并对意向商品进行前期的预热工作。在商品的选款上，可参考以下几个重要因素。

- 高性价比。只有高性价比的商品才能吸引顾客。
- 价格因素。价格是影响消费者购买的最重要因素之一，同时聚划算是一个体验式购物的活动，因此在设置参聚商品时，商家应首先考虑价格的高低。
- 新品发布。聚划算平台也为商家提供了聚新品业务，因此商家可以选择有一定前期销售且顾客口碑良好的新品报名。
- 当季热卖商品。当季热卖商品更容易通过聚划算平台的审核，因此商家可以选择店内当下热卖并有一定价格优势的商品报名。

- 有流行潜力或爆款潜力的商品。聚划算平台强大的展现能力，足以为商家打造新的流行趋势提供强大的支撑，因此商家可以选择有流行潜力的商品作为参聚商品。同时，有爆款潜力的商品参加聚划算活动，可以借助聚划算平台，迅速提高该商品的销量，最终成为店内的热卖款。
- 高品质商品。高品质的商品能带来好的顾客口碑，从而实现口碑营销和高回头率。

（4）重视预热营销。聚划算平台会对符合条件的报名商家进行择优选择，因此，商家要重视在报名前、审核通过至正式开团前这两个时间段的预热营销。

报名前的预热营销主要是提升店铺的综合竞争实力，包括基础条件（DSR、好评率等）进行良好的数据运营分析及营销活动匹配等。商家可以通过参与钻石展位、直通车等活动来积攒店铺承接活动的经验。审核通过至正式开团前的营销主要是对店铺参与聚划算活动的传播推广，让更多的顾客关注商家的聚划算活动，从而实现以点带面的效果，即通过聚划算的单品活动带动店铺其他商品的销售。

✅ 4.2.2　网店促销活动推广

网店促销活动指的是营销者向消费者传递有关商家及商品的各种信息，说服或吸引消费者购买，以达到扩大销售量的目的。促销活动就是促进销售，但促销不能改变商品，不能在短期内从根本上改变经营状况，且促销是有时效的，促销必须提供额外价值。促销实质上是一种沟通活动，即营销者（信息提供者或发送者）发出刺激消费的各种信息，把信息传递到一个或更多的目标对象（即信息接收者，如听众、观众、读者、消费者或用户等），以影响其态度和行为。网店促销活动的形式主要有优惠券、限时打折、搭配套餐、满就送、包邮促销和秒杀促销等。

1. 网店促销活动的特点

促销就是通过信息传播和说服活动，与个人、组织或群体沟通，直接或间接地促使他人接受某种商品，从而为网店迅速带来好的销售氛围。网店促销通常有以下几个方面的特性。

（1）建立在网络技术的基础上。网店促销是通过网络技术传递商品或服务的信息，所以这就使网店促销必须建立在现代计算机与通信技术的基础之上。

（2）在虚拟市场上进行，竞争多元化。网店促销是在互联网上进行的，这个网络形成了链接世界各国的虚拟市场，在这个虚拟的网络社会中聚集了广泛的人口，融合了多种文化成分，所有的企业都将在此市场上竞争。

（3）消费者群体多样化。消费者和消费行为都发生了很大的变化，消费行为更趋理性化，个性消费成为主流。

（4）信息量大，获得"注意力"的难度加大。在互联网上获取信息似乎是一件轻而易举的事，然而，互联网虽然使人们信息处理能力增强，但互联网带来的信息大爆炸也使信息的收集分析、利用难度加大。

（5）突破了时间和空间的局限性。传统商品的销售和消费者群体都受地理位置和区域的限制，而网店促销突破了这个限制，使其成为全球范围内的竞争。

（6）及时性、灵活性和针对性。促销是通过买卖双方的信息沟通来实现的，而互联网上的商务信息是瞬息万变的。各种信息及资讯不断出现并更新，相应的网店促销时也要随时关注新的信息，及时根据消费者需求及市场变化开展有针对性的促销活动。

2．网店促销活动的作用

与传统促销一样，网店促销要吸引受众，就得从受众的利益出发，要通过各种方式与受众进行有效沟通，激发受众需求，促进受众购买与消费，因此网店促销日益显现出其重要作用，具体作用有以下几方面。

（1）传递信息，提供情报。网店促销能够利用互联网的各种优越性进行信息的双向传导，能将卖家的信息传递给买家，如网店推出爆款，就是在向买家传递商品市场信息，也能反映当下的热销商品，并通过买家的购买及评价行为向卖家反馈买家的实际需求。因此，这种信息的传递也为卖家提供了宝贵的商业情报。

（2）增加需求，说服购买。俗话说"是金子总会发光的"，然而一个好的商品如果没有被及时地推销，则会导致它的需求未被充分地挖掘，那么此时此刻它就像那尚未被发掘的金子，无法绽放光芒。通过积极的网店促销活动，可以使它更充分地展现在买家眼前，增加需求，说服买家购买。

（3）突出特点，树立形象。在网络时代，随时都可能发生商业奇迹。相比传统促销，网店促销极大地缩短了品牌树立的周期，能将产品特点迅速传达给市场。在互联网上，任何一个商品都可以利用多媒体制作宣传广告，只要这个广告有足够的亮点和创意，就能运用网店促销快速占领市场，树立形象。同时，网店促销充分利用了计算机和互联网技术，使网店促销能够迅速地在市场宣传中起到巨大的作用，其广告形式多元化，可以以多媒体为载体，开展各种促销活动，利用广告宣传报道、视频演示等促销手段，把生产、商品等信息传递给消费者和用户，以增进了解、信赖，进而产生购买行为，达到扩大销售、增加人气、提升品牌影响力的目的。

（4）抢占对手的市场份额，扩大销售量。商场如战场，情况瞬息万变。唯有"快、准、狠"，才能抢占市场。在商业运作中，如果只拘泥于传统销售和促销，会很快被对手赶超，失去市场。在风起云涌的互联网中，唯有紧跟时代的步伐，拿起网店促销这个"利刃"，才能策马奔腾、激流勇进。

面对消费者逐渐降低的品牌忠诚度，商家越来越重视促销的作用。商家逐渐意识到促销的重要作用，并将其置于品牌整体推广计划之中，不断加大投入，以达到促进销售、推广品牌的目的。

3．网店促销活动的方式

随着现代信息社会的发展，网店的销售竞争越来越激烈，卖家不得不从各个方面来提升自己的影响力。在网上购物经常可以看到优惠券、限时打折、满就送和包邮等促销活动，卖家花样百出，就是希望通过各种促销手段来提高销售业绩。下面介绍一些常见的网店促销方式。

1）优惠券

优惠券是一种虚拟的电子券，卖家可以在不用充值现金的前提下针对新客户或不同等级的会员发放不同面额的优惠券，如图 4-33 所示。优惠券的功能点主要体现为，通过满就送、会员关系管理等方式维护老客户，通过创建优惠券买家领取功能主动营销新客户。所有的优惠券创建及设置都是通过官方营销工具"优惠券"来实现的。卖家通过"卖家服务平台"即可订购该款店铺营销工具。

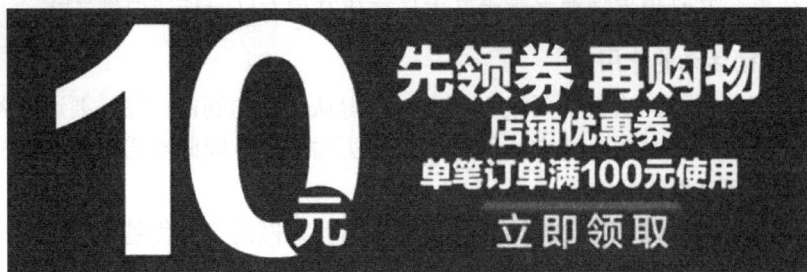

图 4-33　优惠券

大多数优惠券的有效期比一般促销活动的持续时间更长，所以，买家可以在优惠券到期前的任何时候来选择消费优惠券。这样买家可以有更多的选择机会，可以在购买正价商品的时候也能享受到折扣的优惠，甚至可以在已有折扣的基础上享受更高的折扣，这就是优惠券真正吸引买家的地方。对于卖家而言，他们希望通过优惠券能产生客户黏性，刺激买家购买，最终实现店铺的高转化率。

2）满就送（减）

满就送（减）是淘宝网官方营销工具之一，可提供创建满就送（减）活动，并支持多样化玩法，如图 4-34 所示。它主要包括满就减、满就送礼、满就包邮、满就送优惠券、满就送彩票、满就换购、满就送电子书等。卖家通过"卖家服务平台"即可订购该款店铺营销工具。

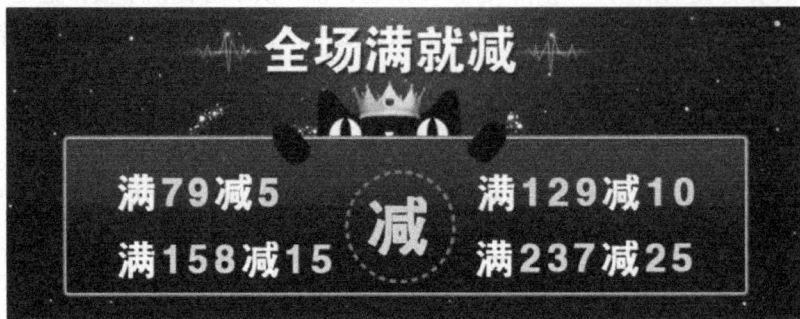

图 4-34　满就送（减）活动

使用"满就送（减）"工具，促销广告会在每一个商品的介绍页面显示出来。促使买家浏览该商品看到促销广告时，利于提高买家的客单价，借此达成促销的目的。同时，在淘宝网的商品搜索结果页面中，可以选择只看参加了"满就送（减）"促销的商品，如果买家只搜索参加了促销活动的商品，将提高商品的曝光率。

商家可以不定时地举行这种促销活动来提高销量，如满××元就送优惠券、满××元就送礼品、满××元就减××现金、满××元就免邮等。这种店铺活动可以提升店铺销售业绩，提高店铺购买转化率，提升销售量，增加商品曝光力度，增加买家的购物乐趣，提高客户黏度。

3）限时打折

限时打折是淘宝网提供给卖家的一种店铺促销工具。订购了此工具的卖家可以在自己店铺中选择一定数量的商品在一定时间内以低于市场价的价格进行促销，如图 4-35 所示。活动期间，买家可以在商品搜索页面根据"限时打折"这个筛选条件找到所有正在打折的商品。

图 4-35　限时打折活动

使用"限时打折"的好处如下。

- 提升店铺流量。参加淘宝网促销活动，上促销频道推荐，上店铺街推荐，可以提升店铺流量。
- 提高转化率。把更多流量转化成有价值的流量，让更多进店的买家购买商品。
- 提升客单价。通过满就送，提高店铺整体交易额。

建议卖家在做活动时尽可能限时在短时间内完成，让买家有紧迫感，刺激犹豫不定的买家立刻下单，提高下单率和销售额。

卖家通过"卖家服务平台"即可订购该款店铺营销工具。

4）搭配套餐

搭配套餐是将几种商品组合在一起设置成套餐来销售，通过促销套餐可以让买家一次性购买更多的商品，如图 4-36 所示。它有利于提升店铺销售业绩，提高店铺购买转化率，增加商品曝光度，节约人力成本。

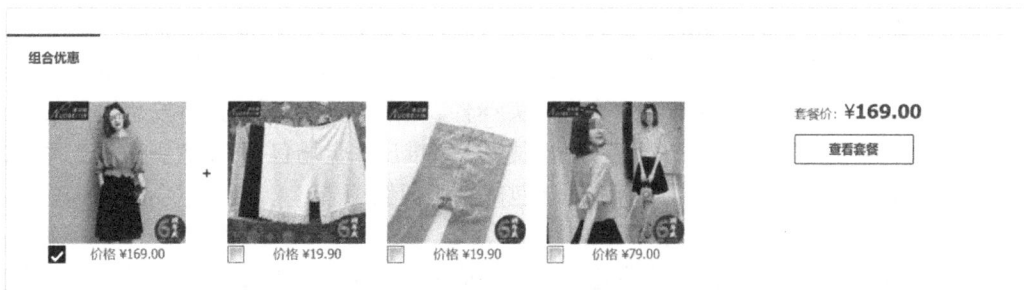

图 4-36　组合促销（搭配套餐）活动

使用搭配套餐的好处如下。

- 利用搭配套餐可以让订单量和店铺人气双重增加，事半功倍。
- 利用搭配套餐组合商品的价格优势，让更多进店的人购买店铺商品。
- 将搭配套餐用于店铺推广，进而提高整体交易额。

店铺一到换季就可以使用这种促销方式来处理过时的商品，即将几种商品组合设置成套餐，通过促销套餐让买家一次性购买更多商品，通过设定的精准推荐搭配，让买家享受优惠。

卖家通过"卖家服务平台"即可订购该款店铺营销工具。

5）包邮促销

包邮这个吸引买家的手段，已经成为每个店铺必备的一项基本促销手段。当前邮寄方式主要有邮局（包裹平邮）、物流快递、特快专递等。平邮的价格较低，但周期较长；物流快递价格适中，送货周期为3～5天；特快专递的价格昂贵，因此物流快递是最易被买家接受的。卖家可以根据买家所购买商品的数量来相应地减免邮费，让买家从心理上觉得就像在家门口买东西一样，不用附加任何其他的费用，感觉很划算，如图4-37所示。其实卖家都知道，羊毛出在羊身上，但把握好买家的心理更重要。

¥168.00 包邮   96人付款
秋冬季毛呢套装裙时尚春装2017新款两件
套裙韩版时髦女装省心搭配
蓝美依旗舰店   浙江 杭州

¥388.00 包邮   28人付款
欧洲站2018夏季女装潮套装裙chic港味两件
套时髦省心搭配女装套装
199105080529liang   上海

¥88.00 包邮   77人付款
2018夏季新款女装时尚150cm155娇小个子
矮显高搭配时髦两件套装潮
爱如潮水056   广东 广州

图 4-37 包邮促销活动

单品包邮一般为店铺初期配合直通车打爆款以发展新用户的常规操作策略；全场包邮一般为配合店铺大型促销活动、短期提升销量及转化率所采取的临时性策略；满××包邮一般适用于店铺发展中期提升客单价的策略；买××件、搭配包邮一般为某阶段想提升某商品销量或处理库存时的策略。例如，淘宝网上很多店家推出"全场包邮""购买任意2件商品免邮费""全场满200元包邮""江浙沪地区包邮"等促销广告。

6）赠品促销

很多人都有为了获取赠品而产生进一步购买商品的愿望，所以卖家可以通过赠品来促销，提高店铺的销售额，如图4-38所示。

一个得当的赠品对销售起着积极的推动作用，而且能够提升品牌和网店的知名度。一个赠品往往会促进买家的购买行为，因为现在同一商品能够在很多网店中进行销售，在价格不相上下的情况下，人们往往会贪图一些小利小惠，这时赠品就发挥了巨大的推动作用。买赠广告就是基于买家这一心理，给买家额外的超值服务，使其认可购买行为，或为下次购买埋下伏笔。现在各大网店的赠品促销活动主要有"超值买赠""购买××，送超值大礼包"和"买A送B"等，这一类广告在同类网店中对买家有着很大的吸引力，有效提高了网店的人气和销售量。

选择赠品时应注意：第一，不要选择次品、劣质品，这样做只会适得其反，影响店铺的信用度。第二，选择适当的、能够吸引买家的产品或服务，可以赠送试用装或小样，还可以赠送无形的东西——服务。第三，注意时间和时机，注意赠品的时间性，如冬季不要赠送只在夏季才能使用的物品。第四，注意赠品的预算，赠品要在能接受的预算内，不可过度赠送赠品而造成成本加大。

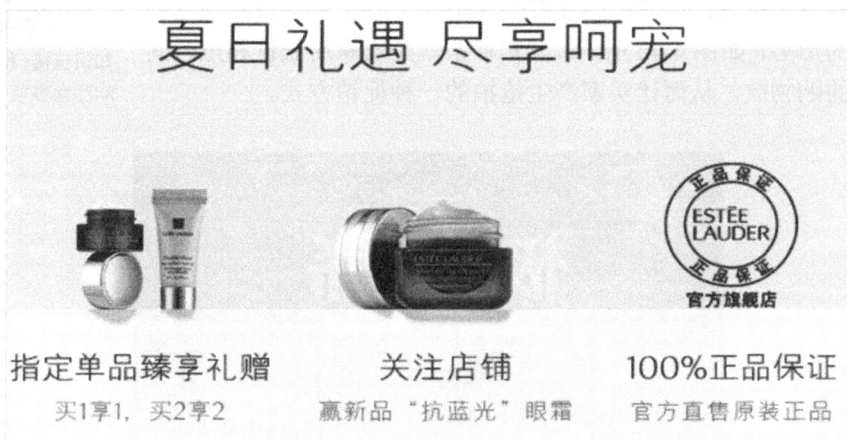

图 4-38 赠品促销活动

7）节日促销

在节日期间，各网店都会搞促销活动，争抢客源，提升转化率。节日期间往往是各商家竞争激烈的时期，各家都会拿出自家的促销秘密武器，开展销售大战。所以各商家应利用节假日时间，高度重视节日促销活动，只要这个节日和我们的商品有关系，就应加大活动力度。节日促销时应注意与所选的节日关联起来，这样才可以更好地吸引消费者的关注，提高转化率。例如，在中秋节期间促销活动中可以规定全场满 300 元送一盒月饼；在春节期间买一送一促销活动中，可以送春联或红包等。

另外，可以人为制造节日来做促销活动，如建店周年庆，或访问量突破多少大关，或成交额突破多少大关。

网店节日促销要把握一个度的问题，时间不可以太长，网店促销的力度也不可以过大。网店促销要面向消费者而不是渠道，网店促销在终端而不是在流通市场。要研究节日消费心理行为、节日市场的现实需求和每种产品文化，制定出行之有效、具有节日特色、适合节日营销的商品组合，以抢占先机，这才是顺利打开节日市场通路、迅速抢占节日广阔市场的根本所在，如图 4-39 所示。淡化价格效用，增强消费者与商家之间的沟通互动，营造欢乐喜庆而不失宽松和谐的消费环境，就能开发和培养出新的消费需求。

图 4-39 节日促销活动

8）秒杀促销

秒杀就是指网店店主推出限量的热门商品，然后规定由某日的几点钟开始销售，如果有大批买家在很短时间内守候在那里等待开始抢购，十几秒就会抢完，造成每秒都有多次成交、差一秒就没买到这种热火朝天的形势，如图 4-40 所示。其实秒杀就是卖家用低价和短时间刺激买家的购物欲，从而让买家产生抢拍的一种促销方式。

扫一扫

知识链接：秒杀促销活动注意事项

图 4-40　秒杀促销活动

秒杀无疑可以快速提高店铺浏览量，尤其是价格差异很大的商品更能吸引买家，可以有效刺激买家的购买冲动，快速提升销量。秒杀基本上是用低价刺激并吸引买家，且服务和质量不能马虎，所以秒杀不适合小成本经营。卖家参加秒杀主要是为了吸引买家，带来流量和人气，从而间接拉动店铺的商品销量。常见的秒杀促销有"限时秒杀""限时抢购""秒杀价 99 元""0 元秒杀"等。

4.3　网店站外推广

除传统的搜索引擎、邮件等网店站外推广手段外，利用自媒体进行网店推广已得到越来越多卖家的青睐。下面就搜索引擎及部分常见的自媒体推广手段进行简单介绍。

扫一扫

微课：自媒体营销

4.3.1　搜索引擎推广

网店搜索引擎推广的基本思想是让用户发现信息，并通过搜索引擎点击进入网站/网页进一步了解其所需要的信息。在介绍搜索引擎策略时，一般认为，搜索引擎优化设计主要目标有两个层次：被搜索引擎收录、在搜索结果中排名靠前。

1. 搜索引擎推广的特点

（1）搜索引擎推广方法与企业网站密不可分。一般来说，搜索引擎推广作为网站推广的常用方法，在没有建立网站或网店的情况下很少被采用，搜索引擎营销需要以企业网站为基础，而店铺设计的专业性对营销的效果又会产生直接影响。

（2）搜索引擎传递的信息只发挥向导作用。搜索引擎检索出来的是网页信息的索引，一般只是某个网站/网页的简要介绍，或者搜索引擎自动抓取的部分内容，而不是网页的全部内容，因此这些搜索结果只能发挥一个"引子"的作用。如何尽可能好地将有吸引力的索引内容展现给用户，是否能吸引用户，是否能根据这些简单的信息进入相应的网页继续获取信息，以及该网站/网页是否可以给用户提供其所期望的信息，这些就是搜索引擎推广所需要研究的主要内容。

（3）搜索引擎推广是用户主导的网络营销方式。没有哪个企业或网站可以强迫或诱导用户的信息检索行为，使用什么搜索引擎、通过搜索引擎检索什么信息完全是由用户自己决定的，同时在搜索结果中点击哪些网页也取决于用户的判断。因此，搜索引擎推广是由用户所主导的，最大限度地减少了营销活动对用户的滋扰，最符合网络营销的基本思想。

（4）搜索引擎推广可以实现较高程度的定位。网络营销的主要特点之一就是可以对用户行为进行准确分析并实现高程度定位。搜索引擎营销在用户定位方面具有更好的功能，尤其是在搜索结果页面的关键词广告，完全可以实现与用户检索所使用的关键词高度相关，从而提高营销信息被关注的程度，最终达到增强网络营销效果的目的。

（5）搜索引擎推广的效果表现为店铺访问量的增加而不是直接销售。了解这个特点很重要，因为搜索引擎营销的使命就是获得访问量，所以可以作为网站推广的主要手段。至于访问量是否可以最终转化为收益，不是搜索引擎营销可以决定的。这说明，提高网站的访问量是网络营销的主要内容，但不是全部内容。

（6）搜索引擎推广需要适应网络服务环境的发展变化。搜索引擎推广是搜索引擎服务在网络营销中的具体应用，因此在应用方式上依赖于搜索引擎的工作原理、提供的服务模式等，当搜索引擎检索方式和服务模式发生变化时，搜索引擎推广方法也应随之变化。因此，搜索引擎推广方法具有一定的阶段性，与网络营销服务环境的协调是搜索引擎营销的基本要求。

2．搜索引擎推广的分类

搜索引擎推广方式包括付费推广和免费推广。付费推广的方式主要有竞价推广（SEM）、品牌合作；免费推广的方式主要有搜索引擎优化（SEO）、信息植入（问答、文库等）。下面以常用的百度竞价推广和百度知道推广为例，进行具体介绍。

1）百度竞价推广

百度竞价推广是把企业的产品、服务等通过关键词的形式在百度搜索引擎平台上推广，它是一种按效果付费的新型而成熟的搜索引擎广告，按点击量收费。商家可以设置想要的关键词。如果多家网站同时竞买一个关键词，则搜索结果按照每次点击竞价的高低来排序。每个用户所能提交的关键词数量没有限制，每个单元上限为 5000 个关键词，无论提交多少个关键词，均按网站的实际被点击量计费。百度竞价推广平均每个 IP 收费是 0.4～60 元。

百度竞价推广具备以下优点。

- 可按设置时间显示效果。一般一家网站做了百度竞价，其相关信息会按设置时间显示在百度首页。
- 可挑选无限多组关键词。百度竞价可以挑选无限组关键词，非法关键词除外。

- 可清楚地控制每日成本。百度拥有完善的百度竞价软件，客户可以通过软件自动调配自己的竞价价格，时刻掌握和控制自己的成本。
- 关键词可灵活替换。假如客户不想用这个关键词了，可以随时替换掉关键词，选择新的关键词。

2）百度知道推广

百度知道是用户自己有针对性地提出问题，通过积分奖励机制发动其他用户来解决该问题的搜索模式。同时，这些问题的答案又会进一步作为搜索结果，提供给其他有类似疑问的用户，达到分享知识的效果。

百度知道的最大特点在于和搜索引擎的完美结合，让用户所拥有的隐性知识转化成显性知识，用户既是百度知道内容的使用者，同时又是百度知道的创造者，在这里累积的知识数据可以反映到搜索结果中。通过用户和搜索引擎的相互作用，实现搜索引擎的社区化。百度知道首页如图4-41所示。

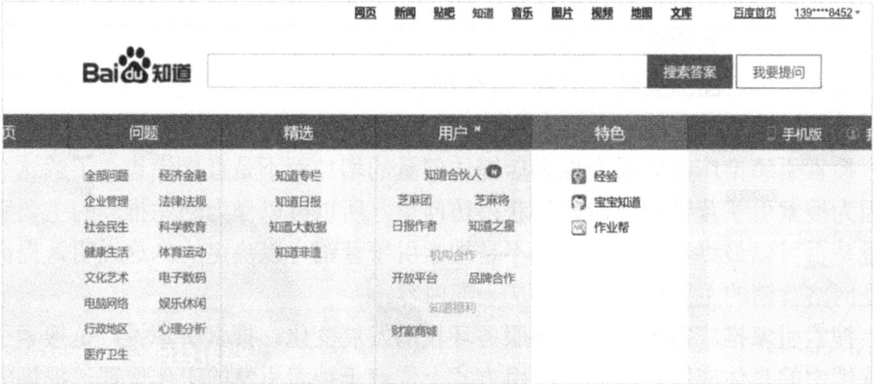

图4-41　百度知道首页

在成功注册百度知道账号后，可以向网友提问，如图4-42所示；也可以解答网友的问题，如图4-43所示。

图4-42　百度知道提问页面

到底哪种牌子的奶粉好

匿名　2018-03-06　浏览 31274 次

企业回答

答：根据宝宝的年龄，建议选择对应月龄的不同阶段的奶粉。1段适合0~6个月的婴儿；2段适合6~12个月的较大婴儿；3段适合1~3岁的幼儿。段位之间的转换是必要的。但是小婴儿建议不要频繁更换奶粉，这是因为宝宝的消化系统没有发育完全，对于新的食物需要较长时间来适应，因此宝宝是不适合频繁地更换奶粉来喂养的。如果宝宝对某种品牌的奶粉过敏，则必须要更换奶粉。更换奶粉时需要做转奶过度，具体转奶方法为：首先需要用一小匙婴儿配方奶粉（即30cc）的量开始测试，若无不良反应，即可一小匙一小匙逐渐增加至全量。

2018-05-19 11:56

金领冠婴幼儿配方奶粉 V3

图 4-43　百度知道回答页面

在使用百度知道进行营销的时候，要把握以下技巧。

- 关键词与正文的分割。关键词与正文分割采用"|"这个符号，常用于网站关键词的分割，有利于用户更好地搜索。
- 针对搜索引擎要做好及时统计。要查询这个关键词的排名情况，可分别于发布之后的第2天查询和一周后查询上周排名情况，便于查看结果，并且有利于统计工作。
- 准备回答内容。回答内容分为多种，如科普知识、隐性宣传、品牌广告词等，将这些准备好之后随时套入回答即可。可以大量采集各大门户网站的文章进行批量整理。
- 隐性宣传类帖子。就是常见的软性广告，会从侧面给用户反馈一些信息，让用户了解产品效果。
- 硬广告类帖子。常见的硬广告，一般是在回复里体现出来的，如"××产品获得了××奖项"等，但这类帖子的效果不一定会很好。
- 对比问答类帖子。这种方法很有效果，既提升了用户的品牌知名度，同时用户也会有对比，可信度会更高。例如，我想在网上淘些衣服，哪个网店的信誉比较高呢？回答该问题时需注意的要点：定位你的衣服品牌，和同一档次的网店进行对比；对方网店最好是曝光率较高的，可以借力提升个人品牌知名度。
- 科普宣传类帖子。可告知用户所关注领域的一些常见科普知识，表明你在热心解决网友问题，同时表明你在此领域的权威性。
- 热点事件类帖子。每天都有新热点和新闻值得人们去挖掘，将目前的一些热门事件关键词与产品进行有机的搭配嵌套，在大量用户关注热点事件的时候，可以让产品得到大量的关注。这种关键词可以到百度搜索风云榜进行查询和了解。
- 百度知道专家。百度知道推出的"知道专家"是可以利用的一个重要平台，提供相应的资质证明，可以更好地宣传自身的品牌。同时，百度知道还可以提供一个 Logo，能够让用户通过此 Logo 直接进入指定的网站，这样就更有利于工作成绩的统计。

4.3.2　论坛推广

论坛推广就是利用论坛这种网络交流的平台，通过文字、图片、视频等方式发布店铺的产品和服务的信息，从而让目标客户更加深刻地了解店铺的产品和服务，最终达到店铺引流、增加产品销量的网络营销目的，同时可以帮助店铺跟客户进行及时有效的双向信息沟通，增加客户黏性。

1．论坛的分类

（1）综合类论坛。综合类的论坛包含的信息比较丰富和广泛，能够吸引众多的网民来到论坛，但是由于广泛便难于精细，所以这类论坛往往存在弊端，即不能全部做到精细和面面俱到。

（2）专题类论坛。此类论坛能够吸引真正志同道合的人一起来交流探讨，有利于信息的分类整合和搜集。专题类论坛对学术、科研、教学都能起到重要的作用，如美妆类论坛、游戏类论坛、穿搭类论坛、电脑爱好者论坛、动漫论坛等。这类论坛里通常都会有大量的教程类的帖子，人们通过发布帖子能迅速与他人在网上进行技术性的沟通和交流。

（3）推广类论坛。这类论坛通常不是很受网友的欢迎，因其生来就注定是要作为广告的，很难具有吸引人的性质，单就其宣传推广的性质，很难有大作为，所以这样的论坛寿命经常很短，论坛中的会员也几乎是由受雇佣的人员非自愿加入的。

2．论坛推广的优势

（1）利用论坛的超高人气，可以有效为店铺提供营销传播服务。由于论坛话题的开放性，几乎店铺所有的营销和推广诉求都可以通过论坛传播得到有效的实现。

（2）专业的论坛帖子策划、撰写、发放、监测、汇报流程，能在论坛空间提供高效传播，包括各种置顶帖、普通帖、连环帖、论战帖、多图帖、视频帖等。

（3）论坛活动具有强大的聚众能力，利用论坛作为平台举办各类踩楼、灌水、贴图、视频等活动，能调动和网友之间的互动。

（4）通过炮制网民感兴趣的活动，将店铺的产品、活动内容植入传播内容，能获取持续的传播效应。

（5）运用搜索引擎内容编辑技术，不仅使内容能在论坛上有好的表现，而且在主流搜索引擎上也能够快速寻找到发布的帖子。

3．论坛推广的技巧

1）选择合适的论坛

- 一定要选择有自己潜在客户存在的论坛，如果是卖化妆品的就选择美妆论坛或综合论坛的美妆板块。
- 尽量选择人气旺的论坛。当然人气太旺，帖子也很容易马上被其他帖子淹没。
- 尽量选择有签名功能、有链接功能的论坛，为店铺引流提供便利。

2）内容具有争议性

发帖注意内容要具备争议性，一面倒的帖子，不会让帖子受众产生回复和点击的兴趣。

只有话题有争议、有看点、有热点，才会引发关注和点击，当然不要一味地为了争议而争议，要与自己的产品和网站相关，不然再热的话题不能给网站增加半点流量也是枉然。

3）借助于他人热帖

要想创造出受欢迎的帖子不是一件容易的事情。但我们可以在论坛上寻找一些回帖率很高的帖子，再拿到其他论坛进行转帖，并在帖子末尾加上自己的签名或自己的广告进行宣传，效果也非常不错。

4）长帖分多次发

不论帖子内容多么有吸引力，都很难会有人耐下心去看一个长长的帖子，所以我们要把帖子进行拆解，把一个帖子的内容分成多个帖子，以跟帖的形式发，不要一次发完，分多次发，但最好不要超过 7 次，这样不仅会让人们心存期待，同时也会为帖子增加人气。

5）积极回帖、顶帖

最好每隔 15 分钟或者每隔 3 个评论就要把已发布的帖子顶上去，以提升人气，还可采用引用楼上的评论进行回复。不过一定要把握好度，避免疯狂地发帖回帖，一味单方面地推广自己的店铺而没有形成互动、互助的局面，就很容易引起他人的反感。

6）掌握发帖时间

一篇帖子能否被关注和发帖的时间也有很大的关系。如果你的文章选择在午夜过后或节假日来发表，这就大大削弱了推广的效果，因为该时间段论坛的在线人数大量减少，自然你的文章就不会被关注。一般发帖最佳的时间段如下：周一至周五的 8:30—11:30、14:00—17:00 和 19:00—22:30。

7）发帖要求质量第一

帖子的质量特别重要，如果发得多，但总体流量不多，等于徒劳。我们发帖，主要目的是让更多的人看到，从而推广自己的店铺，所以追求的是最终流量。高质量的原创帖，通常会获得较好的效果，还很有可能被别人转载。

8）帖子的总结和管理

总结很重要，否则你永远不知道这些流量是从哪里来的。在哪些论坛发过帖子，这些帖子的宣传效果如何，这都需要统计和管理。我们可以借助于专用网站统计软件，查看在哪些论坛发过帖子及该帖所带来的流量，进行数据分析并做下一步规划。

✅ 4.3.3 微博推广

微博推广是指通过微博平台为商家、个人等创造价值而采用的一种推广方式，也是指商家或个人通过微博平台发现并满足用户的各类需求的商业行为方式。微博推广以微博作为推广平台，每一个听众（粉丝）都是潜在的营销对象，企业通过不断更新自己的微博向网友传播企业信息、产品信息，树立良好的企业形象和产品形象。企业还可以根据每天更新的内容，跟大家交流互动或发布大家感兴趣的话题，达到推广的目的。微博推广页面如图 4-44 所示。

微博推广注重价值的传递、内容的互动、系统的布局、定位的准确。微博的火热发展也使其营销效果更为显著。微博营销涉及的范围包括认证、有效粉丝、朋友、话题、名博、开放平台、整体运营等。自 2012 年 12 月起，新浪微博推出企业服务商平台，为企业在微博上进行推广提供更多的帮助。

图 4-44　雅诗兰黛微博推广页面

1．微博推广的特点

（1）成本低、效果好。微博可发布不超过 140 个字的信息，操作远比发布博客容易，对比同样效果的广告会显得更加经济实惠。与传统的大众媒体（报纸、电视等）相比，受众同样广泛，而且微博营销一般前期一次投入，后期维护成本较低廉。同时，微博营销是投资少、见效快的一种新型的网络营销模式，可以在短期内获得较大的收益。

（2）覆盖广、传播快。微博支持各种媒介，包括手机、计算机与其他传统媒体。同时传播的方式具有多样性，转发非常方便。利用名人效应有时还能够使事件的传播量呈几何级放大。此外，传播迅速也是微博最显著的特征之一。一条微博在触发微博引爆点后经短时间内互动性转发就可以抵达微博世界的每一个角落，短时间内便可产生大量的点击人数。

（3）多样化、人性化。从技术角度上，微博营销可以借助许多先进多媒体技术手段，利用文字、图片、视频等多种展现形式，从多维角度对产品进行描述，从而使潜在客户更形象直接地接受服务信息；从人性化角度上，企业微博本身就可以将自己拟人化，更具亲和力。

（4）互动强、距离近。在微博上能与粉丝即时沟通，及时获得用户反馈。同时，在微博上，企业可以与潜在客户互动，拉近彼此距离，进而产生信任。

（5）方便快捷、操作简单。微博只需要编写好文案即可发布，从而节约了大量的时间成本。而且，微博的信息发布便捷，只需要简单的构思，就可以完成一条信息的发布。这点就要比博客方便、简单得多。

2．微博推广的技巧

1）明确定位，树立形象

卖家创建微博的核心是通过对目标粉丝群确定微博的定位、角色及性格。明确定位是指卖家要清晰地明白官方微博的目的所在。角色是指微博发言者的身份是店铺，还是店铺的创始人，或是微博的运营专员。不同的角色定位有不同的发布权限和职责，避免在微博营销过程中出现角色错位的情况，切记不可当成私人微博发布消息，否则将大大损害官方微博的权威性。

树立卖家官方微博的形象有利于实现品牌的识别。卖家可以通过头像、简介、模板等树立鲜明的性格特点，并附上店铺链接。正面的形象在互联网上更容易获得广泛的认同，如图 4-45 所示。

图 4-45　汤团妈妈母婴微博首页

2）内容丰富，互动性强

官方微博发布的内容要通过对目标粉丝群的分析找到粉丝喜欢的内容和形式，进行内容的规划和管理。内容丰富的微博更能引起粉丝的追随和喜爱，这其中包括品牌、知识、趣味、服务、新闻、公益、营销、产品等信息。从微博推广的热度来看，礼品领取活动是微博推广活动中最能有效拉动人气的方式之一，如图 4-46 所示。

图 4-46　innisfree 礼盒领取活动

相比赠送奖品，微博经营者与粉丝积极互动、认真回复留言、用心感受粉丝的想法，更能唤起粉丝的情感认同。这就像是朋友之间的交流一样，时间久了会产生一种微妙的情感连接，而非利益连接，这种联系持久而坚固。当然，适时结合一些利益作为回馈，粉丝会更加忠诚。

3）明星效应，传播品牌文化

数目庞大、黏性极佳的明星粉丝群体常常让企业觉得有文章可做。在互联网时代，选择符合企业品牌文化的明星，借用明星微博的强大点击量和转发能力来进行企业品牌文化的推广，已经成为业界的常态。

roseonly、innisfree、雅诗兰黛等各大品牌都利用明星短片拍摄、明星微博曝光等方式来进行店铺和品牌推广。这种利用明星粉丝效应的做法一般转发率极高，如图 4-47 所示。

扫一扫

案例：roseonly 的明星效应

图 4-47　roseonly 微博页面

4）优化资源，扩大影响

当卖家发布信息后，信息会从微博开始流转扩散。除了被转发到其他的微博，也可能扩散至社区、论坛或微信。通过不同的媒体平台、资源的组合优化，信息的总量可能会呈几何倍数地放大。不过，微博的传播量及传播速度与内容的价值、时间点、出现频率等息息相关，有些无意义的信息也可能被零传播。

目前，微博集群是微博营销效能扩大的有效方式之一。很多淘宝网卖家通过有意识地组织微博集群，利用信息流转的方式扩大品牌和产品影响力，从而为店铺推广起到推波助澜的作用，如图 4-48 所示。

图 4-48　韩都衣舍微博集群

5）参与热门话题

每小时热门话题排行、每日热门话题排行都是很有用的，多参与能够增加微博号的出镜率及被用户搜索到的概率，从而带来更多的关注；当然你也可以发起一些活动或话题，一般在热门关键词前后加"#"，如"#七夕遇见爱#"，如图 4-49 所示。

图 4-49　微博热门话题

3. 微博推广的误区

微博营销不仅仅是"发布信息"与人互动那么简单，很多卖家在实际营销过程中很有可能进入以下几个误区。

（1）只关注粉丝数量。卖家在刚创建微博账号时会发现自己的账号粉丝数为零。众所周知，微博的推广很大程度上来源于粉丝，因此，有些卖家为了走捷径会开始尝试"买粉丝"或"到互粉群中互粉"，但通过这种方式吸到的粉丝往往是一些"僵尸粉"，并非目标消费群体，相当于做无用功。

（2）微博营销成了微博发布。微博营销不仅仅是微博发布，有些卖家只把微博当作官方信息的发布平台或是品牌和产品的展示空间，有些卖家认为每天只要发布一条微博就算完成了微博营销任务，与粉丝没有任何的互动，这样虽然降低了人员投入和运营费用，但也使微博营销的效果变得微乎其微，让微博营销所产生的营销价值大打折扣。

（3）活动就是微博营销。活动是与粉丝互动的有效手段，因此有些卖家为了在短时间内增加粉丝数量，在刚开通微博不久，便频繁举行各种促销和抽奖活动，但这些活动可能并没有惠及目标消费群。所以，在策划微博营销活动时，卖家应该站在店铺的整体营销策略上来进行，让活动的效益最大化。

当然，微博营销不可能一蹴而就，只有卖家细心经营，才能让微博成为淘宝网流量来源的强有力支撑。

4.3.4 微信推广

随着微信平台的不断发展，微信用户数量的不断增加，利用微信进行网店站外推广也成了一种主流的自媒体推广方式。微信不存在距离的限制，用户注册微信后，可与周围同样注册的"朋友"形成一种联系，订阅自己所需的信息；而商家则可以通过提供用户需要的信息，推广自己的产品，从而实现点对点的营销。

1. 微信推广的特点

1）点对点精准营销

微信拥有庞大的用户群，借助移动终端、天然的社交和位置定位等优势，每个信息都是可以推送的，能够让每个个体都有机会接收这个信息，继而帮助商家实现点对点的精准化营销。

2）形式灵活多样

微信推广的形式非常灵活多样，常见的有下列几种。

（1）位置签名：商家可以利用"用户签名档"这个免费的广告位为自己宣传，附近的微信用户就能看到商家的信息。

（2）二维码：用户可以通过扫描识别二维码身份来添加朋友、关注商家账号；商家则可以设定自己品牌的二维码，用折扣和优惠来吸引用户关注，开拓O2O的营销模式。

（3）开放平台：通过微信开放平台，应用开发者可以接入第三方应用，还可以将应用的Logo放入微信附件栏，使用户可以方便地在会话中调用第三方应用进行内容选择与分享。

（4）公众平台：在微信公众平台上，每个人都可以打造自己的微信公众账号，并在微信平台上实现和特定群体的文字、图片、语音的全方位沟通和互动。

（5）互动：微信的点对点产品形态注定了其能够通过互动的形式将普通关系发展成强关系，从而产生更大的价值。互动就是聊天，可以解答疑惑，可以讲故事，甚至可以"卖萌"，用一切形式让商家与消费者形成朋友的关系，你可能不会相信陌生人，但是会信任你的"朋友"。

2. 微信推广的技巧

1）利用小号加粉

当官方大号得不到宣传的时候，利用小号来推广大号是一种有效的方式。店铺员工可以建立几个小号，在签名栏里将主微信号或店铺的名字及简介放在签名上，这样别人就能看到店铺的这些信息，有需要的人就会关注此店铺，如图 4-50 所示。小号可以通过"附近的人"功能来向附近的人打招呼，甚至可以群发信息将主微信号推广出去。小号可以通过搜索自己的朋友和好友来建立微信群进行群聊，在群聊里，员工就完全可以将大号的信息、平台号推广给群成员，这样一传十、十传百……就一定能够扩大店铺的声势，宣传店铺的平台大号。通过这些方法，店铺在很短的时间内，就会获得不少粉丝的加入。

图 4-50　源丁农场微信名片

2）线上、线下齐推广

（1）线上：店铺要做好与消费者的互动、定期的消息推送，让更多用户订阅主微信号的消息，然后点击推送，同时还要借助各大节日等欢庆时节来送出一些奖品，让用户粉丝对店铺微信主号产生极大兴趣。此外，还可以在论坛、网店、博客、微博、社交网站、互推、付费广告、公众账号导航推广店铺主微信号。

（2）线下：店铺要做好二维码的宣传，在任何看得见店铺实物的物体上都要印上醒目的微信二维码，包括快递包装盒、产品包装袋、宣传画册、名片等，如图 4-51 所示。

图 4-51　带二维码的包装盒

3）抓住热点事件，借势推广

将产品或店铺的特色推广融入消费者喜闻乐见的热点事件、热播影视剧评论里，使消费者在这个环境中了解店铺及产品。具体表现为借助消费者自身的传播力、依靠轻松娱乐的方式等潜移默化地引导市场消费，提高店铺的知名度、美誉度，促进产品销售，如图 4-52 所示。

图 4-52 微信借势文案

4）做好微信互动

粉丝在关注店铺微信公众号之后，一定要重视与用户的互动，以此来了解并更好地满足目标消费者的需求，提高用户的黏性。这也符合关系营销的基本思想，使店铺与消费者之间建立、保持并稳固一种长远的关系，进而实现信息及其他价值的相互交换。

同时，还可以在微信公众号里发布一些小游戏或抢红包等互动来进行品牌推广。Gucci 为了让更多的人体验到其新系列产品的独特、前卫与个性，特意制作了乐趣无限的"小精灵消消乐"游戏，令人耳目一新，如图 4-53 所示。

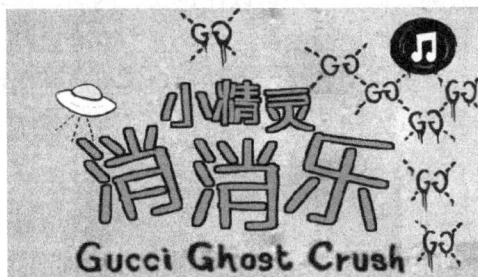

图 4-53 "小精灵消消乐"微信游戏页面

3．微信推广的误区

（1）粉丝的数量越多越好。粉丝数量并不等于粉丝质量，"僵尸粉"的存在会让商家错误地估计自己的营销群体。

（2）推送的信息越多越好。推送的信息并不是越多越好，首先商家要保证自己推送信息的质量，如果信息让人感到乏味，或是很硬的广告，那么信息推送越多反而越令人反感，很可能被拉黑，或者取消关注，使粉丝数量下降。

（3）发消息就是做广告。如果商家所推送的消息全是广告，一定会引起粉丝的反感。我们推送的消息要像影视剧中被植入的广告一样，既是广告，又充满趣味性，这样才更容易被接受。

（4）把朋友当作自己的营销客户。微信好友中大多是自己的朋友、亲戚，不要把他们当作是自己的客户，而要把他们当作你的产品的宣传者，过度针对朋友进行产品销售，很容易被朋友屏蔽，因为没有人喜欢自己的朋友圈经常被广告刷屏。

（5）推送消息就会有好的效果。微信营销并不会出现立竿见影的效果，微信始终是一个交流平台，并不是营销平台，很多人由于在前期看不到好的效果，往往坚持不下去，导致推广的失败。

✅ 4.3.5　短视频推广

随着移动终端的普及和网络的提速，以及"网红"经济的出现，视频行业逐渐崛起，微博、秒拍、快手、今日头条、抖音等纷纷入局社交短视频行业。

短视频是指在各种新媒体平台上播放的、适合在移动状态和短时休闲状态下观看的、高频推送的视频内容，几秒钟到几分钟不等。内容融合了技能分享、幽默搞怪、时尚潮流、社会热点、街头采访、公益教育、广告创意、商业定制等主题。

1．短视频的类型

（1）短纪录片。一条、二更是国内较早出现的短视频制作团队，其内容多数以纪录片的形式呈现，制作精良，其成功的渠道运营开启了短视频变现的商业模式，被各大企业争相追逐。

（2）"网红"IP 型。papi 酱、回忆专用小马甲、艾克里里等"网红"形象在互联网上具有较高的认知度，其内容制作贴近生活。庞大的粉丝基数和用户黏性背后潜藏着巨大的商业价值。

（3）草根恶搞型。以抖音、快手为代表，大量草根借助短视频风口在新媒体上输出搞笑内容，这类短视频虽然存在一定的争议性，但是在碎片化传播的今天也为网民提供了不少娱乐谈资。

（4）情景短剧。套路砖家、陈翔六点半、报告老板、万万没想到等团队制作的内容大多偏向此类表现形式，该类视频短剧多以搞笑创意为主，在互联网上有非常广泛的传播。

（5）技能分享。随着短视频热度不断提高，技能分享类短视频也在网络上有了非常广泛的传播。

（6）街头采访型。街头采访也是目前短视频的热门表现形式之一，其制作流程简单，话题性强，深受都市年轻群体的喜爱。

（7）创意剪辑。利用剪辑技巧和创意，或制作精美，或内容搞笑，有的还加入解说、评论等元素。这也是不少广告主利用新媒体短视频热潮植入新媒体原生广告的一种方式选择。

2．短视频的推广技巧

在众多的短视频品牌中，当数抖音人气最高。抖音有意无意中已经成了"带货小能手"，除了让线下店大排长龙，多款淘宝网、天猫的商品也被抖音带火，如带奶片糖的佩奇手表、妖娆花、情侣手模、刷鞋海绵、喷钱手枪等，连卖家都没想到这种情况。抖音评论中也多有类似"这是我在抖音被种草的第1632个东西"的评论。

2018年3月26日，抖音出现关联淘宝网的卖货链接，多个百万级以上的抖音号中出现了购物车按钮，点击后便会出现商品推荐信息，该信息直接链接到了淘宝网，如图4-54所示。

图4-54 抖音淘宝网链接

抖音上的用户粉丝多是分布在一二线城市的音乐爱好者年轻群体，年龄为18～40岁，这个群体整体的消费观念都很强。下面以抖音为例，简单介绍一下利用短视频进行店铺及商品推广的相关技巧。

1）给店铺或产品贴标签

互联网表面上让世界连接在一起，可实际上是把人与人都隔离了，每个人都处于矛盾的孤单之中，本能地寻求"标签"抱团，不管是迫切加入某个标签，还是想努力甩掉某个标签，本质上都是在寻求一种心理归属。佩奇手表这么幼稚的玩具，能卖火可以说90%归功于"社会人"标签，那"左青龙右白虎中间纹个佩奇猪"的社会人反差萌，代表着一种生活态度。

"贴标签"在某种程度上就是营销中讲的精准营销，越无对错、无褒贬、只客观展示生活态度的标签，越容易被接受，除"社会人"外，"佛系青年""油腻中年""中年少女"都是特征鲜明的消费者群体。因此，商家要根据自己店铺和商品的目标客户，给自己贴上合适的"标签"。

2）选择猎奇、好玩的商品进行引流

被抖音带火的商品五花八门、稀奇古怪，但仔细分析，会发现它们并没有本质的差别。从心理学角度来讲，大家都喜欢猎奇、新鲜、好玩或萌萌的东西。当下焦虑的年轻人们更是愿意通过新鲜的东西来找乐子，更有甚者靠着花钱排解焦虑和寂寞，反正这是低成本的。以带奶片糖的佩奇手表为例，它根本没有手表的时间功能，而是一款兼具装饰功能的带奶片糖的产品，即新奇又好玩，如图4-55所示。

图 4-55　带奶片糖的佩奇手表

3）教程类视频更易被传播

一款名叫"讯飞语记"的语音识别软件在抖音走红后，直接带来了超过 10 万次的下载量。他们所做的，只不过是在一个会议室，演示了用这款 App 将会议内容自动转化为文字的功能。

围绕教程类的，对于爱美的人来说，美妆类、护肤类是一个方向；对于妈妈群体来说，幼教类、孩子舞蹈兴趣类是一个方向；对于爱折腾的、有想法的城市白领来说，家居整理、收纳类都是不错的方向。当然，美食制作类在这类视频平台上的匹配度和关注度也非常高。

一些生活技巧类的视频更是解决了大家在生活中遇到的各种"疑难杂症"，自然就带火了一批能解决日常麻烦又性价比极高的产品。不管是专治小孩不吃饭的摇饭团神器，如图 4-56 所示，还是 30 秒就能做一张薄饼的薄饼机，如图 4-57 所示，或是只要和蛋一起煮，就能想要几分熟就几分熟的煮蛋计时器，如图 4-58 所示，都成了淘宝网的爆款产品。选择拍摄生活技巧类的视频来体现店铺商品的卖点，是非常实用的引流方法。

图 4-56　摇饭团神器

图 4-57　薄饼机

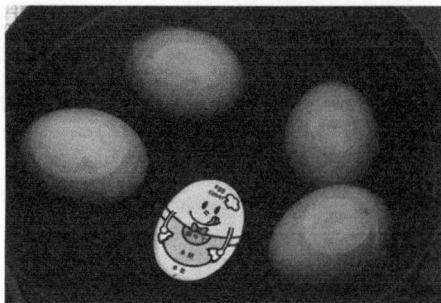

图 4-58　煮蛋计时器

4）结合热点推广

新媒体推广，能结合热点是最好的，有天然的流量聚集。抖音每天都有热门挑战，如图 4-59 所示，如果在抖音做推广能结合热点做短视频，并且上传到热门挑战，会取得更大的曝光机会。只要内容优秀，并运用各种拍摄和剪辑技巧及特技，尽量把视频制作得有特色，就很有可能被推荐，从而获得较大的流量、转发及评论。

图 4-59　抖音热搜界面

5）满足玩家的表演欲

在抖音之类的短视频网站上，人们必须转换概念。以前其他平台的广告，商家是主角，他们制定游戏规则让大家参与，可是在短视频网站上，商家必须要成为配角，把舞台让给大众表演者。因此要想在短视频网站上获得流量，在制定游戏规则的时候，思路需要逆转，考虑角度应该变成"受众如何去玩某个商品"而不是"我如何把商品推给受众"，避免出现植入"硬广告"的情况。

6）认证或签名引流

视频受到关注、获得流量后，路人或粉丝就会点击头像，查看别的视频，这个时候往往就会带来进一步的商机。小的店铺或商家可以在签名里留下自己的微信或淘宝网地址，进行引流。按照 1‰的转化率来算，这些短视频一般的播放量是几千次，多的甚至达到了几十万次，所以每天基本上能带来很多的流量。大型的企业或店铺，可进行企业认证，获得抖音官方扶植，更有利于推广。官方认证标志除了能彰显企业身份、更权威，还能获得链接跳转服务，可以把宣传的内容链接放上去，如图 4-60 所示。这些都属于电商模式下企业及店铺的推广和运营方式。

图 4-60　小米抖音企业号

同步实训

实训 4.1　淘宝网直通车的开通和设置

✎ 实训目的

掌握淘宝网直通车的开通步骤及设置技巧。

▤ 实训要求

1. 在已有淘宝网店铺的基础上，开通淘宝网直通车，并设置淘宝网直通车的标准推广计划。

2. 选择店铺里有代表性的一款商品进行淘宝网直通车推广。

实训 4.2　"三只松鼠"是如何进行站外推广的

✎ 实训目的

通过收集"三只松鼠"站外推广的相关资料，罗列"三只松鼠"在进行站外推广时用到的主要渠道和方法，并分析其效果。

实训提示

可考虑"三只松鼠"在哪些大的社交平台进行宣传与推广，又运用了哪些方法实现与客户的实时互动，提高客户忠诚度的。

思考与练习

1. "三只松鼠"通过哪些社交平台来进行站外推广？

2. "三只松鼠"通过哪些方法实现与客户的实时互动？

3. "三只松鼠"在哪部热播剧中出现过类似"弹幕"的广告形式（如图 4-61 所示）？该广告形式呈现出什么特点？对店铺推广有什么好处？

图 4-61 "三只松鼠"弹幕广告

项目小结

网店推广的意义在于通过推广店铺或商品寻找需求或潜在客户，增加店铺的流量，提高用户的黏性。网店推广大致可以分为网店工具推广、网店活动推广和网店站外推广三大类。

网店工具推广主要运用淘宝网提供的推广工具进行店铺引流，最常见的有直通车、钻石展位、淘宝客等。直通车是为卖家量身定制的按点击量进行付费的营销工具，可以实现商品的精准引流推广，并提高店铺的关联营销效果。钻石展位是淘宝网图片类、文字类、视频类广告位的竞价投放平台，依靠图片、文字的创意吸引买家点击，获得巨大流量。淘宝客是一种按成交量来计费的推广模式，卖家操作简单，低投入，高回报，展示机会多；佣金设置灵活，流量来源渠道针对性强，满足了店铺个性化推广的需求。

网店活动推广主要包括官方活动推广和店内促销活动推广。聚划算是淘宝网主要官方活动之一。聚划算是阿里巴巴集团旗下的团购网站，为了吸引买家流量，聚划算有十几个官方大流量入口，其中淘宝网首页是流量的聚集地，也是所有页面中流量最高的区域。聚划算商品团主要活动包括竞拍团、单品/佣金团、聚优品、全球精选、新人活动专区和聚晚市活动等。店内促销活动推广主要指的是店铺促销活动，卖家向消费者传递有关店铺及商品的各种促销信息，说服或吸引消费者购买，以达到扩大销售量的目的。

网店站外推广指的是合理利用搜索引擎推广、论坛推广、微博推广、微信推广、短视频推广等方法，以达到站外引流、品牌宣传、店铺推广效益最大化的效果。

同步测试

1. 概念解释

（1）网店工具推广

（2）网店平台活动推广

（3）网店店铺活动推广

（4）网店站外推广

扫一扫

2017 年"双十一"电商平台大促评测报告

2. 判断题

（1）钻石展位就是花钱在淘宝网首页或其他位置做广告，它依靠图片、文字或视频创意吸引买家点击，获取巨大流量。（　　）

（2）运用直通车进行推广的时候，一定要抢占第一页的位置，虽然贵，但是性价比高，能带来最大的流量。（　　）

（3）淘宝客是按照点击量来收费的，也就是 CPC 的收费方式，只要消费者点击链接，就要收取商家的费用。（　　）

（4）在短视频推广中，应该以商家为主导，由商家来制定规则。（　　）

3. 单项选择题

（1）以下推广方式中，属于网店工具推广的是（　　）。

A．直通车推广　　　　　　　　　B．天天特卖推广

C．聚划算推广　　　　　　　　　D．搜索引擎推广

（2）报名"10 元包邮"和"主题活动"的店铺信用等级必须为（　　）。

A．一心及以上　　　　　　　　　B．二心及以上

C．三心及以上　　　　　　　　　D．没有要求

（3）参团结束后，聚划算平台将与商家进行保证金、佣金、竞拍费等费用的结算，一般是在参团结束（　　）天以后。

A．10　　　　　　　　　　　　　B．20

C．30　　　　　　　　　　　　　D．60

（4）以下关于搜索引擎推广的说法中，不正确的是（　　）。

A．搜索引擎推广可以实现较高程度的定位

B．搜索引擎推广的效果表现为店铺销量增加

C．搜索引擎推广是用户主导的

D．搜索引擎传递的信息只发挥向导作用

（5）以下推广方式中，免费的是（　　　　）。

A．百度知道推广　　　　　　　　　B．搜索竞价排序

C．钻石展位推广　　　　　　　　　D．短视频推广

4．多项选择题

（1）在淘宝客的推广中，涉及的角色包括（　　　　　）。

A．淘宝联盟　　　　　　　　　　　B．卖家

C．买家　　　　　　　　　　　　　D．淘宝客

E．支付平台

（2）淘宝网为卖家提供的渠道活动有（　　　　）。

A．天天特卖　　　　　　　　　　　B．淘金币

C．节日促销　　　　　　　　　　　D．聚划算

E．淘宝网众筹

（3）以下属于店铺站外推广的方式有（　　　　）。

A．微博推广　　　　　　　　　　　B．微信推广

C．论坛推广　　　　　　　　　　　D．搜索引擎推广

E．短视频网站推广

（4）以下关于参加聚划算活动的店铺的要求中，正确的有（　　　　　）。

A．淘宝网店铺信用等级必须在 1 皇冠及以上

B．天猫旗舰店、天猫国际店铺要求开店时长在 30 天及以上，其他店铺的开店时长必须在 120 天及以上

C．店铺近半年的产品与描述相符，DSR 须达 4.6 及以上

D．店铺近半年服务态度，DSR 须达 4.6 及以上

E．天猫国际商家近半年发货速度，DSR 须达 4.5 及以上；其他店铺近半年发货速度，DSR 须达 4.6 及以上

5．分析题

（1）什么是淘宝网直通车？直通车推广的技巧有哪些？

（2）什么是淘宝客推广？淘宝客推广有哪几种模式？网店使用淘宝客进行推广有什么优势？

（3）挑选一件抖音爆款产品并分析其走红的原因。

项目5

网店管理与评估

重点难点

　　网店的管理与评估是网店日常的重要工作之一，也是一项长期的、复杂的工作。这个阶段是检验网店运营与推广目标是否达成的重要阶段。本项目的重点和难点在于把握网店运营管理的内涵、了解网店维护的内容分析、掌握网店数据分析的工具、能对网店进行基本的评估和优化。

项目导图

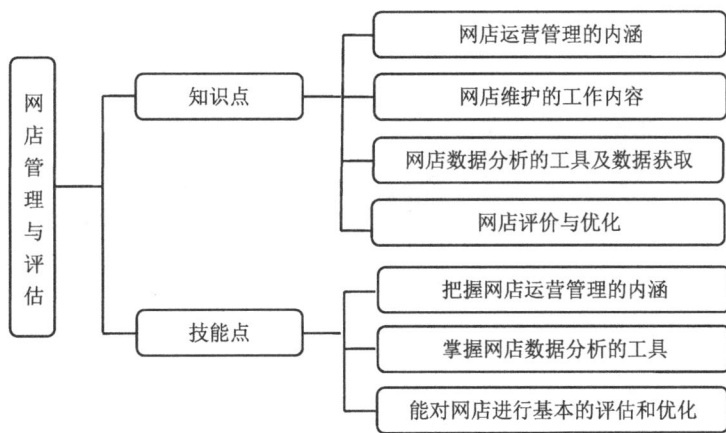

钻石小鸟，国内知名珠宝品牌，中国婚戒知名品牌，公司总部设在上海，有一个以品牌命名的官方网站，用以通过网络销售并定制产品。其线下拥有12家体验中心供消费者体验，且每一家体验中心都有自己的一家淘宝网店铺，是国内最早从事网络钻石销售的专业珠宝品牌。钻石小鸟一直致力于引领全新钻石消费潮流，已经成为中国网络钻石销售领先品牌。作为中国网络销售钻石的翘楚，钻石小鸟创造了"线上定制+线下体验"的全新的体验式购物模式，使网上销售奢侈品从不可能变为可能，为类似于钻石这样的奢侈品的网上销售开启了一个新的时代。但是，随着整个行业的发展，九钻网、珂兰网、Bloves 等网络B2C 的钻石品牌都在走"鼠标+水泥"的路线，整个行业面临着新的机遇和挑战。基于上述考虑，钻石小鸟拟计划对现有的公司网站、网络销售渠道进行全方位的效果评估，从而制订全新的网络营销方案。然而，具体应该从哪些角度、建立哪些指标来评估公司现有的状况，是钻石小鸟公司的当务之急。

引例分析

网店的有效运营源于科学的管理与评价。企业只有正确评价其所进行的运营推广活动，才能为企业今后的发展做出更好的决策。因此，作为网店运营推广中的一项重要内容，网店管理的优化是借助一套定量和定性化的指标对企业网络营销的绩效进行系统、科学和客观的综合评价，以了解网络营销的运营状况，及时发现并纠正所存在的问题，从而改善和提高企业的网络营销效果。

5.1 网店运营管理

电子商务网站（简称网店）上线后，就进入了运营与管理阶段。运营与管理阶段的主要工作包括网店推广、网店维护、网店的分析与优化等。

✅ 5.1.1 网店的运营管理团队

网店的运营管理靠的是团队协作。不管网店规模的大小，网店运营管理团队都要完成网店推广、网店维护及网店的数据分析等运营管理工作。大型的网店可能在运营管理团队下设子部门，子部门分别有若干职工；小型的网店也许是一个人身兼数职，比如，一个人既负责美工又负责商品编辑。一般来说，网店运营管理团队的人员分配如图 5-1 所示。

图 5-1　网店的运营管理团队

5.1.2　网店的运营管理指标

运营管理除了需要保障网店正常运作必需的网站安全，更多的是针对网店商品发布、营销推广、交易流程的控制和客户服务等方面的内容进行分析和评价，从而对网店系统进行优化。这些运营管理内容的状况及运营效果可以通过表 5-1 的指标来反映。

表 5-1　网店运营管理指标

分 类	指 标	指 数	备 注
总体运营指标	人气及人气质量指标	UV（Unique Visitors，独立访问量）	—
		PV（Page View，页面浏览量）	—
		PV/UV 比例	—
	订单产生效率指标	总订单数	—
		UV 转化率	UV 转化率=总订单数量/UV（某个时期）
	总体销售业绩指标	销售金额	—
		平均订单价格（客单价）	平均订单价格（客单价）=销售总额/总订单数量
	网店运营最终整体指标	销售毛利	—
		毛利率	—
市场营销活动有效性指标	广告投放的有效性	广告产生的 UV 总数	—
		广告产生的订单总数	—
		UV 订单转化率	UV 订单转化率=订单总数/UV 总数×100%
		广告投资报酬率	广告投资报酬率=成交额/广告费用×100%
		新增注册用户数	—
	推广活动的有效性	每周推广活动销售量	每周推广活动销售量=促销活动销售总量/周数
		每周推广活动销售额	每周推广活动销售额=促销活动销售总额/周数
产品供应有效性指标	产品丰富性指标	产品总数（总 SKU）	—
	产品集中度指标	优质产品数	优质产品数=金牛类（低增长、高市场份额）产品 SKU 数+明星类（高增长、高市场份额）产品 SKU 数
		优质产品集中度	优质产品集中度=优质产品数/网站总数
	产品生产力指标	各分类产品销售比重	—
		各分类产品毛利率	—
	产品优势性指标	独家产品收入/总收入	—

分　类	指　标	指　数	备　注
客户营销指标	注册优化指标	新增注册用户	—
		累计注册用户	—
		累计注册用户转化率	累计注册用户转化率=累计购买者数/累计注册人数
	新用户启动指标	CRM 活动客户启动人数	CRM 活动客户启动人数=发出邮件数×邮件抵达率×邮件开启率×登录转化率
		CRM 活动客户购买转化率	CRM 活动客户购买转化率=CRM 活动启动的购买人数/发出的邮件总数
	重复购买用户指标	当期新增购买用户数	—
		累计购买客户数	—
		老客户重复购买数	—
后勤配送指标	客户订单处理指标	客户订单周期	客户订单周期=备货周期+配送周期+到站周期
		订单缺货率	订单缺货率=未立即发货订单数/总订单数（某个时期）
		N 日未发货订单数	会直接影响到客户的评价
		平均送货成本	平均送货成本=送货成本/订单总数（某个时期）
	库存相关指标	库存数量与库存金额	—
		库存周转率	库存周转率=销售成本/（期初存货+期末存货）/2（某个时期）
		产品缺货率	产品缺货率=未立即发货产品总数/总订单产品数（某个时期）
财务业绩指标	现金流指标	期间现金收入与支出	—
		现金回款周数	—
网站内容运营指标	SEO 参考指标	Alexa 排名及三3 个月变化曲线	—
		谷歌 PR 值	PR 值（PageRank，网页级别）是用来表现网页等级的一个标准，级别分别是 0~10，是谷歌用于评测一个网页"重要性"的一种方法。谷歌通过 PR 值来调整搜索结果，高级别的网页在搜索结果排名中会获得提升
		搜索引擎收录页面数量	—
		反向链接数量	反向链接又被称为链接广泛度或外链，也就是网络中其他站点对自身站点页面做的链接
		搜索来源	
		访问量（来访量、来访 IP 地址、点击率、停留时间、来访区域、子站比例）	—
		重点关键词排名	
	合作推广	合作网站数量和质量	—
		合作媒体数量和质量	—
		媒体报道数量	—

续表

分　类	指　标	指　数	备　注
网站内容运营指标	社区营销	博客传播数量	—
		微博粉丝数和转发量	—
		网摘收录数量	—
		RSS 订阅量	—
		维基百科（Wikipedia）词条数	—
		论坛发帖数	—
	网站内容	内容更新数量	—
		核心内容更新数量	—
		内容更新频率	—
	互动	每天登录人数	—
		每天发布信息数量	—
		在线反馈数量	—
		在线人数	—
		注册用户在线人数	—
		来电询问人数量	—

5.2　网店维护

5.2.1　网店维护的内容

1．网店的硬件维护

网店的硬件维护通常包括服务器、互联网连接线路等，以确保网店能够 24 小时不间断正常运行。计算机硬件的正常运行是网店运行最基本的保证。同样，网络设备也会影响网店的工作效率。硬件维护属于技术操作，非专业人员的误操作有可能导致整个网店瘫痪。

2．网店的软件系统维护

网店的软件系统维护包括操作系统、数据库系统、应用软件、安全系统等的管理维护。对于软件系统，相关工作人员必须不断地留意提供服务的相关公司或技术网站，及时为系统安装升级包或打上补丁。在网店运营过程中，会发生网店功能出现问题或需要更新的情况，这时就要进行应用软件维护。一般来说，应用软件维护是由专业技术人员进行的。

3．网店的日常管理

网店的日常管理工作包括商品管理、文章管理、广告管理、订单管理与会员管理。日常管理的详细内容如表 5-2 所示。

表 5-2　网店的日常管理

商品管理	文章管理	广告管理	订单管理	会员管理
(1) 商品分类管理	(1) 网站导航设置	(1) 网络广告发布	(1) 订单处理	(1) 会员注册登录测试
(2) 商品品牌管理	(2) 新闻管理	(2) 友情链接管理	(2) 销售数据分析	(2) 会员后台管理
(3) 供货厂商管理			(3) 访问统计	(3) 会员短信管理
(4) 商品信息编辑				(4) 会员级别管理
(5) 商品关键词				
(6) 优惠管理				

5.2.2　网店维护的基本保障

网店维护要注意人员配备和制度建设，这样才能使维护工作得以落实，使网店得以长期顺利运转。

1．网店人员的配备

网店维护需要配备专门的人员（见图 5-1）。很多企业是以外包的方式建设网店的，但网店的运营最好由自己的团队负责。在网店建设初期就要给予足够的重视，要保证网店维护所需资金和人力的储备。避免网店运营后出现资金和人力不足、维护力度不够、信息更新工作跟不上等情况。

2．制度的建设

网店维护要从管理制度上保证信息渠道的畅通和信息发布流程的合理性。网店上各个栏目的信息往往来源于多个业务部门，因此，必须进行统筹考虑，确立一套从信息收集、信息审查到信息发布的良性运转的管理制度。既要考虑信息的准确性和安全性，又要保证信息更新的及时性。网店管理制度涉及的内容通常包括网店岗位设置及岗位职责、部门管理制度及工作内容、网店人员工作和奖惩制度。

5.2.3　网店的链接维护

网店链接分为网店内部链接、网店外部链接和网店反向链接。

1．网店内部链接

由于网店运行的时间过长，网店页面上难免会出现一些地址已失效的链接。针对这种情况，链接的维护工作主要是及时发现并清除这些失效的链接，以使一些相关网页的 PR 值得到提升或排名得到提升。

2．网店外部链接

外部链接是指在网店推广时与其他网店建立的交换链接。在交换了链接之后，有时对方过段时间会把自家网店的链接删除，或者链接网店经过改版、关闭等原因会使原来的路径失效。网店外部链接是提升网店排名、网店权重、网店影响的重要方法之一。因此，网店外部链接的维护工作是十分必要的。

3．网店反向链接

在网店维护中，网店反向链接的持续最为关键。一方面，可以通过发布新闻稿、创建论坛帖子与撰写博客时在内容中合理地加入网店超链接的方式，增加网店的反向链接；另一方面，也要警惕一些低质量网店的反向链接，最好能及时联系其所有者清除反向链接。

5.2.4 网店的安全维护

网店安全是网店运营与管理的基本保证。网店安全包括服务器的安全、数据存储的安全、网络安全、电子交易的安全等。网店维护人员需做相关的安全维护工作，以保证网店的顺利、安全运营。

1．网店的系统安全维护

1）网店服务器的安全维护

独立网店如果是自建服务器或服务器托管，则需要考虑服务器的安全维护问题。服务器的安全维护需要考虑多方面的因素。

（1）物理安全环境。服务器应当安排在专用机房（或托管）。机房的设施状况包括通风系统、电源系统、防雷防火系统及机房的温度、湿度条件等，这些因素会影响到服务器的寿命和所有数据的安全。一些机房会提供专门的机柜存放服务器，而有些机房只提供机架。这两种环境对服务器的物理安全来说有着很大的差别。很明显，放在机柜里的服务器要安全得多。

除此之外，要充分考虑机房的容量设计、系统承载能力是否符合需求。

（2）网络安全环境。网络安全是指机房的服务器要有合理的安全拓扑结构。安全的网络环境会让系统管理任务轻松很多，因此，在服务器的前面至少要有网络屏蔽设施，即硬件防火墙。

当前防火墙主要有两种类型，一种为包过滤型防火墙，另一种为应用代理型防火墙，二者的功能各有侧重点。

在网络中使用哪种类型的防火墙取决于网络环境。为了保护 Web 服务器和内部网络的安全，当前更安全的做法是建立双层防火墙。外部防火墙实现包过滤功能，内部防火墙允许最中间的内部网络可以访问外部网络。在外部防火墙和内部防火墙之间形成了一个单独区域，提供外部网络访问的服务器就位于这个区域，即使攻击者通过外部防火墙进入这个区域，也无法攻入内部网络。

（3）病毒防治系统。服务器应当建立计算机病毒防治系统，防止病毒入侵，并对已经入侵的病毒及时进行检测和清除。

病毒防治系统应当具备定期扫描功能和实时检测功能。应当优先选用能够自动网上升级的病毒防治系统；无法实现自动网上升级的病毒防治系统，必须由人工及时做好病毒样本库和病毒防治系统的升级工作。

有条件的 Web 服务器应当以一套病毒防治系统为主覆盖所有的主机，辅以 1～2 套不同厂商的产品进行单点定期扫描。

2）网店的压力测试

在网店的运行维护工作中，压力测试是一项很重要的工作。网店能承受多大访问量？

在大访问量情况下性能怎样？这些数据指标会直接影响用户体验。网页速度对转化率有较强的影响，页面加载速度从 1 秒到 4 秒转化率下降最明显，速度每提升 1 秒，转化率会增加 2%。而一般用户对一个网站能忍受的打开速度是 4 秒，如果超过这个数，半数以上的客户就不会再访问这个网站了。

因此，在一个网站上线之前或做了更改之后，应该通过压力测试了解该网站的相关性能。

2．网店的数据库安全维护

目前，网店多由动态页面构成，数据库作为网店系统的组成部分，其重要性不言而喻。一旦数据库崩溃或数据库的性能降低，就会直接导致依赖于数据库的网店运行速度缓慢或根本无法使用，其最终结果不仅会影响网店的使用效率，还会造成客户和利润的流失。

1）数据库的安全性控制

数据库的安全性控制是指保护数据库，防止数据被破坏。数据破坏包括合法用户无意中造成的破坏与非法用户故意造成的破坏。前者是数据库完整性范畴的问题，后者是数据库安全性问题。

（1）数据库的完整性。数据库的完整性是指数据的正确性、有效性和相容性，防止错误的数据进入数据库。系统设计时可使用数据库完整性机制来保证数据库中的数据是正确的，避免非法的、不符合语义的错误数据的输入与输出。数据库管理系统中的完整性机制包括域约束、基本表约束、断言和触发器。

（2）数据库的安全性。数据库的安全性是指确保用户在其权限内对数据库进行操作。它不仅涉及技术层面，还包括日常管理。为了保护数据库，防止数据库被故意破坏，可以在从低到高的 5 个级别上设置各种安全措施。

- 环境级：计算机系统的机房和设备应加以保护，防止有人进行物理破坏。
- 职员级：工作人员应清正廉洁，正确授予用户访问数据库的权限。
- 操作系统（OS）级：应防止未经授权的用户从操作系统处访问数据库。
- 网络级：大多数网站系统都允许用户通过网络进行远程访问，因此网络软件内部的安全性是比较重要的。
- 数据库系统（DBS）级：DBS 应保证用户的身份合法及使用数据库权限正确。

数据库系统中的安全性机制包括视图机制与授权子系统：视图可以用来对无权限用户屏蔽数据；授权子系统允许有特定存取权限的用户把相应权限授予其他用户。

2）数据库的备份与恢复

（1）备份方式。数据库备份分为完全备份与差异性备份。完全备份是指对数据库（包括数据与日志文件）进行完整的复制，而差异性备份则只备份与上次备份相比修改过的部分。

（2）备份周期。一般来说，数据库需要定期备份。备份的周期根据业务的大小可设置为每天、每周或每半个月。首次备份需要对数据库进行完全备份，日常备份可以通过软件在服务器设置自动差异备份。若修改了数据库结构，则需要对数据库进行完全备份。

（3）数据库的恢复。在网店运行过程中，可能会出现各式各样的故障，如磁盘损坏、电源故障、软件错误、机房火灾、恶意破坏等。在发生故障时，很可能丢失数据库中的数据。这时，就需要将备份的数据库进行恢复。

3）数据库的重构

电子商务网站系统在运行一段时间后，数据库会因为增加、删除、更新等操作，使数据的分布索引及相关数据变得比较凌乱，从而影响数据库的效率。而且，运行中的软件功能会因为需求的变化而变化。数据库可以使用重构来适应变化的软件系统，并通过对相关信息的重新组织提高数据库效率。数据库重构包括结构重构、数据质量重构、参照完整性重构、架构重构、方法重构和转换等。

5.3 网店数据分析

数据分析在各类网店运营中都能起到作用。不论网店的规模大小、经营品种多少，要想成功，都必须学会分析运营数据。有效的数据分析，可以帮助网店管理者智能地制定网店运营决策、有效地执行网店运营计划，并能够优化网店，使其利润达到最大化。

5.3.1 网店分析工具

1. Coremetrics Analytics

Coremetrics Analytics 是由 IBM 提供技术支持的专业网站流量统计分析工具，适合大型、拥有高流量、站内用户浏览转化路径复杂的电商网站。可提供多维度的站内、外营销推广效果分析，以作为市场部的 KPI 考核与决策支持。宝洁集团、雅诗兰黛集团、固安捷、IHG 酒店、Bestseller 服装集团等已成为 Coremetrics Analytics 的客户。

2. 百度统计

百度统计可以提供实时的数据报表，支持百度热力图、百度收录查询、推广评估，并且界面简洁易用。凭借搜索引擎提供商的独特优势，其服务稳定性自然不用多说。百度统计和百度推广可以无缝连接，因此受到百度联盟的众多合作伙伴的欢迎。目前，百度统计可提供百度推广分析、趋势分析、来源分析、访客分析、定制分析、优化分析等功能。其中趋势分析可提供各时间区域内各种流量指数的对比。

3. Google Analytics

2005 年谷歌收购了 Urchin Software 后，推出了 Google Analytics（GA），并与 Google Adsense 无缝集成，向用户免费开放。自此，Web 分析领域掀起了网站分析工具免费化的热潮。该工具功能比较强大，但是目前内地可访问的谷歌服务器主要在香港，服务稳定性有时候会受到影响。

4. 维析

维析作为一款第三方的网站分析工具，提供基本流量、路径分析、网络广告分析、转化分析、目标人群定位及高级细分等功能。除提供基本的数据分析外，维析的"交叉统计"和"自定义报告"的定制性比较强。

5. 量子恒道

量子恒道是由淘宝网推出的数据统计工具，分为适用于淘宝网店铺的量子恒道店铺经和适用于独立电子商务的量子恒道电子商务分析。

1）量子恒道店铺经

量子恒道店铺经专为淘宝网卖家提供数据分析服务，其基础服务包括店铺的流量数据分析，推广效果、客户分析等相关数据分析；另外还有销售数据分析、直通车数据分析、来源数据分析等；同时，还为卖家提供"过滤掌柜 ID"等工具类产品——百宝箱。

2）量子恒道电子商务分析

量子恒道电子商务分析专为独立 B2C 等电子商务网站提供专业数据分析服务，展示分析流量、来源、成交、转化等多个视角的数据。

✅ 5.3.2 网店运营数据及其获取

1. 网店运营中的常用数据

网络平台运营的所有内容都会留下痕迹，因此运用针对性的软件工具能够得到很多有价值的数据信息，以即时掌握店铺的经营状况，如销售额、访客数、访客来源、利润率等。店铺的常见运营数据具体如图 5-2 所示。

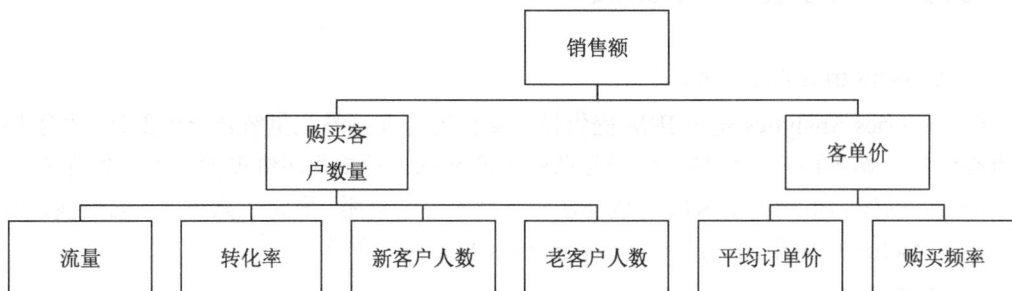

图 5-2 店铺的常见运营数据

网店运营的各个环节中有很多数据，其中常用的数据可分为基础单项数据、交叉数据、外部来源数据与用户数据几个类别。各类别具体的数据库内容如表 5-3 所示。这些运营数据均可由相关分析工具获得。

表 5-3 平台数据类型

数据类型	形　式	内　　容
销售额相关	支付宝成交金额	买家产生的支付宝成交金额
	客单价	支付宝成交金额/成交用户数
	支付率	是指在拍下订单中最终完成付款的订单数比例
	成交用户数	在店铺完成下单并付款的用户数量
推广相关	访客数（UV）	全店各页面的访问人数 在所选时间段内，同一访客多次访问会进行去重计算

数据类型	形　　式	内　　容
推广相关	浏览量（PV）	店铺各页面被查看的次数 用户多次打开或刷新同一个页面，该指标值累加
	访问深度	用户平均每次连续访问浏览的店铺页面数 访问深度浏览量/访客数
	宝贝页面访客数 （IPV_UV）	浏览过店铺宝贝页面的访问人数 所选时间段内，同一访客多次访问会进行去重计算
	宝贝页浏览量（IPV）	店铺各宝贝页面被查看的次数 用户多次打开或刷新同一个页面，该指标值累加
	人均访问宝贝页面数	平均每个用户浏览店铺宝贝页面的次数 人均访问宝贝页面数=宝贝页面浏览量/宝贝页面访客数
	停留时间	访客从访问店铺第一个页面到离开最后一个页面所用的时间
	跳失率	表示访客通过相应入口进入，只访问了一个页面就离开的访问次数占该入口总访问次数的比例
转化率相关	全店成交转化率 （UV 转化率）	成交用户数占所有访客数的百分比 全店成交转化率=成交用户数/访客数×100%
	宝贝页面成交转化率 （IPV_UV 转化率）	成交用户数占宝贝页面访客数的百分比 宝贝页面成交转化率=成交用户数/宝贝页面访客数×100%
	浏览转化率	所有进店访客中，进入宝贝页面的访客比例 浏览转化率=宝贝页访客数、全店访客数×100% 浏览转化率=全店成交转化率/宝贝页面成交转化率×100%
	浏览回头率	回头客占店铺总访客数的百分比
	成交回头率	回头成交客占店铺总成交用户数的百分比
	熟客率	在一定时间段内，有 3 次或 3 次以上成交记录的用户数占所有成交用户数的比例

2．通过网店日志获取数据

除了使用网店分析工具获取网店数据，独立网店还可以通过网站日志来获取数据。

网站日志是记录 Web 服务器接收处理请求及运行时发生错误等各种原始信息的文件，一般以 log 为扩展名。网站日志最大的意义是记录网站运营中空间的运营情况、被访问请求的情况等。通过网站日志可以清楚地得知用户在什么 IP、什么时间、用什么操作系统、什么浏览器、什么分辨率显示器的情况下访问了网店的哪个页面、是否访问成功。

网站日志一般存放在 Web 服务器的 logfiles 文件夹下，可以通过 FTP 工具下载。下载的文件为 log 格式的文档，可通过 txt 文档方式查看。

3．使用网店分析工具获取数据示例

以维析为例，其转化分析功能产生的转化概要报告专注于某一个网站目标，以访问来源作为维度，提供跳出率、按访问计算的转化率、按页面浏览数计算的转化率等分析指标，综合评定各个访问来源对转化达成的促进作用。转化概要同时支持对转化贡献排名前 10 名的营销活动、媒体、广告 ID 等广告维度进行细化分析。

✅ 5.3.3 常用的网店运营数据分析

通过网店运营数据分析，我们可以了解用户的来源、如何组织产品以实现很好的转化率、所投放的广告的效果如何等。常用的网店运营数据分析包括流量数据分析、站内数据流分析与用户特征分析。

1. 流量数据分析

对于网店来说，流量是其销量的重要保证。低成本的流量来源是保证网店获取利润的重要条件。流量来源可分为搜索引擎、广告、其他网站与直接访问本网店。流量来源分析主要是掌握哪些流量是健康的、哪些流量需要优化、哪些流量是虚假的，从而动态调整网店的营销策略。表5-4列举了淘宝网官方的流量来源构成，具体包括免费流量、付费流量、自主访问流量、淘宝网站外流量四大类。

表5-4 流量来源构成表

来　源	详　情
免费流量	商城搜索、商城专题、淘宝网搜索、淘宝网站内其他、商城首页、淘宝网店铺搜索、淘宝网类目、阿里旺旺非广告、商城频道、店铺动态、超优汇、店铺街、独畅团、淘宝网首页、淘宝网信用评价、促销汇、淘金币、淘宝网帮派、淘宝网专题、淘女郎、爱购、淘宝客搜索、哇哦、淘宝网其他店铺、淘宝网推广、淘宝网社区、新品中心、试用中心、商城类目、淘宝网频道、淘代码
付费流量	淘宝客、钻石展位、定价CPM、直通车、品牌广告、聚划算
自主访问流量	直接访问、购物车、宝贝收藏、我的淘宝、店铺收藏、卖家中心
淘宝网站外流量	搜索引擎：百度、搜搜、搜狗、谷歌、必应、有道、雅虎
	一淘：一淘首页、一淘搜索、一淘其他
	淘宝网站外其他

资料来源：量子恒道店铺经

2. 站内数据流分析

站内数据流分析主要是分析网店的购物流程是否通畅及商品分布是否合理。

通过对商品的收藏数、关注数与搜索的分析，可以了解用户关心的商品有哪些。而对关注度高的商品优先优化也是一个不错的切入点。

对购物流程的数据流进行分析，可以了解购物流程是否正常。例如，正常的购物流程是"首页—商品列表页—商品详情页—购物车—订单提交页—订单成功页"，如果首页达到了10000名用户，其后数据分别为8000、5000、1000、50、5，可以判断出是购物车的环节出了问题，需要优化。

维析的访问路径分析是对所有用户访问路径组合的统计，包括每种路径组合的访问次数和百分比。由此可以发现可用性差的网页和网站导航上的瓶颈。

3. 用户特征分析

老用户的比例越高证明用户的忠诚度越高。对于新用户，也可以举办一些活动来提高他们的转化率，如送优惠券、简化购物流程，以及免注册购物等。

用户地域与订单地域分布基本一致。不同地区用户的转化率有差异，可能受几个因素影响：当地库存现货率、送货时间、品牌在当地的知名度、当地的经济及网络发展水平。

对于用户特征还可以按年龄、收入、职业继续分解，这依赖于这些数据对网店的优化是否有指导意义。

最后值得一提的是，在分析了网店的运营数据以后，最好与行业平均值或竞争者进行一下对比，然后有针对性地对网店进行优化。

5.4 网店评价与优化

独立网店与平台网店的评价标准是极不相同的。独立网店与普通网站类似，依靠搜索引擎的评分标准来评价网店的优劣，从而决定其在搜索引擎中的排名。而平台网店则依赖于所属的第三方平台，应该利用其所属第三方平台的评分规则进行优化。

5.4.1 网店的评价

搜索引擎通过分析网店流量的数据对网店进行评价与评分。具体指标与运营数据中的跳出率、访问时长、再访问率等均有密切关系。影响网店评分的通常有以下因素。

1．跳出率与平均访问时间

用户访问网店的跳出率和平均访问时间与网店的用户体验有密切关系。好的网店用户访问时间应该较长。跳出率越高，访问时间越短，说明用户越不喜欢这家网店，即用户体验越不好。

想一想

在转化率高的前提下，其跳出率必然低，这样理解对吗？

2．网店用户的忠诚度

网店的优劣直接影响用户的忠诚度。老用户回头率越高，再访问次数越多，说明网店越好。

3．网店的可访问性

网店的用户体验与网店的可访问性有密切关系。如果网店的页面无法访问或网店的超链接经常出错，导致用户无法进入自己想要访问的页面，那么用户便不会再访问这家网店了。

4．网店的易查度

如果网店内容层次比较深，用户无法快速进入网店，需要访问很多页面才能进入自己需要的页面，也会影响用户体验。一般网店的层次不要超过 5 级，否则不但用户访问麻烦，搜索引擎爬虫也很难抓住这样的页面。

5. 网店的分享

如果安装了分享按钮，当用户喜欢网店中的某个产品时，就可以单击该按钮分享到自己的 QQ 空间、新浪微博等。网店产品被分享得越多，曝光率越高，说明用户越喜欢这家网店。

6. 网店用户参与度

网店提供的对购买产品的评论与打分，也会给用户带来很好的体验。

✅ 5.4.2 网店的优化

独立网店优化的主要目的是通过优化提升用户体验，提高网店在搜索引擎中的排名。

1. 优化网店的进入页面

1）进入页面瓶颈优化

进入页面就是浏览者进入网店看见的第一个页面。访问者并不都是从首页进入的。实际上从首页进入网店的浏览者数量只占全部访问量的 20%～40%，很多访问者是通过搜索引擎直接进入首页以外的页面的。如果将目标页面诱导力比较弱的页面作为进入页面的话，那么就必须增强该页面的诱导能力，降低跳出率。

2）优化跳出率高的页面

为了有效地优化跳出率，就要明确哪些页面需要优化。先要从投资较多的营销活动的登录页和流入量较多的进入页面着手，进而优化网站整体的性能。

发现跳出率很高的页面后，可以检查这个页面排名前 10 位的访问来源。根据不同的访问来源，制订不同的优化方案。

- 不同访问来源的跳出率有差别的时候。如果是关键词广告的话，就要找出跳出率高的关键词；如果是来源 URL 的话，就要确认先前浏览的页面内容跟登录页的内容是否相符。如果看不到优化的希望的话，就应该考虑是否该停止购买这些广告了。
- 不同访问来源的跳出率差别不大的时候。分析进入页面的可用性及指向转化环节的导航是否有优化的空间。

2. 缩短点击距离

从首页到商品详细内容页面的点击次数越多，用户获取信息的渠道越长，对网店搜索引擎的优化也就越不利。因为多次点击对用户不够友好，搜索引擎也不喜欢这些对用户友好性差的网页设计。

网店设计时可以通过悬浮菜单缩短从首页到产品小类的距离，使得从首页到商品的详细页面只需点击两次；还可通过完善页面的导航帮助用户从某商品的详细页面迅速跳转到商品大类或小类，使得从一类商品的详细页面到另一类商品的详细页面点击两次即可。

3. 关键词优化

根据搜索引擎的来源关键词分析，可以知道哪些词的转化率高，从而加大投放；哪些词的转化率低，从而减少投放；还可以查看网站商品分布和商品组合。如果关键词查询多的商品不是网站的主推品，可以进行适当调整。

5.4.3 网店推广效果评估

1. 评估工具

Alexa 是互联网首屈一指的免费提供网站流量信息的公司，创建于 1996 年，一直致力于开发网页抓取和网站流量计算的工具。Alexa 排名是用来评价某一个网站访问量的一个指标，用户输入网址即可看到该网站访问量在全球网站中的排名情况，对于访问量在 10 万名以内的网站，还有更为详细的统计资料和访问量排名统计轨迹。

Alexa 的网站世界排名主要分为综合排名和分类排名。综合排名也称绝对排名，即特定的一个网站在所有网站中的名次。Alexa 每 3 个月公布一次新的网站综合排名。此排名的依据是用户链接数（Users Reach）和页面浏览数（Page Views）3 个月累积的几何平均值。分类排名，一是按主题分类，如新闻、娱乐、购物等，Alexa 会给出某个特定网站在同一类网站中的名次；二是按语言分类，共分为 20 种语言，如英文网站、中文网站等，Alexa 会给出特定站点在所有此类语言网站中的名次。Alexa 还会根据网民对网站的评论，在综合排名信息中，用"星"来给网站评等级，最高为"5 星"。

从网络营销研究和应用的角度来看，可以将 Alexa 网站所提供的信息资源归纳为以下几个方面。

1）研究自己网站访问量变化情况

自己网站的访问量指标通常可以通过网站流量统计分析软件或第三方的统计服务获得，不过仅仅了解这些统计信息还是不够的。如果借助于 Alexa 的网站访问排名，不仅可以知道网站的访问量，还可以了解网站的排名状况，这对于从较长时期内研究网站访问量的变化规律来说很有价值。从 Alexa 详细统计信息中随时可以看到的包括最近 3 个月、1 个星期和当天的排名情况。根据网站流量统计获得的绝对指标，与 Alexa 网站排名的相对指标相结合，通过建立网站排名与访问量（一般指独立用户数量）之间的对应关系，可以发现两者之间所存在的规律。如果网站没有自己的流量统计系统，或者查看原始记录过于烦琐，那么利用 Alexa 网站访问排名统计信息就更有必要。需要注意的是，Alexa 的网站访问量排名信息是在不断变化的，因此，有必要定期做记录（如每星期或每月中的某一天记录 1 次）。

2）竞争者网站访问量的对比分析

Alexa 的网站访问量排名作为研究竞争者的在线工具，比研究自己网站访问量变化情况更加方便也更有价值，因为自己的访问量可以通过统计软件获得，而要了解其他网站的实际访问量则是很困难的事情。但是利用 Alexa 的相对访问量进行对比分析，就可以很方便地跟踪竞争者网站访问量的变化，为进行竞争状况分析带来了极大的方便。在 Alexa 访问量详细信息统计图下面，还特意设置了一个比较框，可以非常方便地将自己的网站访问量统计图与竞争者的进行对比分析，同时也可以对多个竞争者网站进行对比研究。

想一想

在进行 Alexa 竞争者网站访问量对比分析之前，可以通过什么渠道来寻找竞争者？

3）进行行业调研分析

与竞争者分析类似，可以把 Alexa 的访问量排名作为一种行业分析的网上调研工具，通过建立 Alexa 访问量排名与独立用户数量的估算关系，很方便地对一个行业、一个领域或为了某种目的建立的一组样本网站的访问量进行比较分析。建立 Alexa 访问量排名和网站实际用户数量之间的关系，可以根据自己了解的一些不同排名网站的实际独立访问者数量来估算。当拥有较多网站实际访问量信息之后，结合网站排名数据，可以在一定范围内建立起网站排名与访问量之间的估算关系。当然，这种关系也只是在一定时期内具有参考价值，因为随着互联网用户数量的不断增加，网站的绝对访问量会整体增加，因而同一排名的网站在不同时期所代表的访问者数量可能并不相同。因此，这种估算关系有一定的时效性。在进行某项研究的短期内可以建立这样的关系，当时间间隔较长时，如果仍然需要 Alexa 访问量排名与独立用户数量之间的对应关系，则需要根据当时掌握的数据重新进行估算。

4）用户行为分析

Alexa 统计信息中的一些指标在一定程度上反映了用户浏览网站的行为，如页面浏览数、访问量最大的页面、相关网站链接等。从这些有关用户浏览行为的信息中，不仅可以对自己的网站进行分析，同时也可以对竞争者网站的状况，或者对某个行业、某个领域进行分析。同访问量指标一样，如果没有 Alexa 的数据，要获得其他网站的网页浏览数指标是不可能做到的。借助 Alexa 对用户行为的分析可以扩展到对竞争者和整个行业的分析，而不仅仅是对自己网站用户的分析。

5）网络广告媒体选择分析

利用 Alexa 提供的访问者访问的主要页面信息，可以对目标网站进行不同栏目访问量的分析，可以了解不同栏目访问量占总访问量的比例。除对自己网站的推广管理有参考作用外，对进行网络广告媒体投放调研也非常有价值，可以作为制订网络营销策略的参考。事实上，用户并非都首先通过网站主页进入其他页面，何况即使首先来到主页，也有可能多次访问其他栏目页面而不一定返回首页之后再浏览其他页面，这样造成的结果就是首页并非浏览量最大的页面。许多网站都是类似的这种情况。这些统计数字对投放网络广告的页面选择具有非常重要的参考价值，如果某些页面访问量很低（即使是首页），那么网络广告的效果很可能并不理想。

要说明的是，Alexa 的统计信息只有在网站有二级域名的情况下才能获得，否则所有的访问量都将被记录在首页（如果一个网站有多个独立网址，并且指向同一网站，或者网址不同但网站内容完全相同，则显示各个独立网址访问量的百分比），而一些访问量比较低的网站则可能没有这些统计信息。

6）搜索引擎优化工具

搜索引擎优化主要以网站优化设计为基础。Alexa 网站诊断工具中有关链接错误的检测是对网站内部优化的一个方面，而搜索引擎优化还涉及外部的优化，其中一个重要指标是网站链接广度（Link Popularity）——通常用一个网站被其他网站链接的数量来描述，这一指标越大，网站在搜索引擎结果的排名中就越具有优势。因此，Alexa 也被作为搜索引擎优化的一个工具，用来检测网站被链接的数量。尽管目前搜索引擎优化的评价指标并没有统一的标准，尤其是链接广度与搜索结果排名之间并没有确切的函数关系，但网站被链接的数量仍然被认为是搜索引擎优化的重要因素之一。

Alexa 排名的重要性向来都存在争议。一方面根据 Alexa 的网站排名规则，只要现有用户增加了 Alexa 工具条的使用率，网站排名就会有所提升。有些网站就是利用这种方式提高网站"访问量"的。如果这些网站是提供诸如网络广告之类的服务，那么 Alexa 网站排名的升高实际上并没有为客户带来真正的价值，这也是 Alexa 网站排名的公正性受到质疑的主要原因之一。另一方面，网站排名的提升的确对提高网站影响力有一定价值，尤其是对于受到用户极大关注的大型网站、行业内领先的网站、提供网络广告服务的网站等，Alexa 网站排名数据还是相当有说服力的。在Alexa网站排名靠前的网站更容易获得用户的青睐，并因此受到更多新用户的关注，从而达到增长访问量的目的。

2．评估步骤

1）确定网络营销的总体目标和分阶段目标

根据相关的调研，分析行业的特点和本企业的情况，并制订适合本网络营销企业发展的营销计划，为整个营销活动提供总体及分阶段的目标，从而指导整个企业的发展。

2）选择合适的评价方法

对网络营销的评估通常采用对比的方法：一是横向对比，通过与具有相同商业模式的网络营销企业进行比较，来估计网络营销企业的相对价值；二是纵向对比，通过对比其他具有相同商业模式的网络营销企业在某一成长阶段的评价标准来对本网络营销企业进行评价估值。

3）确定评价标准

根据确定的网络营销计划书，在实际操作上确定具体的标准和工作范围。可以说，每一个关键点的标准都是可以确定的。我们在上一节已经专门介绍了一些标准。实际运作时，企业根据自身状况还会有更适合的标准。只要目的明确，寻找标准并不是很困难的事情。

4）对比网络营销效果与标准，检查计划目标实现情况

根据目标和标准之间的对比，判断网络营销的实际效果，总结经验教训，补足差距，促进网络营销系统的正常运行。

5）制定评价报告

评价报告应该包括如下内容。

- 评价目的。这是指导评价方向的依据，以及进行评价工作的出发点。
- 评价标准体系。这是实际评价工作过程中进行数据采集的方面。
- 运行实际效果数据及数据分析。进行相关数据的采集、整理和分析工作。
- 综合评价。对数据分析的结果进行描述和说明。
- 存在问题与对策。找出数据所体现的自身优势与劣势，提出对策。

3．评估途径

网络营销企业在不同时期对网络营销系统的评价目的是不同的，有时是要提升系统水平，有时是要通过评价提升网络营销系统的知名度，有时是要针对经营方面的某一个问题进行研讨。所以，针对网络营销企业不同的功能需要，网络营销评价的途径也各不相同。

1）企业网站工具评价

网络营销企业可通过自己的网站，运用一定的调研方法，进行数据收集与评价。对于大多数网站来说，可以运用统计工具、程序包等来取得和分析相关数据。目前相关的程序比较多。要注意分析和研究来自下列资源的信息。

- 服务器、网络及操作系统的日志文件。

- 用户注册数据库。
- 交易系统数据库。
- 第三方服务机构提供的数据报表。

2）第三方评价服务机构评价

在网络营销评价领域中，第三方评价服务机构是比较有影响力的。第三方评价服务机构是专业的网络营销评价组织，所以，它的专业性更强、评价参考的标准更丰富、评价内容比较广泛、评价结果的社会认可度也比较高。当然，选择第三方评价服务机构进行评价的主要原因是看重其专业性和权威性。第三方评价服务机构的服务机制也有差异，有的采用会员制，有的采用企业申请由行业权威机构受理的形式，也有的专门为特定的公司提供网络营销系统评价服务。以下介绍几个影响力较大的第三方评价服务机构。

- 中国互联网络信息中心（CNNIC）：中国互联网络信息中心是中国权威的网络评估机构，提供网站的第三方流量认证与其他方面的网络评价工作。
- Consumer Reports Online：由消费者联盟（CU）发布管理。消费者联盟是一个独立的、非营利性的测试和信息组织。自 1936 年起，消费者联盟的使命便一直是检验产品、向公众发布检测报告，并保护消费者权益。消费者联盟的非营利性质有助于其在公众心目中的公正形象，其主要刊物《消费者报告》杂志有 460 万名用户，还有数百万消费者通过《消费者报告》在线网站了解相关信息，在线付费用户数量达到 37 万名。
- Forrester Research：是一个独立的研究咨询公司，Forrester 强力评价是在线用户调查与专家公正分析的结果，这种独特的组合为电子商务网站提供了一个全面的评价。
- PowerRanking：为消费者提供客观研究调查以帮助他们为选择领先的网站提供较好的决策，对于电子商务网站来说，得到了在市场地位的公正评价。
- Forrester PowerRanking：其评价方法采取专家实际购物测试与消费者调查资料相结合的方式，两类数据结果将被赋予权重，消费者资料为 2/3，而专家购物资料为 1/3，最后得分以百分制表示。
- OPen Rating：其特色在于为网站的买卖双方提供服务，让买卖双方以销售的观点互相比较，主要针对 B2B 和拍卖市场。OPen Rating 的评价同时也面向各种形式和规模的消费品零售商，比其他评价网站覆盖更多的公司，得到更多的详细反馈的信息。

同步阅读

CNZZ 统计

1．站长统计

CNZZ 站长统计是目前国内站长使用最多的网站流量系统，为个人站长提供安全、可靠、公正的第三方网站访问免费统计，是站长们每日必看的流量统计分析工具。通过 CNZZ 站长统计，站长可以随时知道自己网站的被访问情况，如每天多少人看了哪些网页、新访客的来源是哪里、网站的用户分布在什么地区等非常有价值的信息数据，然后及时调整自己的页面内容、推广方式，并对自己网站的调整做出客观公正的评测。同时，CNZZ 站长统计已经被业内公认为是一个可信赖的第三方评判标准。当发生网站访问流量方面的疑问时，大家都愿意将 CNZZ 站长统计来作为第三方的公正评判依据。

2．全景统计

CNZZ 全景统计为商业站点、大型公司网站量身定做的流量统计分析系统。CNZZ 全景统计系统为高端客户提供高效、稳定、安全的商业统计服务。通过 CNZZ 全景统计服务，网站的管理员可以及时掌握站点流量的变化情况，遇到突发流量变化可以第一时间接到各种渠道的报警通知。CNZZ 全景统计还提供多角度的数据统计、对比及生成报表，便于网站管理员评估，以及深入二次挖掘数据价值。使用 CNZZ 全景统计可以多角度掌握站点流量变化情况，从多角度验证公司业务发展情况，为公司发展提供辅助决策信息，对当前网站的访问情况做出准确、客观的评估。

3．手机客户端

CNZZ 手机客户端为广大站长提供的移动 CNZZ 服务可以方便站长们随时随地查看网站数据。涵盖站长统计、全景统计、广告管家、数据中心等数据服务，在提供若干手机端精炼报表的同时，还提供 7×24 完全免费的数据异动监控、实时手机报警，帮助站长实时了解网站的运营情况，从而移动掌控全局。支持 Android 和 iPhone 用户下载使用，可以说是"一机在手，数据全有"。

4．数据中心

依托 CNZZ 强大的统计服务、领先的数据采集技术，深度挖掘互联网用户行为数据，秉承科学、严谨、客观的态度，专注于各行业数据深度研究，为各行业提供优质的数据产品和调研服务，全方位、系统化地解决客户在多种状况下遇到的问题。CNZZ 数据调研中心可以真实地反映中国网民的网络行为，支持网络媒体、广告公司、投资集团的战略制定、市场合作及行业竞争分析。针对不同行业整体运营情况进行分析，帮助客户准确了解市场形势及自身行业竞争力，并根据客户的具体需求，提供最具价值的研究数据报告、个性化的解决方案，帮助改善客户的商业服务。

同步实训

实训目的

通过实训，使学生掌握网站优化的内容及优化技巧，掌握网站评价的方法。

实训内容与步骤

利用搜狗网站的分类目录 http://123.sogou.com/qita/hangye.html，选取某个行业的 3 家企业网站，可参照如下步骤。

1．考察网站规划与网站栏目结构（见表 5-5 至表 5-10）

（1）网站建设的目标是什么？提供了哪些栏目？是否合理？

表 5-5

网站名称	建设目标	栏目内容	栏目合理性分数

（2）网站布局是否符合用户的阅读习惯？图片是否合适？有无利用声频、视频手段？

表 5-6

网站名称	布局合理性	图片是否适当	是否应用声频、视频	分数

（3）网站导航是否合理（网站导航分为图片导航、文字导航、JS 导航、Flash 导航等）？通过任何一个页面是否能很方便地返回上级页面或首页？

表 5-7

网站名称	导航合理性	是否方便返回	分数

（4）各网站的栏目之间链接是否正确？

表 5-8

网站名称	链接错误数量	分数

（5）从网站首页到达任何一个内容页面需要跳转几次（不超过 3 次为合格，包括利用网站地图）？是否可以通过任何一个页面到达站内其他任何一个页面？

表 5-9

网站名称	点击次数	网页之间链接情况	分数

（6）网站是否有一个简单清晰的网站地图？

表 5-10

网站名称	有无网站地图	分数

2．网站内容及网站可信度（见表 5-11 至表 5-15）

（1）网站为用户提供的信息的详细情况。

表 5-11

网站名称	产品介绍		联系方式		销售信息		服务信息		服务承诺		总分数
	存在问题	分数	存在问题	分数	存在问题	分数	存在问题	分数	存在问题	分数	

（2）网站内容是否更新及时？过期信息是否清理及时？

表 5-12

网站名称	更新情况	过期信息清理	总分数

（3）网站首页、各栏目首页及各内容页面是否分别有能反映网页核心内容的网页标题？

表 5-13

网站名称	标题与内容的相关性分数

（4）网站首页及各内容页面 HTML 代码是否有合理的 meta 标签设计？设计是否合理？

表 5-14

网站名称	首页 meta 设计分数	其他网页 meta 设计分数	总分数

（5）公司介绍是否详细？是否有合法的证明文件（如网站备案许可）？

表 5-15

网站名称	公司介绍分数	证明文件分数	总分数

3．网站功能和服务（见表 5-16 至表 5-19）

（1）对比 3 家网站打开网页的速度，并记录时间。

表 5-16

网站名称	打开时间	分数

（2）网站为用户提供了哪些在线服务手段？

表 5-17

网站名称	服务手段种类	分数

（3）用户关心的信息是什么？能否在网站首页直接找到？

表 5-18

网站名称	用户关心的信息	能否在首页找到	分数

（4）网站是否提供了在线订购和在线支付？

表 5-19

网站名称	在线订购	在线支付	分数

4．网站优化及运营（见表 5-20 至表 5-22）

（1）网站被百度、谷歌搜索引擎收录的网页数量是多少（在搜索引擎的搜索框中输入 site:网址，如 site:www.taobao.com，就可以知道有多少网页被收录）？在搜索引擎中的排名情况（利用某关键词搜索）如何？

表 5-20

网站名称	收录网页数量		搜索引擎排名情况		总分数
	百度	谷歌	百度	谷歌	

（2）网站的 PR 值是多少？如果首页 PR 值低于 3，你认为是什么原因造成的？

表 5-21

网站名称	PR 值	首页 PR 值低于 3 的原因	分数

（3）网站访问量的增长状况如何？网站访问量是否很低（登录网站 http://www.alexa.com，输入网址，便可看到网站的访问量状况）？

表 5-22

网站名称	网站访问量	分数

项目小结

　　网店的管理与评估是网店日常的重要工作之一，是一项长期、复杂的工作，也是检验网店运营与推广目标是否达成的重要阶段。其工作内容主要包括网店运营管理、网店维护、网店数据分析、网店评估与优化等。本项目对上述内容，特别是对网店运营管理的内涵、网店维护的内容、网店数据分析的工具和数据的获取，以及网店评估内容和优化途径等进行了详细的分析阐述，旨在借助一套定量和定性化的指标对企业网络营销的效果进行系统、科学和客观的综合评价，以了解网店的运营状况，及时发现并纠正所存在的问题，改善和提高企业的网店运营与推广成效。

同步测试

1. 概念解释

（1）网络效果评估

（2）UV

（3）PV

（4）转化率

（5）跳出率

（6）客单价

2. 判断题

（1）网络营销效果只需要从收入、利润和网站的访问量这 3 个方面进行评估。

（　　）

（2）网页下载速度快、无错误链接也是一个衡量网站建设的重要指标。　　（　　）

（3）其他网站链接的数量越多，对搜索结果排名越有利。　　（　　）

（4）网络广告跳出率高可能意味着人群不精准，或广告诉求与访问内容有巨大的差别。

（　　）

（5）网络广告的点击率能反映网络广告的真实价值。（　　）

（6）选择第三方评价服务机构进行评价必须看重其专业性和权威性。（　　）

3．单项选择题

（1）在一定统计周期内所有访问者浏览的页面数量被称为（　　）。

A．页面点击率　　　　　　　　　　B．用户访问量

C．用户点击率　　　　　　　　　　D．页面浏览数

（2）下列不属于网络营销评价的经济指标的是（　　）。

A．网上销售收入（增长率）　　　　B．网上销售费用（增长率）

C．库存费用变动　　　　　　　　　D．市场占有率（变动）

（3）下列不属于网络营销评价的市场业绩指标的是（　　）。

A．网站推广评价　　　　　　　　　B．顾客回头率

C．新市场拓展　　　　　　　　　　D．市场占有率（变动）

（4）假设现在想知道网站是否对用户有吸引力，内容是否能给予用户所需的信息，应该分析哪个数据？（　　）

A．流量来路分析　　　　　　　　　B．用户回头率分析

C．网站 PV 值分析　　　　　　　　D．访客地区分布分析

（5）某推广商户从百度推广带来的数据是展现量为 10000，点击量为 500，PV（页面浏览量）为 2500，请问 CTR（点击率）为多少？（　　）

A．5%　　　　　　　　　　　　　B．10%

C．80%　　　　　　　　　　　　　D．6.25%

4．多项选择题

（1）在做分类信息营销时，有时候要根据数据的动态变化来考虑是否值得购买各种需要花钱的服务。这些数据有（　　　　）。

A．活动量　　　　　　　　　　　　B．浏览量

C．咨询量　　　　　　　　　　　　D．成交量

（2）网络营销效果评价指标构建应遵循的原则有（　　　　）。

A．客观性　　　　　　　　　　　　B．指导性

C．可操作性　　　　　　　　　　　D．全面性

（3）在淘宝网平台中，"人气"搜索结果排名取决于以下哪几个因素？（　　　　）

A．卖家信用　　　　　　　　　　　B．好评率

C．累计本期售出量　　　　　　　　D．30 天售出量

E．宝贝浏览量　　　　　　　　　　F．收藏人气

（4）以下哪些方面会影响客户满意度？（　　　　）

A．产品的质量　　　　　　　　　　B．维修服务的效率

C．顾客意见的反馈　　　　　　　　D．沟通的途径

（5）交换链接的其他叫法是（　　　　　）。

A．互惠链接　　　　　　　　　　　B．友情链接

C．互助链接　　　　　　　　　　　D．互换链接

5．分析题

（1）常用的网店运营数据分析应该从哪些方面入手？

（2）自行选择一家网络营销企业，拟建立一整套完整的效果评价体系。